## Zu diesem Buch

Stierkampf – kunstvolles Ritual mit tödlichem Ausgang oder Gemetzel?

Lorenz Rollhäuser läßt uns auf eine neue, für (Mittel-)Europäer ungewohnte Weise an dem blutigen Schauspiel teilnehmen: Er stellt den Stierkampf als ein soziales Ereignis dar, zutiefst verwurzelt in der Geschichte Spaniens. Lorenz Rollhäuser entführt seine Leser in die fremde Welt der Stiere mit ihren Mythen, strengen Gesetzen und wilden Festen.

Spürbar wird, wie lebendig eine Tradition ist, die EG-Normen unverträglich bleibt, auch wenn der «Tod am Nachmittag» nicht mehr das ist, was er noch zu Zeiten Hemingways war.

Doch selbst heute, wo die Corrida zum Spektakel zwischen Folklore und Geschäftemacherei verkommen zu sein scheint, lebt die große Leidenschaft für Toros und Toreros fort: Die Aficionados harren mit großer Kennerschaft und Geduld auf den Moment, in dem der Kampf zur Kunst wird.

«Niemand glaubt, daß er ein Recht hat zu töten, nicht einmal ein Torero. Es ist eine andere Denkweise» (aus einem Interview mit Antonio Lozano, Matador de toros).

## Der Autor

Lorenz Rollhäuser, geboren 1953 in Marburg/Lahn, studierte Erziehungswissenschaft, 1979 zog es ihn nach Hamburg, wo er seit 1982 sein Geld als Kellner, Koch und Kuchenbäcker verdient.

Lorenz Rollhäuser
# Toros, Toreros

Rowohlt

Sehr viele Begriffe aus der Sphäre des Stierkampfs, dem Toreo, lassen sich nicht übersetzen. Zur Erläuterung der im Text auftauchenden spanischen Vokabeln findet sich daher am Ende des Buches ein Glossar.
Wenn in der Bibliographie kein anderslautender Vermerk erscheint, stammen die Übersetzungen von zitierten Quellentexten und Interviews von Ania Faas und Lorenz Rollhäuser.

Trotz sorgfältiger Recherchen ist es dem Verlag nicht in allen Fällen gelungen, die Rechtsinhaber und -nachfolger an einigen wenigen Abbildungen zu ermitteln und die Abdruckgenehmigungen einzuholen. Der Verlag bittet alle Rechtsinhaber, die vor Erscheinen des Buches nicht angeschrieben werden konnten, um Verständnis und Benachrichtigung, falls Ansprüche geltend gemacht werden.

**Nachweis der Bildquellen:** Dirk Altenkirch, Hamburg: S. 203. Marisa Flórez/El País, Madrid: S. 127. Miguel Martin, Ronda: S. 95. Bernardo Pérez/El País, Madrid: S. 214. Reportajes Botán, Madrid: S. 14, 48, 133, 162, 165, 167, 171, 173, 175, 177, 192, 211, 217. Lorenz Rollhäuser, Hamburg: S. 2/3, 10/11, 12, 16/17, 23, 25, 39, 49, 50, 52, 55, 56, 57, 58, 59, 70, 73, 75, 90, 91, 92, 96, 103, 116, 122, 135, 136, 137, 138, 139, 142, 143, 147, 157, 166, 179, 180, 190, 201, 209, 219. Ramón Zabalza, Madrid: S. 47, 94, 102, 121, 124, 125, 144, 178, 194, 206, 223. Alle übrigen: Archiv Lorenz Rollhäuser.

Originalausgabe
Veröffentlicht im Rowohlt Taschenbuch Verlag GmbH,
Reinbek bei Hamburg, Mai 1990
Copyright © 1990 by Rowohlt Taschenbuch Verlag GmbH,
Reinbek bei Hamburg
Lektorat Jürgen Volbeding
Redaktion Barbara Wenner
Umschlaggestaltung Thomas Henning
(Foto: Reportajes Botan, Madrid)
Satz Modern (Linotronic 500)
Gesamtherstellung Clausen & Bosse, Leck
Printed in Germany
2980-ISBN 3 499 18254 8

# Inhalt

Danksagung 11 · Vorwort 12

**Mit den Augen Europas 15**
Zufällige Begegnung 15 · Fremde im Land der Stiere 17 · Ein neues Spanien 19 · Ein Schandfleck im europäischen Haus 22

**Geschichte eines Schauspiels 27**
Anfänge und Vorläufer 27 · Vom Ur zum Kampfstier 27 · Ritterliche Spiele auf der Plaza Mayor 30 · Mata toros 34 · Majismo 41
*Die Herzogin Cayetana von Alba* 43
Stierfeste zweiter Klasse 45 · Fiestas populares 45 · Rituelle Wurzeln 50
*Sankt Markus und die Stiere* 58
Angriffe und Eingriffe (16.–19. Jahrhundert) 60 · Sünde 60 · Unvernunft und Schande 62 · Politische Manöver 65 · 1836: Die neue Ordnung 68 · Aufsicht und Kontrolle 72
*Der Espontáneo* 76
Kleine Geschichte der großen Namen 78 · Lieben und töten – ein Vorspiel 78 · Frascuelo und Lagartijo 81 · Belmonte 86
*Die Namenlosen* 90
Die Zäsur 1936–1939: Bürgerkrieg 93 · Manolete 97 · El Cordobés 99
Antitaurinismo im XX. Jahrhundert 104 Die Intellektuellen 104 · Der Anti-Torero: Eugenio Noël 106 · Tierschützer 107
*Ein Encierro* 111

**Zwei ungleiche Gegner 117**
El Toro 117 · Die Gesetze des Spiels 117 · Ein adliger Kämpfer 119 · Der unterworfene Stier 125
*Toros célebres* 129
Toreros 134 · Karriereträume 134
*Cogidas und Cornadas* 141
Ein Matador erzählt 146

**Mehr als ein Duell 163**
Tauromaquia 163 · Eine tödliche Strategie 163 · Der Teufel sitzt im Detail 169 · Eine Sache des Herzens 172 · Geballte Symbolik 178 · Verwandlungen 178 · Vom Scheitern des Macho 181 · Señoritas toreras: drei Kapitel einer heiklen Geschichte 184 · Am Rande der Fiesta 184 · Juanita Cruz 188 · Promoción erótico-taurina 189

**Der Augenblick der Wahrheit und der alltägliche Betrug 193**
Die Fiesta als Farce 193 · Müde Helden, verletzte Regeln 193 · Betrügereien 195 · Der Stier von Ciempozuelos 197 · Beweislasten 199 · Große Geschäfte 203
*«Etwas ist immerhin etwas» – eine Kritik* 207
Streit im Tendido: das Lanzenmanöver 209 · Das Publikum 213 · La turistada 213 · Ein Aficionado der alten Schule 215 · Vom Ereignis zum Spektakel 219 · Der Stand der Dinge 222

Glossar 224 · Anmerkungen 235 · Bibliographie 236

# Danksagung

Daß dieses Buch überhaupt zustande kam, verdanke ich zunächst und vor allem Ania: Begleitung, Anregung, Geduld, Korrektur, Übersetzung, Ermunterung, Ablenkung, alles zu seiner Zeit und von Anfang bis Ende.

Dank außerdem José Antonio und der ganzen Familie García García für Freundschaft und häusliches Wohlbefinden; Antonio Lozano für eine Erleuchtung und alle Mühe; Joaquín Vidal für seine Bonbons, die das Leben zu Hause versüßen; Juan Leal und dreißigtausend weiteren Spaniern für vielerlei Hilfe und Freundlichkeiten; Rafa dafür, daß er uns erst dem Zufall in die Hände trieb, um sich hernach als geduldiger Lektor fiktive Lorbeeren zu verdienen; Silke für ganze Arbeit und prima Fotos; Brigitte für einen entschlossenen Sprung ins kalte Wasser, was auf andere Weise auch für Jürgen Volbeding gilt; Barbara Wenner für redliche Müh und allerhand Feingefühl; Fritz und den Kollegen dafür, daß sie den Weg frei von Steinen hielten, ohne zu klagen; Ramón für die Fotos, Achim für die Kamera, Michael Kellner für schnelle Starthilfe, Andi für ausgezeichnete, wenn auch vergebliche Arbeit; und nicht zu vergessen Charlotte und Vincent, sie orange und er gefährlich braun.

# Vorwort

Dieses Buch ist mehr als eine Einführung in die Technik des Stierkampfs. Sieht man von der geographischen Beschränkung ab – der Stierkampf in Portugal, Frankreich und Südamerika ist nicht Gegenstand des Buches –, habe ich das Thema bewußt weit gefaßt: Es geht um Spanien und die *toros*, d. h. um den Stierkampf als Teil der spanischen Kultur und – von jeher umstrittenen – Ausdruck einer kulturellen Identität. Um verständlich zu machen, was in der Arena geschieht, schien es mir notwendig, den historischen und gesellschaftlichen Rahmen, in dem sich das Schauspiel Stierkampf entwickelt hat, ebenso zu beschreiben wie die Kräftekonstellationen, von denen die sogenannte *fiesta nacional* heute bestimmt ist.

Es ist dies der Versuch, sich dem Thema auf scheinbaren Umwegen zu nähern und so dem Stierkampf etwas von der Exotik zu nehmen, die ihm hierzulande anhaftet, vielleicht auch: an Vorurteilen zu kratzen – mittels sorgfältiger Darstellung. Gleichzeitig steht dahinter der Wunsch, daß das Buch nicht nur die ansprechen möge, die etwas über Stierkampf erfahren wollen, sondern auch all jene, die sich für Spanien im allgemeinen interessieren.

Diese Vorgehensweise hat vor allem damit zu tun, daß für mich als Nichtspanier der Stierkampf nichts Selbstverständliches, Gegebenes war. Mich stürzte diese Form ritualisierter und gesellschaftlich abgesegneter Gewalt in nachhaltige Irritationen. Ohne eigentlich gutheißen zu können, was ich sah, war ich gleichwohl fasziniert. Allein als Voyeurismus, als Lust auf Schauder, als Gier nach heftigen Emotionen war das nicht zu erklären. Meine Neugier war geweckt, tausend Fragen drängten sich auf. Doch die in deutscher Sprache erhältliche Literatur befriedigte meine Neugier kaum und schien mir nur begrenzt dazu angetan, mit den gängigen Klischees aufzuräumen, die den Stierkampf als blutrünstigen Ausdruck eines hitzigen mediterranen Temperaments oder eines spezifisch spanischen *machismo* verstehen. Gerade dieses Gemisch aus Klischees, Vorurteilen und Pseudoerklärungen, wie sie, wenngleich mit umgekehrten Vorzeichen, auch unter spanischen Stierkampffreunden verbreitet sind, machte die Beschäftigung mit den *toros* um so interessanter. Dabei merke ich, daß es nicht nur von Nachteil war, als Ausländer über Stierkampf zu schreiben, weil sich manches von Ferne deutlicher erkennen läßt als aus der Nähe.

Allerdings stellen sich beim Schreiben aus der Distanz auch ganz eigene Probleme ein, und das fängt mit der Sprache an. Nicht nur, weil die weitaus größte Zahl der im Stierkampf gebräuchlichen Ausdrücke einfach unübersetzbar sind. Und nicht nur, weil man in eine ideologische Rutschpartie gerät, sobald man im Deutschen von ‹Rasse›, ‹Heldentum› oder ‹männlichen Tugenden› spricht.

Stierkampf ist hierzulande ein Reizwort, dazu angetan, Emotionen auf den Plan zu rufen. Schon im Begriff selbst verbirgt sich ein Urteil. Er signalisiert ein Unverständnis. Da er außer acht läßt, was über den Kampf hinausgeht, trifft er nicht, was er doch benennen soll. Mag sein, daß *Stierkampf* sich gerade wegen dieser Unterschlagung eingebürgert hat.

Meines Wissens war *Stiergefecht* die erste Bezeichnung, die im Deutschen auftauchte. Sie findet sich auf einem Kupferstich aus dem 16. Jahrhundert und war bis ins 20. Jahrhundert hinein gebräuchlich. Erst spät also setzte sich der neuere Begriff *Stierkampf*, eingängiger und dem englischen *bullfight* angeglichen, im Sprachgebrauch endgültig durch.

Wenn man in Spanien von *los toros* spricht, sind damit entweder die Stiere als solche gemeint oder aber das Ereignis Stierkampf mit allem, was damit zusammenhängt. In diesem – allgemeineren – Sinn wird auch im folgenden der Begriff *toros* gebraucht.

Was der Torero mit dem Stier anstellt, wird im Spanischen als *toreo* bezeichnet bzw. in der Verbform als *torear*. Im Deutschen ließe sich das nur mit *stieren* wiedergeben. *Torear* jedoch meint die Konfrontation zwischen Mensch und Stier, bei der bestimmte Techniken und Werkzeuge zur Anwendung kommen. Dieses eine Wort umfaßt die Facetten einer Begegnung, die immer Kampf, Spiel und Tanz zugleich ist oder jedenfalls sein sollte.

Vielleicht kommt der Begriff *Stierfechterkunst* dieser Bedeutung noch am nächsten, indem er darauf beharrt, daß es sich um eine Kunst handelt, wie das im Spanischen mit *el arte de torear* oder, deutlicher noch, mit *Tauromaquia* ausgedrückt wird. Nur leidet das Wort *Stierfechterkunst* an der gleichen Krankheit wie manch anderes, das um Neutralität und Genauigkeit bemüht ist: es ist so umständlich wie unbekannt und bleibt ein künstliches Geschöpf. Ich ziehe es vor, bei allem Vorbehalt im weiteren von *Stierkampf* zu sprechen. Spätestens seit Hemingway ist dies die gebräuchliche Bezeichnung.

13

# Mit den Augen Europas

## Zufällige Begegnung

Ich wußte nichts über Stierkampf. Wie jedermann hatte ich irgendwo schon einmal die bunten Bilder von einer Corrida gesehen. Sie hatten mich nicht nachhaltig beeindruckt. Doch als in Vinaroz, einem Küstenstädtchen auf halbem Weg zwischen Barcelona und Valencia, mitten im Februar plötzlich diese grellen Plakate auftauchten – der Torero in glänzender Pose hautnah am wütenden Stier –, war meine Neugier geweckt.

Was mich lockte, war nicht die Sensation, die da mit dicken, bunten Pinselstrichen versprochen wurde. Das schien mir wenig glaubwürdig, hielt man es doch für nötig, mit der übertriebenen Dramatik der Zirkusplakate zu wetteifern. Daß sie so altmodisch, so wenig modern waren, sprach mich an. Sie strahlten etwas Romantisches aus und ließen mich hoffen, wenigstens einen kleinen, verschrobenen Rest des alten Spanien zu finden, einen Hauch dessen, was die neue Zeit überall längst weggefegt hatte.

Eine Novillada sollte stattfinden, doch der Begriff sagte uns nichts. Immerhin ließ sich so viel in Erfahrung bringen, daß Nachwuchstoreros mit noch nicht ausgewachsenen Stieren kämpfen würden.

Der Tag war grau, ein eiskalter Wind blies. Das Ambiente entsprach ganz und gar nicht den gängigen Vorstellungen. Die Ränge der Arena waren nur zu einem Drittel gefüllt, und alle froren. Während sich die Spanier mit Brandy bei Laune zu halten wußten, kroch uns die Kälte bis ins Mark. Die Unbeschwertheit um uns herum ließ uns die eigene Befangenheit nur stärker empfinden. Von dem, was sich unten in der Arena abspielte, verstanden wir fast nichts.

Ich hatte Posen erwartet und leere Gesten, die Selbstinszenierung billiger Helden. Bei aller Neugier befürchtete ich, einer von der Zeit längst überholten Tradition zu begegnen, die Sinn und Substanz schon längst eingebüßt hat.

Als es dann soweit war, hat mich jene Welt wider Erwarten heftig berührt. Ich war gefesselt vom Anblick des Bluts, das plötzlich so wirklich war, vom Tod, der da stattfand, als ob es nicht anders sein könnte, der einzig mögliche Schluß einer mörderischen Prozedur, die ihr Opfer mit ungeheurer Selbstverständlichkeit Schritt um Schritt für diesen einen Moment herrichtete – jetzt, am Ende, steht der Stier da, verwundet, erschöpft, und als ihm der Degen glatt in den Rist fährt, wirkt es wie ein Gnadenstoß. Ein Wanken, die Beine geben nach, ein letzter Blick, in dem sich Verwunderung und hilflose Klage zu mischen scheinen, bevor der gewaltige Leib zusammenbricht und plump auf die Seite fällt. Ein Strampeln, ein Zucken noch in den Beinen, bis man ihm das kurze Messer in den Nacken bohrt, hart, grob, das Ende ist nur noch befreiend, es ist endlich vorbei.

Was ich sah, schmerzte mich, wühlte mich auf, zog mich in seinen Bann. Ein grausames Spiel vor Augen, mochte ich doch den Blick nicht abwenden, fast wuchs noch die Faszination der Bilder mit ihrer Unerträglichkeit.

Anschließend schien alles fern wie ein Traum, ein Rausch. Doch es hatte seine Spuren in mir hinterlassen. Der Eindruck war tief, nur verstand ich seine Gewalt nicht. Den Gesetzen der Vernunft war dies nicht zugänglich. Tagelang überfielen mich immer wieder die Bilder dieses Nachmittags, drängten darauf, in eine beruhigende gedankliche Ordnung gebracht zu werden.

Klar schien nur, daß es um mehr ging als um ein grausames Spiel. Zu deutlich war die Strenge zu spüren, die aus allem sprach. Und zu überladen die Symbolik: Der Matador, ausstaffiert wie ein Prinz, grazil, weiblich, begibt sich in die Höhle des Löwen, um mit der strengen Würde eines Priesters einen Ritus zu vollziehen, in dessen Verlauf er sich zum Mann und Helden wandelt... – es blieben Bilder aus einem kitschigen Märchen, wäre da nicht der Stier, der für Wirklichkeit sorgt, für wirkliche Gefahr, wirklichen Tod. Er wehrt sich nach Leibeskräften gegen die Rolle des Opfers und weiß nicht, daß dies genau seine Rolle ausmacht; daß das Spiel an Prägnanz gewinnt, je mehr Mut und Tapferkeit er beweist, an denen der Matador seine Größe erst entfalten kann. Es drängte mich, das Erlebnis zu wiederholen, und ich hätte erwartet, daß damit sein Zauber verflöge. Doch die Wiederholung änderte an der Wirkung zunächst wenig. Auch die Faszination blieb. Ich merkte, daß mich befallen hatte, wovon die seltsame Welt der Stiere lebt: *afición*. Ich nehme an, daß dieser Sog, den ich verspürte, ohne daß ich es gewollt, es eigentlich bemerkt hatte, aller Leidenschaft für den Stierkampf zugrunde liegt. Es ist wie ein Hunger, dem selbst die ein

ums andere Mal enttäuschte Erwartung wenig anzuhaben vermag. Und noch die Langeweile der vielen mittelmäßigen Corridas kommt dagegen nicht an. Die Afición gleicht einer Sucht: Gerade so lange glaubt man sich davon frei, bis einen das Verlangen erneut mit derselben Macht befällt. Doch natürlich ist das nicht alles: Man macht sich vertraut mit der Welt der Toros, es entwickelt sich nach und nach Kenntnis, und auch die Weise des Hinschauens verändert sich.

## Fremde im Land der Stiere

In welcher Tradition ich mich als ausländischer Aficionado bewegte, wurde mir erst klar, als ich begann, mich eingehender mit dem Stierkampf und Spanien überhaupt zu beschäftigen. Es stellte sich heraus, daß meine Begegnung mit den Toros mitsamt meinen widersprüchlichen Empfindungen geradezu klassisch gewesen war.

Schon immer hatte der Stierkampf die Reisenden nachhaltig beeindruckt, so sehr, daß sie ihn zum Identitätszeichen Spaniens erhoben, zum wesentlichen Unterscheidungsmerkmal einer Kultur, einer ganzen ‹Rasse›. Erst später, im 18. Jahrhundert, fing man auch in Spanien selbst an, von der *fiesta nacional* zu sprechen. Den Schritt zur gezielten Vermarktung des Klischees vollzog dann Franco, Ende der fünfziger Jahre, just in dem Moment also, als Spanien zum großen Sprung nach Europa ansetzte. *Spain is different* lautete der Slogan, mit dem man Italien die Konkurrenz ansagte, um Touristen- und Devisenströme ins eigene Land zu locken. Der Erfolg war überwältigend. Daß schließlich doch nicht jeder Spanier einen echten Torero abgab – die Enttäuschung darüber war bei Wein und Branntwein schnell verwunden.

Zum Markenzeichen für dieses andere Reiseland avancierte der Osborne-Stier, Sinnbild einer verheißungsvollen Mischung aus Abenteuer, Lokalkolorit und herzhaften Genüssen, die man den Fremden zu Spottpreisen kredenzte. Schwarz, schroff, das Gegenbild der immerzu gutmütig spendenden Milka-Kuh, die das Leben zu Hause versüßt, wacht er seitdem erhaben über den Routen des Massentourismus. Mit den Jahren ist er den Spanienreisenden ein alter Freund geworden, doch mit der Fremdheit blieb auch etwas von der Verheißung auf der Strecke.

Ich lese Reiseberichte aus vergangenen Zeiten. Es gibt unzählige davon, geschrieben von Europäern, die Spanien besuchten und erkundeten, Franzosen, Engländer, Deutsche in der Regel. Bis Ende des letzten Jahrhunderts zählt man schon an die tausend solcher Reisebeschreibungen.

Unter den Klassikern dieses Genres ist kaum einer, der nicht wenigstens ein paar Seiten dem Stierkampf widmet. Die Verführung, den Lesern in der Heimat Lokalkolorit, Spektakuläres, Exotisches zu servieren, muß groß gewesen sein. Den meisten aber geht es um mehr als das. Der Stierkampf ist für sie ein wichtiges, wenn nicht sogar das zentrale Spanienerlebnis, ein Fenster, das dem Fremden einen Blick in die Tiefen und Untiefen der spanischen ‹Volksseele› gewährt. Mit krasser Deutlichkeit bringt der Stierkampf die Erfahrung auf den Punkt, daß die Spanier keine oder jedenfalls keine gewöhnlichen Europäer sind.

Fast alle Ausländer erfreuen sich zunächst an der großartigen Farbenpracht der Corridas, doch angesichts von Blut und Tod der leidenden Kreatur, die da ihr Leben für ein Spektakel von dubiosem Wert lassen muß, hört für die meisten der Spaß auf.

Und während für den gewöhnlichen Europäer die Grenzen des Erträglichen schon lange überschritten sind, herrscht unter den Einheimischen weiterhin fröhliche Unverdrossenheit.

Den wohlwollenden Fremden mag das Fehlen jedweden Mitleids an die unschuldige Brutalität von Kindern erinnern, die sich bisweilen ebenso scham- und herzlos zum stillen Entsetzen der Erwachsenen äußert. Vielen aber vergeht jegliches Wohlwollen. Sie sind einfach empört. Gemeinsam ist allen Fremden die innere Aufregung und Irritation.

Das Erlebnis Corrida steht in gewisser Weise exemplarisch für das Reiseerlebnis Spanien. Es verdichtet die widersprüchlichen Eindrücke zu einem Bild, denn die Schilderungen zeichnen in der Regel ein Land, das Erstaunen und Beklemmung gleichermaßen hervorruft.

Bis ins letzte Jahrhundert hinein galt Spanien bei den Europäern nicht als unbedingt attraktives Reiseziel. Auf der imaginären Landkarte des Fernwehs, das Aristokraten und betuchte Bürger aus der vertrauten heimatlichen Enge fortzog, war immer Italien der Favorit. Ein Florenz der Renaissance, ein Rom der Päpste und Cäsaren hatte Spanien nicht zu bieten. Den beschwerlichen Weg über die Alpen, der zu den Wurzeln der abendländischen Kultur führte, verstanden die Reisenden des 18. Jahrhunderts zunächst als Bildungsreise. Naturerlebnisse und die süße Abenteuerlichkeit des mediterranen Lebens waren allenfalls ein zusätzliches Bonbon.

Von alldem hatte Spanien nichts. Das Land hatte sich eingeigelt, vom Fortschritt der Zivilisation abgekoppelt, galt als kulturlos. Weder Renaissance noch Reformation hatten hier fruchtbaren Boden vorgefunden. Um so prächtiger gedieh die *leyenda negra*, die Sage vom heillosen Spanien, das seit dem Wüten der Inquisition eigensinnig und stumm im Dunkel vergangener Epochen verharrte. Ein Land, steinig, karg, hart, voller Melancholie unter einer sengenden Sonne, die verbrannte, statt zu segnen.

Das höfische Leben galt als hoffnungslos rückständig und verkrustet, alles Liebliche, Heitere ging dem Land ab. Von *dolce vita* keine Spur, eher roch es nach Tod und Fäulnis. Verarmte Ritter, gescheiterte Krieger, ausgespielt von der Zeit, Macht und Geld fest in den Händen der Kirche und einiger weniger Sippen, die den Genuß ihrer Privilegien allein durch einen unbefleckten Stammbaum legitimierten – alles andere war Armut, eine schier grenzenlose Armut und Gottverlassenheit.

Durch den Katholizismus fest mit Europa verbunden, spielte Spanien die Rolle eines Stiefkindes, das den Europäern fremd, unfaßbar und irgendwie unheimlich blieb. Die Pyrenäen, weniger hoch als die Alpen, stellten eine ungleich wirkungsvollere Grenze dar: Was dahinter kam, war nicht mehr Europa. Hier noch die Zivilisation, begann drüben die Barbarei, in der ein Leben nichts galt: *la dura ibérica*.

Erst mit den romantischen Reisenden im 19. Jahrhundert ändert sich dieses Bild allmählich. Jetzt entdecken die Fremden ihre Liebe wenigstens für den südlichen Teil des Landes, entdecken Anmut in der Armut. Sie lassen sich bezaubern von den Spuren, die die Mauren in der Landschaft, in den Gesichtern hinterlassen haben, von den Sitten und Bräuchen des einfachen Volkes.

Der spezifisch spanische Hang zu Intoleranz und Grausamkeit, zuvor als ein wesentlicher Zug des ‹Volkscharakters› mißbilligt, wird nun als Manifestation eines besonderen südländischen Temperaments gelesen, das – leidenschaftlich, hitzig, faszinierend – von den gegebenen klimatologischen Bedingungen hervorgebracht wird.

Gerade die Andersartigkeit der alltäglichen Bilder verlockt nun den Fremden, weckt seine Neugier. Wie nirgends sonst sieht er hier Gegensätze aufeinanderprallen, Pracht und Armut, Stolz und Erniedrigung, Schönheit und Schrecken zu einer bizarren Einheit verschmelzen, die er so wenig begreifen kann wie die Tatsache, daß dieses monströse Gebilde ihm auch noch ans Herz wächst.

«Wer in Spanien war, sehnt sich nach Spanien zurück. Doch welcher Fremde möchte schon in Spanien sterben?»[1] Noch in den fünfziger Jahren dieses Jahrhunderts ist Wolfgang Koeppen in das klassische Muster von Anziehung und Fremdheit verstrickt. Die Sehnsucht behält die Oberhand, doch formuliert Koeppen hier noch einmal jene generelle Irritation der Europäer, die sich in Iberien bis vor kurzem irgendwo auf halbem Weg zu Orient und Dritter Welt glaubten.

## Ein neues Spanien

Ich reise durch Spanien, heute, 1989. Eine neue Zeit bricht an, die Zeichen sind nicht zu übersehen. 1992 werden die Spanier Europäer sein, offiziell, endlich und endgültig. Es ist beschlossene Sache, Wirtschaft und Politik haben ein Machtwort gesprochen. Die Zukunft hat schon begonnen, das Trauma von Isolation und Rückständigkeit ist fast schon Vergangenheit.

Während man die eisernen schwarzen Stiere aus Gründen der Umwelthygiene demontiert, wird an den Straßen des Südens immer wieder großflächig für ein neues Land geworben: Andalucía '92. Man hat neue Straßen gebaut, reisen ist jetzt auch hier bequem. Neue Häuser überall, neue Autos, neuer Wohlstand, modernes Leben. Exotik und Abenteuer suchen Europäer von heute woanders.

Zeitunglesen. Auch hier geht es um 1992, jeden Tag aufs neue. Die magische Zahl. Fünfhundert Jahre zuvor wurde Amerika von Spaniern ‹entdeckt›. Kaum einer wagt laut zu bezweifeln, ob das ein Grund zum Feiern sei. Und ebensowenig erinnert man daran, daß das Jahr 1492 auch den Niedergang einleitete, daß die vollständige Vertreibung von Mauren und Juden, nachdem Granada als letztes Kalifat von den katholischen Königen zurückerobert worden war, neben dem kulturellen Verlust vor allem den Zusammenbruch der wirtschaftlichen Strukturen bedeutete, den das neue Gold aus Übersee nur übertünchte.

Im amerikanischen «Time»-Magazin finde ich eine sechzehnseitige Werbebeilage in Farbe, finanziert von der staatlichen spanischen Telefongesellschaft. Das Motto: goodbye mañana, hello tomorrow. Eine moderne Industrienation stellt sich vor. Man wirbt für Investment, lockt mit weit geöffneten Türen expansive Unternehmen, räumt mit alten Mythen und Vorurteilen auf, verspricht Know-how statt Don Quijote und El Cordobés. Folklore bietet man auch, doch in gereinigter Form, die Unannehmlichkeiten der dazugehörigen Lebensweise muß der Ausländer nicht mehr in Kauf nehmen.

Doch noch ist es nicht soweit, noch trägt Spanien an den Spuren einer Vergangenheit, die man, so scheint es, im Rausch des Wirtschaftswunders eilig zu vergessen sucht. Die francistische Ära wird mit jedem neuen Skandal lebendig, der ein plötzliches Licht auf dunkle Machenschaften in Polizei- und Verwaltungsapparaten wirft. Im Süden liegt die Arbeitslosigkeit weiter zwischen 20 und 30 Prozent, auch das ist Tradition. Und immer noch gibt es jene bittere Armut, nur hat sie ihr Gesicht verändert, ist über Nacht zum sozialen Problem geworden. Für romantische Bilder, wie sie die Fremden liebten, taugt sie nicht mehr. Statt dessen sorgen Drogen und städtische Kriminalität für täglich neue Schlagzeilen.

Die Hochglanzbroschüren der Touristikämter wissen um die Sehnsüchte der Fremden. Sie werben mit lebendiger Tradition, Lokalkolorit, mit Fiesta und Corrida. Sie verschweigen, daß all das immer weniger spanischen Alltag ausmacht, daß es um Spaniens Eigentümlichkeiten zur Zeit nicht gut steht.

Von der neuen Nähe zu Europa bleibt auch der Stierkampf nicht unberührt. 1987 wurde in Katalonien das erste spanische Tierschutzgesetz verabschiedet. Auch auf dieser Ebene will man es endlich den Vorbildern gleichtun. Wie nicht anders zu erwarten, sorgten die Stierfeste dabei für einiges Gerangel, das schließlich zu einem aufsehenerregenden Beschluß führte: kein Stierkampf mehr, wo er nicht nachweislich fest zur lokalen Tradition gehört. Man einigte sich darauf, neben den improvisierten Kampfplätzen auch die transportablen Arenen zu verbieten und den Neubau von Arenen grundsätzlich nicht mehr zu genehmigen.

Wirklich durchsetzen ließ sich das neue Gesetz bisher allerdings nicht, und schon jetzt wird laut über eine erneute Änderung nachgedacht. Wieder einmal hatten die Politiker ihre Rechnung ohne die vielen kleinen Orte gemacht, zu deren Festen seit eh und je die Stiere gehören, auch ohne Arena, und zur Not auch ohne das Plazet der Obrigkeit.

Die andalusische Regierung hingegen hat vor, in allen Kleinstädten, die bisher keine eigene Plaza de toros besitzen, Arenen bauen zu lassen, die sich gleichzeitig für Spektakel anderer Art eignen. Damit sieht man sich im Trend, denn gerade in den Metropolen sind die Toros zur Zeit wieder ‹in› wie schon lange nicht.

Während der Ferias von Madrid, Sevilla, Valencia, Bilbao und anderen Städten verzeichnet man Jahr für Jahr steigende Zuschauerzahlen. Dabei schlagen die mittlerweile 25 Corridas, die das Kernstück der Madrider *Feria de San Isidro* ausmachen, alle Rekorde. Fast jeden Nachmittag finden sich selbst einheimische Aficionados ernüchtert vor geschlossenen Kartenschaltern: *no hay billetes* – ausverkauft! steht da lapidar mit Filzstift auf einen weißen Zettel geschrieben. Und wer denkt, daß er morgens um halb zehn, wenn die Taquillas öffnen, noch eine Chance auf Karten zum regulären Preis hat, wird schnell eines Besseren belehrt. Bei einer Schlange von 200 oder 300 Leuten – in der Mehrzahl professionelle Wiederverkäufer, die zum Teil die halbe Nacht hier verbracht haben – ist dafür gesorgt, daß die nicht abonnierten Plätze im Handumdrehen vergeben sind und erst vor Beginn der Corrida wieder angeboten werden. Zum zwei- bis fünffachen Preis, versteht sich. Auf dem straff organisierten Schwarzmarkt lassen sich gute Geschäfte machen.

Gerade junge Leute entdecken die Fiesta nacional wieder und lassen sich von einer Tradition faszinieren, die viele von ihnen bis dahin gerade mal aus dem Fernsehen kannten. Vielleicht, so läßt sich spekulieren, sorgt der massive Import ausländischer Kultur für eine Rückbesinnung auf genau das, was Spanien schon immer von den anderen unterschied.

Wenn das Geschäft blüht, ist auch von staatlicher Seite keine wirkliche Behinderung zu erwarten. Die neue Prosperität ist eine heilige Kuh, und wer ihr zu nahe tritt, wird zurückgepfiffen. Hinzu kommt, daß die Grenze zwischen Anhängern und Gegnern des Stierkampfs quer zur Machtverteilung verläuft, mitten durch Parteien und Apparate, so daß sich politische Debatten um die Toros eher delikat gestalten. Da die widersprüchlichen Interessen sowieso nicht unter einen Hut zu bringen sind, zieht man es vor, sich mit dem Thema nicht zu befassen. Wo es unumgänglich scheint, nimmt man oberflächliche Korrekturen vor.

Aus Furcht, jene Touristen zu verschrecken, die in den Corridas nur eine kollektiv bejubelte Tierquälerei sehen, hat man den Stierkampf vor Jahren aus der spanischen Auslandswerbung verbannt. Man optierte für Zurückhaltung, denn immerhin ist der Tourismus Spaniens wichtigster Industriezweig, den man unter keinen Umständen gefährden will. Ein Verbot der Toros aus Gründen solcher Rücksicht aber wäre interessenwidrig: Sie sind eine der großen Attraktionen, mit denen man die Fremden locken kann. Das sorgsam gepflegte Image dieses ‹anderen› Reiselandes würde dadurch entscheidenden Schaden nehmen.

Derlei Sorgen liegen all denen fern, die am Stierkampf verdienen. Für 1992 erwartet man Ströme von Geschäftsleuten und Touristen aus aller Welt. Diese Invasion wird alles bisher Dagewesene in den Schatten stellen. Die Expo in Sevilla, die Olympischen Spiele in Barcelona, Madrid als kulturelle Hauptstadt Europas – die Veranstalter der Stierkämpfe reiben sich schon jetzt die Hände und werden für zünftiges Ambiente sorgen.

So gibt sich die Welt der Stiere zur Zeit selbstbewußt. Daß man die Gunst der Stunde wittert, zeigt ein neues, aufwendig aufgemachtes Stierkampfmagazin, das seit 1987 allwöchentlich erscheint. Ganz- und doppelseitige Werbung für die Stars der Arenen sichert die Finanzierung, das propagandistische Ziel ist überdeutlich. Man glorifiziert die *fiesta brava*, während man an ideologischen Gegnern, insbesondere aber internen Kritikern kein gutes Haar läßt. Der programmatische Titel des Hefts ist «Toros '92». Damit hat man kurzerhand die Kluft für nichtig erklärt, die Europa von der Welt der Stiere zu trennen schien. Kein neues Spanien ohne seine grandiose Fiesta nacional!

Und zur Zeit sieht alles danach aus, als ob man damit recht behalten werde. Wenn moderne Spanier, die fern aller Natur in den Metropolen wie andere Europäer aufwachsen, sich für den Stierkampf begeistern; wenn mehr und mehr Ausländer ihre Leidenschaft für das drastische Spiel um Leben und Tod entdecken; wenn die politischen Strategen erfolgreich darin bleiben, Spanien zum Freizeitland, Andalusien zum Kalifornien Europas umzubauen, begehrter Lebensraum eines vereinten Europas, Modernität und Romantik in gelungener Verbindung – wenn man all das ein ganzes Stück weiterdenkt, dann läßt sich am Horizont ein Bild vom Stierkampf ausmachen, das bald schon Wirklichkeit sein kann: Amerikaner, Japaner, vor allem aber Europäer sieht man in gleicher Zahl wie Spanier auf den Rängen einer modernisierten Arena, die durch ein Dach vor Wind und Wetter geschützt ist. Mit der gleichen Leidenschaft, dem gleichen Sachverstand begleiten sie jedes Manöver, das der goldgeschmückte Held mit dem Stier vollbringt. Statt auf Stein sitzen sie nun auf bequemen Schalensitzen aus Hartplastik, die ein Mindestmaß an körperlicher Distanz zum Nachbarn gewährleisten. Für sie alle ist auch das neue Spanien noch das Land der Stiere. Es ist zum internationalen Treffpunkt geworden, ein Eldorado der Aficionados aus aller Welt, wo am Ende Europa und der Stier doch noch ihre Liebe zueinander entdecken werden.

## Ein Schandfleck im europäischen Haus

Vorerst ist der Frieden zwischen Europa und dem Stier nichts als eine Zukunftsvision. Im politischen Alltag haben derlei Hirngespinste keinen Platz.

Auf Antrag des bundesdeutschen SPD-Politikers Gerhard Schmid verabschiedete die Kommission für Umwelt, Gesundheit und Verbraucherschutz im

«Sadismus kann nicht
Kunst sein»

Europäischen Parlament am 23.11.1988 – mit siebzehn gegen sieben Stimmen bei einer Enthaltung – eine Resolution, in der die Corridas de toros verurteilt werden. Die spanische Regierung wird darin aufgefordert, reglementarische Korrekturen vorzunehmen, die die Grausamkeit des Spektakels unterbinden sollen.² Insbesondere die *suerte de varas*, das Lanzenmanöver des Picadors, und die *suerte de matar*, das Töten des Stiers in der Arena, sind den Parlamentariern ein Dorn im Auge.

Anträge dieser Art haben in Straßburg mittlerweile Tradition. Schon 1985 – die Verhandlungen um Spaniens EG-Beitritt standen kurz vor dem Abschluß – versuchte der konservative britische Abgeordnete Richard Cottrell, die Gunst der Stunde zu nutzen. Als eine Art Zoll, zu entrichten beim Eintritt in den erlauchten Kreis, verlangte er von der spanischen Regierung ein Verbot der Corridas, konnte sich aber damit im Europäischen Parlament nicht durchsetzen. In der Debatte vom 11.6.1985 entgegnete ihm der Italiener Andreotti, der damals dem Europäischen Rat vorsaß:

«Ich muß Ihnen gestehen, daß die Corridas de toros eigentlich nicht im Mittelpunkt unserer Sorgen stehen... Ich glaube, wir würden keine gute Werbung für Europa machen, wenn wir den Spaniern zu verstehen gäben, daß wir ein Verbot der Corridas verlangen... Dies ist nicht der Moment, dieses Problem in unsere gemeinsame Wirklichkeit eintreten zu lassen...»³

Noch nicht, jetzt nicht – die Gegner des Stierkampfs stellt solch pragmatische Tatenlosigkeit natürlich nicht zufrieden. Sie wollen keinen Schandfleck in dem neuen Haus, an dem alle bauen. Hinter ihren Attacken steht die Idee einer gemeinsamen kulturellen Wirklichkeit, wie sie 1987 von einer Spanierin sehr offenherzig vor dem hohen Haus formuliert wurde:

«Wenn wir über Kultur sprechen, meinen wir damit die Integration unserer Geschichte, unserer Vergangenheit, doch ich denke nicht, daß in diese Kultur ein so blutiges Element wie der Stierkampf gehört.»[4]

Wahre Abgründe tun sich auf, denn dem Stierkampf abzusprechen, ein Teil der Kultur zu sein und ihn zu einem unbedeutenden Element der Geschichte Spaniens zu erklären, läuft auf den Versuch hinaus, diese Geschichte umzuschreiben. So berichtet im Jahre 1809 der Franzose Laborde:

«Die Corridas sind das wahre Schauspiel dieser Nation. Der Geschmack an dieser Art von Vergnügen gerät dem Spanier zur hemmungslosesten Leidenschaft. Er läßt alles liegen, gibt alles her, um dabeizusein, läßt sich von einer gewaltigen Freude und heftigster Begeisterung packen. Deshalb findet man überall, selbst noch in den kleinsten Städten, Plätze, die für dieses Schauspiel eingerichtet wurden. Bei jeder Fiesta finden Corridas statt. Sobald man sie ankündigt, macht sich alle Welt auf die Beine, noch vom entferntesten Flecken kommt man gelaufen…

Die Frau verläßt ihren Herd,… der Handwerker seine Werkstatt,… der Bauer sein Feld. Personen höherer Wesensart zeigen kein geringeres Interesse, und Freude und Begeisterung zeichnen alle Gesichter. Sie kümmern sich um nichts anderes als die Corridas…»[5]

Brot wollte das Volk, und Stiere. Und oft sah es so aus, als ob die Stiere wichtiger seien als das Brot, als die hohe Politik allemal. Ein britischer Reisender, Richard Ford, berichtet 1851:

«Als ein Bourbone, Philipp V., zum erstenmal die Plaza von Madrid besuchte, forderte das Volk schreiend: ‹Stiere, wir wollen Stiere!› In keiner Weise interessierte sie die ruinierte Monarchie. Und selbst als der Eindringling Joseph Bonaparte den spanischen Thron bestieg, drehte sich alles Gerede im Volk nur um das eine: ob er die Corridas verbieten würde oder nicht. Wie eh und je lautet der Schrei der Hauptstadt heute ‹pan y toros›… wie es im alten Rom ‹panem et circenses› hieß.»[6]

In Spanien selbst ist der Streit um die Toros ganz und gar nicht neu. Er ist so alt wie der Stierkampf selbst. Die Entstehung der Corridas, wie wir sie heute kennen, ist ohne ihn nicht denkbar. Und an der Argumentation der Gegner hat sich seit nunmehr bald zwei Jahrhunderten im wesentlichen nichts geändert. Wer auch immer Spaniens Annäherung an Europa vorantreiben wollte, sah in der Fiesta nacional einen Stolperstein auf dem Weg zu einem modernen, zivilisierten Spanien. «Was also ist die Meinung Europas in diesem Punkt? Nennt man uns zu Recht oder Unrecht Barbaren?»[7] So lautet die zentrale Frage, um die bereits zu Beginn des 19. Jahrhunderts die Attacken der Antitauriniston kreisen. Während sich für die Fremden das Erlebnis Spanien in der Arena zu einem gleichzeitig malerischen und irritierenden Bild verdichtete, erblickten die Feinde der Fiesta hier nur den Inbegriff aller Übel, die den Anschluß an Europa verhinderten.

Wenn auch die gesamteuropäischen Stierkampfgegner auf altbekannte Argumente zurückgreifen, so ist doch der Um-

Panem et circensis – *circo, coso, plaza de toros*: drei Namen, in Ort: die Stierkampfarena

stand neu, daß man die politischen Verhältnisse zum Anlaß nimmt, vom Ausland her massiven Druck auszuüben.

Von ethischer Kolonisierung oder Einmischung in die inneren Angelegenheiten Spaniens traut sich auf der politischen Bühne allerdings derzeit niemand zu sprechen. In der Defensive werden leisere Töne angeschlagen. So muß sich der Europaparlamentarier Gerhard Schmid von der Spanierin Carmen Diéz de Rivera lediglich vorhalten lassen, von den spanischen Traditionen nichts zu verstehen und den «zutiefst populären Charakter der Corridas»[8] zu verkennen.

Angesichts «einer Attacke, die sich im Grunde gegen die kulturelle Integrität Spaniens richtet», findet der britische Anthropologe Garry Marvin sehr viel deutlichere Worte für die ausländischen Stierkampfgegner:

«Es scheint, daß die EG für sie nicht nur ein Mittel zur ökonomischen Integration bedeutet, sondern auch eine Art moralischer Gemeinschaft... Von welchem Belang ist es für sie, ob Spanien Toros hat oder nicht? Letztendlich: Welches sind ihre Kriterien für ein Urteil darüber, was zivilisiertes Verhalten in anderen Ländern ist?»[9]

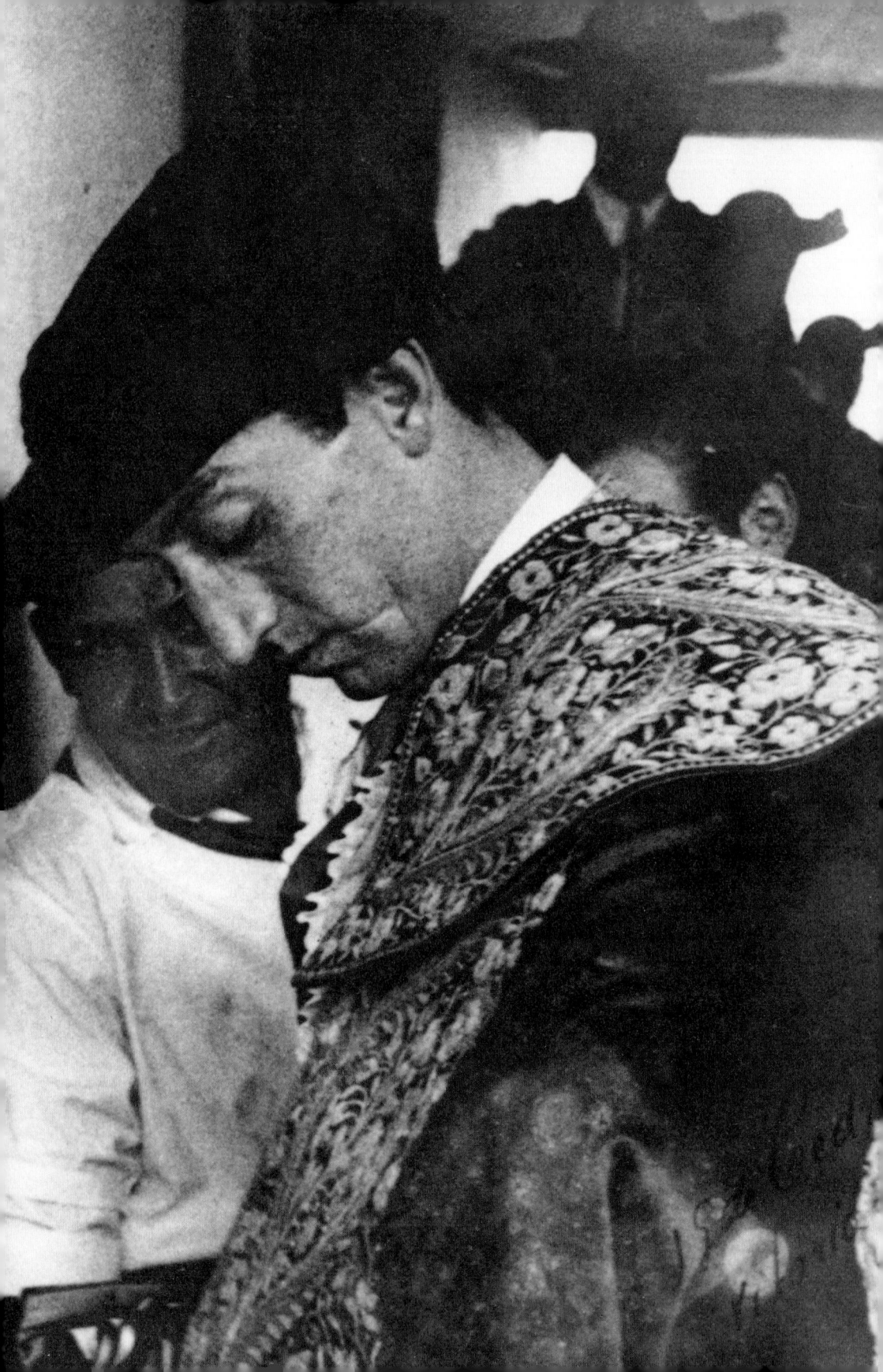

# Geschichte eines Schauspiels

## Anfänge und Vorläufer

### Vom Ur zum Kampfstier

«Unter den Völkern war es von jeher Brauch, ihren bevorzugten Zeitvertreib im Einklang mit der Eigenart ihres Charakters auszuwählen, angepaßt an die natürlichen Bedingungen, von denen sie sich umgeben sehen, und anwendbar auf ihre alltäglichsten Beschäftigungen. Nicht eine dieser Vergnügungen jedoch war im Land ihrer Entstehung von jenem rassischen Ursprung und der entscheidenden sozialen Bedeutung, die in Spanien der Stierkampf hat...

Die Leidenschaft für die Stiere ist in Spanien derartig in der Rasse verankert, man spürt in den Annalen einen solch entschiedenen Willen des Volkes, sie zu bewahren, ihre Ausübung war und ist so allgemein unter den Bewohnern, daß der Kult um den Stier (el taurinismo) tief in das spanische Temperament eingestanzt ist»[10].

Mit dem Gestus dessen, der jeglichen Zweifel oder Widerspruch unbarmherzig vom Tisch fegt, beginnt Fernando Villalón, andalusischer Poet, eigensinniger Stierzüchter, Aficionado, Geschichtsforscher und Traditionalist, seine Geschichte des Toreo, die 1927 unter dem Titel «Taurofilia Racial» erscheint, ein paar Jahre, bevor er, krank und verarmt, in Madrid stirbt.

◀ **Vor dem Kampf: Manolete**

Geschichte – die Architektur der Plazas, die Kostüme und das Handwerkszeug der Toreros, die Tatsache vor allem, daß Mensch und Tier sich im Kampf gegenüberstehen – in der Corrida drängt sich unablässig und in jedem Detail Geschichte auf. Jede Epoche hinterließ ihre Zeichen, wird erneut gegenwärtig.

Die Aficionados halten es mit der Tradition, und sie sind stolz darauf. Ihnen kann die Geschichte des Toreo weder alt noch spanisch genug sein. Sie lieben es, hymnisch die glorreiche Vergangenheit eines Brauchs zu beschreiben, der sie von allen anderen unterscheidet, einzigartig macht. Sie tragen dick auf, und dies um so mehr, als sie das nationalste aller spanischen Feste immer wieder bedroht sehen.

Geschichtsschreibung als Verteidigung – nicht allein Villalón sieht die Begeisterung für den starken, wilden Stier, den Mut und den Kampfgeist fest im ‹Erbgut des Volkes› verwurzelt: *taurofilia racial*. Und weil die Anfänge eben im dunkeln liegen, wird immer wieder gern betont: *desde los tiempos más remotos* – seit unvordenklichen Zeiten.

In allerfrühester Zeit, das steht heute fest, lebte der Ur in vielen Teilen Europas, Asiens und Nordafrikas. Der *bos primigenius primigenius*, wie die Zoologen die Urform allen Rindviehs nennen, lebte frei und wild. Man stellt sich riesige

Herden vor, die friedlich ganze Landstriche beherrschten, solange sie nicht gestört wurden.

Die Kraft dieser Tiere hat die Menschen von jeher beeindruckt. Insbesondere beim männlichen Tier sahen sie Kampf- und Zeugungskraft in idealer Vereinigung. Von Stieropfern in Ägypten weiß man heute ebenso wie von Spielen und Riten um den Stier auf Kreta. Jagdszenen finden sich auf den Wänden von Höhlen dargestellt, die man in Nordafrika, Spanien und Südfrankreich entdeckte. Lascaux und Altamira sind dafür nur die berühmtesten Beispiele. Der wilde Stier bedeutete eine Herausforderung in einer Zeit, als Jagd und Kult noch auf eine heute nicht mehr nachvollziehbare Weise ungeschieden waren.

Der Ur ist längst ausgestorben. Unweit von Warschau, so wird berichtet, grasten 1599 noch 24 Tiere, drei Jahre später waren es noch vier, die letzte Kuh starb 1627. Gejagt, vertrieben, ausgerottet – geblieben sind vom Ur nur seine domestizierten Erben und der spanische Kampfstier, der *bos taurus ibericus*. Es scheint wirklich so zu sein, daß er als einziger von der Alternative Ausrottung oder Domestizierung verschont blieb. Und auf die direkte Erbfolge Ur–Kampfstier legt in Spanien großen Wert, wer sich für das Toreo begeistert und zur Verteidigung dieser Tradition an den Patriotismus des Lesers appelliert wie Villalón: Der iberische Boden

«bringt dieses wilde und kämpferische Tier im Überfluß hervor…, und seine salpetrigen Weiden verleihen ihm Gesundheit und Lebenskraft, die, vereint mit dem Aufwachsen in der Wildnis, diese tapfere Gattung erzeugen, die sich dann zu einer eigenen Familie unter den Rindern herausbildet, mit bestimmten und unverwechselbaren Eigenschaften, die bis in unsere Zeit erhalten sind.»[11]

Geschichte oder Geschichten – wenn es darum geht, die innere Verwandtschaft des spanischen Volkscharakters mit dem *toro bravo* zu beschwören, läßt sich das nicht mit Sicherheit auseinanderhalten.

Für Phönizier, Griechen, selbst für die Römer noch war Iberien das Ende der Welt. Doch schon in den frühesten Sagen und Berichten aus diesem fernen Land tauchen Stiere auf. Im Mündungsgebiet des Guadalquivir sollen die berühmten

Der Ur, Vorfahre des spanischen Kampfstiers

rotbraunen Rinder geweidet haben, die Herakles dem Riesen Geryon raubte, um sie nach Kreta zu entführen. Später berichtet Diodoros, daß die Stiere bei den Iberern als heilig galten. Und bei Strabon ist zu lesen, man dürfe diese Stiere «nicht länger als fünfzig Tage auf den Weiden Andalusiens lassen, da sie sonst zu fett würden».[12]

Cäsar, so wird verschiedentlich berichtet, hat in Cádiz und Sevilla Stiere vom Pferd aus bekämpft. Beeindruckt vom Brauch der Spanier, brachte er den Stierkampf nach Rom in den Zirkus. Es sind Spuren, Bruchstücke, die sich bald wieder verlieren. Danach liegt die Geschichte erneut im dunkeln, Spanien im Abseits.

Erst über tausend Jahre später finden sich gesicherte Belege in Chroniken. Im Jahre 1080 fanden in Avila aus Anlaß einer Adelshochzeit Kämpfe von Reitern und Stieren statt, 1135 wiederum zur Krönungsfeier von Alphons VII. Seitdem gibt es zahlreiche Zeugnisse für die Stierfeste, wann immer Könige und Fürsten hofhielten. Hochzeiten, Geburten, Taufen, Empfänge, aber auch militärische Erfolge und Friedensverträge wurden mit Stieren gefeiert.

Wie diese Kämpfe aussahen, läßt sich nur ungefähr ausmachen. Mittelalterlichen Schilderungen ist zu entnehmen, daß die Aufgabe der Ritter ursprünglich allein darin bestand, den Stier mit einem einzigen Lanzenstich zu Fall zu bringen. Warum aber gerade in Spanien das tödliche Duell zu einem Schauspiel und sozialen Ereignis ersten Ranges wurde, weiß man nicht.

Überall, wo Auerochsen, Wisente und ähnliche Rinder lebten, rückte man ihnen mit Pfeilen, Speeren, Spießen und Lanzen, mit Hunden oder Pferden, vor allem aber mit Geschick zu Leibe. Über die Bisonjagd in Mitteleuropa heißt es in Konrad Gessners «Tierbuch» von 1563:

«Die den Bison jagen, müssen gar kräftig, behend und geschickt sein. Sie stellen sich an Bäume, die richtig auseinander und nicht zu dick noch zu dünn sind, damit man rasch um sie herumkommt und doch von ihnen geschützt wird. Wenn dann die Hunde das Tier aufgejagt und wildgemacht haben, tritt einer neben seinem Baum hervor und schreit: Lu, lu, lu; dann läuft der Bison auf ihn zu, er tritt hinter den Baum und sticht ihn im Vorbeilaufen mit dem Spieß. Der Bison wendet sich um und versucht, ihn von seinem Baum wegzureißen. Darum muß der den richtigen Baum dafür haben, denn wenn das Tier mit seiner scharfen und rauhen Zunge sein Kleid fassen kann, reißt es ihn an sich, und er ist gewiß des Todes. Wenn er geschickt ist, gibt er ihm viele Stiche, und es kann viele Stiche vertragen, ehe es fällt. Wenn er aber müde wird, kann er seinen roten Hut hinwerfen, dann wütet das Tier gegen den Hut. Der andere Jäger, ebenso an einen Baum gestellt, läuft vor... Dann läuft er, nämlich der Wisent, diesen an. Solchermaßen fällt man das Tier. Man sagt, daß es mit seiner Stärke Roß und Mann hoch in die Luft werfe.»[13]

Auch hier sind List und Täuschung die Mittel, mit denen David den Goliath zur Strecke bringt. Und der Hut, mit dem man das Tier zu foppen versucht, soll auch schon rot sein. Um Heldentum, Kult oder Spiel aber geht es hier ganz und gar nicht. Der profane Zweck heiligt ohne weiteres die drastischen Methoden.

Während man in unseren Breiten den letzten wilden Rindern den Garaus machte, nahm die Geschichte in Spanien einen anderen Weg. Die starke affektive Beziehung zum *toro bravo* verhinderte seine Degradierung zum banalen Nahrungsmittel. Wie kein anderes Tier eignete er sich für ein Duell, bei dem Reiter und Ritter ihre heroischen Qualitäten auch zu Friedenszeiten ganz vortrefflich in Szene setzen konnten.

Bei den christlichen Kriegern standen diese Turniere hoch im Kurs. Nach und nach entwickelten sie sich zu einem Schauspiel, dessen Regeln einem immer genaueren Kodex unterlagen, der in eigens dafür geschriebenen Handbüchern und Anleitungen formuliert wurde. Seit dem 16. Jahrhundert, nach der endgültigen Vertreibung der Mauren, kultivierten die *Real Maestranzas de Caballería* den Stierkampf zu Pferd weiter. Diesen militärisch-religiösen Bruderschaften, die die hohe Schule des Reitens als vornehmste kriegerische Disziplin betrieben, gestand der König das Recht zu, jährlich eine bestimmte Anzahl von Stierkämpfen öffentlich auszutragen, ein Privileg, mit dem ihre Verdienste für das christliche Vaterland honoriert wurden.

Das gemeine Volk liebte diese Feste. Wenn die Noblen ihre Passion für den Stierkampf eindrucksvoll als prächtiges Exercitium inszenierten, war es begeistert dabei. Von den Stieren konnte es nie genug haben.

1617 ließ Philipp III. in Madrid die Plaza Mayor erbauen. Eigens für die Toros war damit zum erstenmal ein architektonischer Rahmen geschaffen, der dem aufwendigen höfischen Zeremoniell Rechnung trug, demgemäß König, Adel, weltliche und geistige Würdenträger und die Akteure mit allem Gefolge Einzug hielten und sich im Raum verteilten. Vor allem aber brachte er Kämpfer und Zuschauer in eine neue Ordnung, die ein geregeltes und perfektioniertes Schauspiel gewährleisten sollte. Bald folgten größere und kleinere Städte in den Provinzen dem Beispiel der Kapitale.

## Ritterliche Spiele auf der Plaza Mayor

Im Jahre 1678 erlebt die Französin Maria Catalina Jumel de Berneville, Gräfin zu Aulnoy, eine königliche Corrida in Madrid.

«Für das Fest bedeckt man die Plaza Mayor mit Sand und errichtet ringsum mannshohe Palisaden, die mit dem Wappen des Königs und des Reiches bemalt werden. Der Platz ist rechteckig und von Säulengängen umgeben, über denen sich Fassaden einheitlichen Stils erheben, mit Balkonen auf jedem Stockwerk und breiten Fenstern.

Der Balkon des Königs ist ausladender und geräumiger als die anderen und trägt ein geschmücktes Geländer. Er liegt in der Mitte einer Seite des Platzes und ist von einem Baldachin bedeckt. Gegenüber befinden sich die Balkone für die Herren Gesandten der katholischen Länder... Die Gesandten Englands, Hollands, Schwedens und der anderen protestantischen Länder nehmen ebenso zur Rechten des Königs Platz wie die Vertreter der Königlichen Räte von Kastilien und Aragon, der Inquisition, Italiens, Flanderns und der Kolonien, der militärischen Ränge,... der heiligen Kreuzzüge.

Ein jeder ist am Symbol seiner Waffen zu erkennen, die, in Gold auf karminrote

Stiergefecht auf der Plaza Mayor

Teppiche gestickt, über die Brüstungen hängen. Sämtliche Zünfte, die Richter, die Granden des Reiches, die Würdenträger nehmen einen ihrem Rang entsprechenden Platz auf Kosten des Königs ein..., der die Balkone von den privaten Familien anmietet, die in den Häusern wohnen.

Der König läßt allen Geladenen ein kleines Mahl kredenzen..., das aus Früchten, Süßigkeiten und Eis besteht. Außerdem werden die Damen mit Handschuhen, Bändern und Fächern beschenkt, so daß ein jedes dieser Feste über 100 000 Escudos kostet. Diese Summe wird von dem Geld bezahlt, das der König oder die Stadt durch Strafen oder gerichtliche Zuschläge einnehmen. Was für derlei Vergnügungen eingetrieben wird, verwendet man nie für andere Zwecke, selbst dann nicht, wenn es benötigt würde, um den König aus einer Notlage zu befreien. Und wenn man eines Tages versuchen sollte, mit dieser Sitte zu brechen, würde man einen Aufstand bewirken, denn diese Fiestas sind dem Volk wichtiger als alles andere.

Von der bretternen Umzäunung, der Barrera, bis zu den Balkonen im ersten Stock werden hölzerne Tribünen errichtet, auf denen das Volk Platz nimmt. Balkone, die nicht von seiten der Obrigkeit reserviert sind, können an Privatpersonen vermietet werden und jeweils bis zu 15 und 20 Dublonen kosten. Es kommt nie vor, daß auch nur einer davon unbesetzt bleibt...

Nur drei Eingänge bleiben geöffnet, durch die die hochrangigen Persönlichkeiten... mitsamt Kutschen und Gefolge einfahren... Die Caballeros grüßen die Damen, die sich auf den Balkonen zeigen. Man erblickt prächtigste Tücher, wunderschöne Teppiche und überreich mit Gold und Silber verzierte Kissen. Ich kann mich nicht erinnern, je etwas Glanzvolleres gesehen zu haben. Der königliche Balkon ist mit grünen und goldenen Vorhängen ausgestattet, die geschlossen werden, wenn der König nicht gesehen zu werden wünscht...

Als ich zum erstenmal einer Corrida beiwohnte, führte jeder Caballero in seinem Gefolge weitere zwölf Pferde, von den Pagen am Halfter geführt, und sechs Maultiere, beladen mit Spießen und Lanzen und geschmückt mit samtenen Dekken...

Die Reiter waren stattlich herausgeputzt. Alle entstammten erlauchten Geschlechtern, und ein jeder führte in seinem Gefolge vierzig Lakaien, die einen in spitzenbesetzter Seide, andere in Brokat und wieder andere in sonstige edle Stoffe gekleidet, mit denen sie die Moden fremder Länder imitierten. Auf diese Weise glichen sie Türken, Ungarn, Mauren, Indios und Wilden.

Zum Klang der Trompeten und angeführt von den berittenen Platzdienern überquerten die Caballeros mit ihrem Gefolge die Plaza Mayor. Sie kamen unter der königlichen Loge an, und nach einer tiefen Verbeugung erbaten sie die Erlaubnis, die Stiere bekämpfen zu dürfen. Der König erteilte diese und wünschte ihnen Glück...

In diesem Augenblick erklangen die Hörner als Signal für den Beginn des Duells... Ein enormer Lärm brach los, denn das ganze Volk schrie wieder und wieder: Hoch, hoch leben die Caballeros!...

Es gibt bestimmte Regeln, die aus dem Gefecht ein Duell machen... Hier einige meiner Beobachtungen:... Es ist nicht erlaubt, den Degen gegen den Stier zu zücken, solange dieser den Caballero nicht beleidigt hat, was erst dann gegeben ist, wenn dessen Spieß, der Hut oder die Capa hinfallen oder sein Pferd... verletzt wird. In diesem Fall hat der Reiter die Pflicht, dem Stier mit dem Auftrag entgegenzureiten, sich zu rächen oder zu sterben, und wenn er sich in angemessener Distanz befindet, muß er ihn von Antlitz zu Antlitz niederstechen... Wenn aber das Pferd scheut... muß der Reiter absteigen und sich mit dem Kurzschwert in der Hand mutig dem Stier nähern. In diesem Fall steigen auch die anderen Reiter vom Pferd und stehen ihm zur Seite, allerdings ohne ihn zu unterstützen oder ihm zu irgendeinem Vorteil gegenüber seinem Feind zu verhelfen. Der ganze Zug nähert sich dem Stier, und wenn dieser... flüchtet, anstatt anzugreifen, gilt das Duell als beendet. Die Ehre ist wiederhergestellt, und die Corrida wird fortgesetzt...

Wenn ein Mann in Gefahr gerät, werfen die, die in der Nähe sind, dem Stier einen Hut oder eine Capa vor, und auf diese Art können sie sich oftmals retten. Bei anderer Gelegenheit wirft sich derjenige, der in Gefahr ist, rasch auf den Boden, und der Stier rennt über ihn hinweg. Außerdem gibt es ‹peleles›, Puppen mit einem Kopf aus Karton und einem Leib aus Stroh, und während sich der Stier an ihnen gütlich tut, haben die Männer Zeit, sich in Sicherheit zu bringen…

Am ersten Tag gab es zwanzig Stiere, deren einer den schwedischen Grafen von Koenigsmarck schwer am Bein verwundete und den Bauch seines Pferdes aufriß. Gewandt sprang der Graf ab und wollte, obwohl selbst nicht Spanier, mit keiner der für solche Fälle geltenden Regeln brechen. Es war ein bedauerliches Schauspiel, ein solch schönes Pferd mit den Gedärmen auf dem Boden im Galopp verzweifelt seine Runden um den Platz drehen zu sehen. Es rannte einige Männer über den Haufen und tötete dabei einen Mann, bevor man es hinausließ…

Kaum hatte der Graf den Fuß auf den Boden gesetzt, als eine sehr schöne spanische Dame, die sicherlich mit gutem Grund glaubte, daß Koenigsmarck zu ihren Ehren kämpfte, sich über die Brüstung ihres Balkons beugte und ihm wiederholt mit dem Taschentuch Zeichen gab, um ihm Mut zu machen. Allein der Graf benötigte derlei Unterstützung nicht, denn er hatte den erforderlichen Mut… und schritt mit Würde voran, den Degen in der Hand. Er verlor dabei so viel Blut, daß er sich auf einen seiner Helfer stützen mußte, ging aber weiter auf den Stier zu und versetzte ihm einen furchtbaren Schlag auf die Stirn. Danach grüßte er mit einem kurzen Blick die Dame auf dem Balkon und fiel ohnmächtig in die Arme seiner Lakaien, die ihn fast tot hinaustrugen.

Man muß darauf hinweisen, daß derlei Unfälle das Schauspiel nicht unterbrechen, das einzig auf Geheiß des Königs ein Ende haben kann. Wenn also ein Caballero das Pech hat, verwundet zu werden, begleiten ihn die anderen bis zur Barrera und setzen dann den Kampf fort…

Wenn ein Stier sich über geraume Zeit verteidigt, und der König möchte, daß andere auf dem Platz erscheinen, läßt man einige Hunde jener Rasse los, die die Spanier auch nach Übersee mitnahmen. Sie sind klein, kurzbeinig, doch sehr widerstandsfähig und von solchem Mut und einer Grausamkeit, daß sie sich, wenn sie die Beute einmal gepackt haben, eher in Stücke reißen lassen würden als loszulassen. Einige sterben, durchbohrt von den Hörnern des Stiers, der sie hoch in die Luft schleudert. Doch am Ende bezwingen sie ihn und ermöglichen damit, daß man ihm die Läufe mit der halbmondförmigen Sichel durchtrennt. Das nennt man ‹desjarretar al toro›…

In der Plaza tauchten viele Männer auf, die zum Teil von sehr weit her zum Hof kommen, nur um an diesem Stierkampf teilzunehmen. Doch weil sie nicht von Adel sind, kämpfen sie zu Fuß, und ihnen werden keinerlei Ehren zuteil…

Die Männer, die zu Fuß kämpfen, werfen sehr spitze, mit Papier geschmückte Pfeile auf das Tier, die in die Haut eindringen… Ich sah einen Mauren, der sich dem Stier mit dem Dolch in der Hand näherte. Er wollte ihn am Nacken treffen, indem er mit dem Arm zwischen den Hörnern hindurchfuhr. Es war das waghalsigste und genauest berechnete Manöver, das man sich nur vorstellen kann. Der Stier fiel tot um, und der Mann verharrte unbeweglich direkt neben dem

Kopf. Die Hörner erklangen, und viele Zuschauer rannten mit Schwertern in der Hand los und zerfetzten den Leib des Tieres.

Es gibt einen tollkühnen Basken, der auf den Nacken des Stiers springt und darauf reitet. Er hält sich an den Hörnern fest, und das Tier mag versuchen, was es will, um sich zu befreien, es ist vergeblich, bis der Baske abspringt, wobei er manchmal das Horn des Stiers in der Mitte zerbricht... Ein junger, sehr galanter Toledaner starb auf der Stelle an einer Hornverletzung, zwei weitere Caballeros wurden schwer verwundet. Vier Pferde starben.»

«Dennoch», so glaubt die Gräfin verstanden zu haben, sei «die Corrida nicht sehr gut gewesen, weil nicht genug Blut geflossen war. Zu einem glänzenden Fest gehört, daß die Stiere wenigstens zehn Männer töten...

Der König warf dem Mauren, der den Stier mit dem Dolch getötet hatte, 15 Dublonen zu, und weitere 15 dem Basken, und er versprach, die Caballeros, die gekämpft hatten, im Sinn zu behalten.» Und dann schließt sie mit einer atemberaubenden akrobatischen Wendung: «Diese Feste sind wunderbar, interessant und großartig, doch... ich für meinen Teil wundere mich darüber, daß in einem Land, dessen Könige sich katholisch nennen, ein solch barbarisches Vergnügen geduldet wird...»[14]

## Mata toros

Gegen Ende des 17. Jahrhunderts bahnt sich im Stierkampf eine Revolution an. Die unberittenen Helfer, die jeder Noble in immer größerer Zahl mitbrachte, die ihn schützten, indem sie bei Bedarf den Stier mit ihren Mänteln ablenkten, die ihm nach und nach vor allem die häßliche Arbeit des Tötens abgenommen haben, emanzipieren sich von ihren Herren zu Pferd.

Ein Umbruch zeichnet sich ab, der innerhalb von kaum hundert Jahren den Reiter auf einen Akteur unter anderen reduzieren soll. Das Fußvolk erobert die Arena, der Matador beginnt seinen Aufstieg von einer gesichtslosen Randfigur zum bewunderten Volkshelden.

Im Norden Spaniens allerdings war der Matador keine neue Erscheinung. Der Begriff taucht bereits zum Ende des 11. Jahrhunderts in verschiedenen Dokumenten auf.[15] Von Haus aus Schlachter, wurde dem Matador damals auf Grund seiner Kenntnisse häufig die Aufgabe übertragen, den Stier am Ende eines Festes fachgerecht zu töten. Damit waren diese *mata toros* wohl die ersten, die sich berufsmäßig auch außerhalb der Schlachthöfe in den tödlichen Kampf begaben. An Gelegenheiten dafür fehlte es nicht, denn auch das einfache Volk hatte seine Stierfeste. Es waren rauhe Spektakel, die aus einem einfachen Grund aus der geschriebenen Geschichte ausgeblendet wurden: Die Chroniken verzeichnen nur die repräsentativen Ereignisse, sie sind Annalen der herrschenden Klasse. Wer schreiben konnte, hatte auf den lärmenden Festen des Pöbels nichts verloren.

So ist von jenen turbulenten Kämpfen in den Straßen oder auf improvisierten Plätzen, wo fernab vom großen Glanz der höfischen Spektakel die jungen Männer am Stier ihr Mütchen kühlten, nirgends die Rede. Zu alltäglich, zu selbstverständlich waren sie, und vielleicht auch zu roh für den feinen Geschmack. Erst als es darum geht, derlei Vergnügen zu verbieten und den Stierkampf insgesamt als grausames Spektakel zu denunzieren, treten die ländlichen Feste ins Licht der Geschichte.

Wer nicht zu Pferd die Stiere bekämpfte, so läßt sich heute annehmen, lernte schon immer sein Handwerk auf solchen Festen. Die Kunstfertigkeit, mit der sich manche *mata toros* bei ihrer Aufgabe hervortaten, machte aus ihrem Auftritt offenbar nach und nach ein gefragtes Spektakel. Weil sie aber Geld dafür nahmen, galten sie beim Adel als äußerst zwielichtige Gestalten, und Alphons X. erklärte im 13. Jahrhundert den bezahlten Kampf gegen wilde Tiere für unehrenhaft. Der ritterliche Kodex sah vor, daß Mut und Geschick des Reiters mit Ansehen allein vergütet wurden. Grund genug, die kleinen Helden des Volkes mit dem Bann zu belegen und sich damit die lästige Konkurrenz vom Hals zu schaffen.

Im Königreich Aragon jedoch waren die erstaunlichen Künste der Besitzlosen weiter gefragt. Wer Spektakuläres bot, das geht aus alten Dokumenten über Gagenzahlungen hervor, konnte auf sporadische Engagements hoffen. Der eigentliche Durchbruch zeichnet sich erst im Laufe des 17. Jahrhunderts ab. Mit Erfolg treten zu Fuß kämpfende Toreros in Madrid auf, und auch in anderen Teilen Spaniens schließen sie sich zu abenteuernden Gruppen, sogenannten *cuadrillas*, zusammen. Wie Gaukler ziehen sie von Fest zu Fest und leben von dem, was ihnen das Publikum gibt. Sie stehen in dem Ruf, wilde Gesellen zu sein.

Bald tauchen die Matadores in den Chroniken der großen Ereignisse immer häufiger auf. Jetzt gehören sie häufig zum Gefolge der Ritter, als bezahlte Spezialisten für den Todesstoß, der den Noblen nicht immer zur Zufriedenheit gelang. Die *chulos*, wie man die Gehilfen leicht despektierlich nennt, nutzen die Möglichkeit, sich im *empeño de a pie* hervorzutun, der ursprünglich dem Reiter aufgegeben war:

«In diesem Fall stieg der Reiter ab, weil er seinen Hut, einen Handschuh oder irgendein anderes Teil seines Schmucks verloren hatte, oder eben weil der Stier sein Pferd verletzt oder getötet hatte oder einen seiner Helfer..., und er durfte weder aufsteigen noch das Verlorene aufheben, bevor er ihn getötet hatte.» [16]

Stets war das *toreo a pie* für den Norden Spaniens, insbesondere Navarra, charakteristisch gewesen, ein Sachverhalt, den sich Cossío damit erklärt, daß die Viehtreiber dort, anders als in Andalusien, von jeher ihre Arbeit zu Fuß verrichteten. Ihr Geschick im Umgang mit den körperlich überlegenen Tieren hatten sie aus purer Notwendigkeit entwickelt.

Jetzt aber werden Sevilla und Ronda, bis dahin Hochburgen des Toreo zu Pferd, zu Schauplätzen eines Umbruchs, währenddessen sich in der zweiten Hälfte des 18. Jahrhunderts eine völlig neue Form der Stierfeste herauskristallisiert.

Die Matadores, die im Süden für Aufsehen sorgen, entstammen den unteren so-

Joaquín Rodríguez «Costillares»

zialen Schichten, und die meisten haben ihr Handwerk im Schlachthof gelernt. Ihr wichtigstes Handwerkszeug ist der Degen, die *espada*, ein Begriff, der noch heute als Synonym für den Matador gebraucht wird. Doch die neuen Espadas bringen noch ein weiteres Utensil ins Spiel ein: den *lienzo blanco*, das weiße Leintuch, aus dem sich dann die rote Muleta entwickelt, die den Gebrauch von Hüten oder Jacken bald verdrängt. Der Stock, an dem das Leintuch befestigt ist, verdankt seinen Einsatz allein praktischen Gründen: Die Muleta wird mit der linken Hand geführt, muß aber entfaltet bleiben, während der Degen mit der Rechten in den Rist des Stiers gestoßen wird.

Die Konsolidierung des *toreo a pie* ist mit drei Namen verbunden. Pedro Romero aus Ronda, Joaquín Rodríguez «Costillares» und José Delgado «Pepe Hillo», beide aus Sevilla. Zwischen diesen bedeutendsten Meistern ihrer Zeit kommt es gegen Ende des 18. Jahrhunderts zum ersten großen Wettstreit professioneller Stierkämpfer, der das Publikum noch so oft in verfeindete Lager spalten sollte, in hitzige Anhänger einer bestimmten Auffassung des Toreo, die nur der Held der Wahl zu zelebrieren in der Lage ist. Obwohl sie nicht die ersten sind, stehen ihre Namen doch für die Geburt des modernen Stierkampfs, sind sie es doch, die ihre Künste innerhalb einer eindeutigen formalen Ordnung zur Meisterschaft bringen und der Corrida ihre heutigen Konturen verleihen. Und als 1796 unter Pepe Hillos Namen eine erste Sammlung von Regeln erscheint, die «Tauromaquia», ist in seinen Grundzügen auch schriftlich formuliert, was bis heute im Stierkampf Gültigkeit hat. Der Aufstieg

**Pedro Romero (Goya)**

**José Delgado «Pepe Hillo»**

des bezahlten Töters von der dubiosen Gestalt des *chulo* zum glänzenden Helden der Arena ist damit endgültig besiegelt.

Für Laien, das wird bei Pepe Hillo klargestellt, ist in der Arena nur noch auf den Rängen Platz. Eine klare Ordnung soll das Durcheinander beenden, das mit den zu Fuß kämpfenden Toreros über die Plazas hereingebrochen war. Der Regelkodex wendet sich gegen jeden, der den Stierkampf nach eigenem Gutdünken zu gestalten sucht.

Die meisten jener eher akrobatischen Manöver, die die Domäne der Toreros aus Navarra waren, werden als unqualifiziert aus der Corrida verbannt. Statt Zirkus ist Strenge gefordert, für Spielereien oder rüde Sitten bleibt kein Platz mehr in der *lidia*, dem Kampf, der nun zugleich *arte*, Kunst, sein soll.

Die Corrida wird in drei klar voneinander unterschiedene Segmente, die *tercios* oder Drittel unterteilt, so daß Lanze, Banderillas, Muleta und Degen in chronologischer Folge zur Anwendung gelangen, um schließlich im Tod des Stiers, der *suerte suprema*, zu kulminieren. Allein die Capa, der traditionelle spanische Mantel, bleibt während der gesamten Lidia gegenwärtig, um den Stier bei Bedarf jederzeit von seinem Opfer, sei es Pferd oder Mensch, ablenken zu können. Die ursprünglich dunklen Töne der Capas werden sich nach und nach in leuchtendes Rosa und Gelb wandeln.

Mit dieser formalen Durchgestaltung erhält die Lidia eine Perspektive, die geradewegs auf den Kopf stellt, was noch kurz zuvor im Stierkampf galt. Bis dahin war das Töten kaum mehr als eine Verrichtung gewesen, mit der man dem Stier irgendwie ein Ende machte, wenn er für Glanzparaden nicht mehr taugte, ein notwendiges Anhängsel, bei dem es keine Lorbeeren zu verdienen gab. Jetzt ist aus dem Tötungsakt das Herzstück der Corrida geworden, der *Augenblick der Wahrheit*, in dem der Matador seine Meisterschaft zu beweisen hat. Jedes vorhergehende Manöver ist diesem einen Moment untergeordnet. Was auch immer während der Lidia geschieht, dient dem einzigen Zweck, die *suerte suprema* vorzubereiten. Aus einem losen Ensemble von Techniken ist eine sinnvolle Strategie geworden. Was zählt, ist Effizienz.

Die Strenge des Konzepts mag daran deutlich werden, daß selbst die Arbeit mit der Muleta, die heute den Kern des Stierkampfs ausmacht, allein als Mittel zum Zweck verstanden wird. Ihr einziger Sinn ist, den Stier möglichst rasch und gezielt in die richtige Position zu bringen, um ihn nach den Regeln der Kunst töten zu können.

Voraussetzung einer guten Lidia ist die genaue Kenntnis des Gegners. Jedes Manöver soll nun auf Charakter und Zustand des Stiers abgestimmt sein, und daher liegt die Lösung aller Schwierigkeiten im gründlichen Studium seines Verhaltens. Plötzlich scheint alle Unberechenbarkeit des Stiers durch Wissen und Erfahrung, durch die methodische Anwendung der Regeln beherrschbar. Daß Pepe Hillo selbst im Mai 1801 zwischen den Hörnern eines Stiers starb, konnte diese Auffassung nicht erschüttern. Der Stierkampf, einmal den Kinderschuhen entwachsen, trat nun mit der Würde einer wissenschaftlich-künstlerischen Disziplin auf.

Pepe Hillo selbst war zu impulsiv, zu ruhmsüchtig, um es mit den Regeln immer ganz genau zu nehmen. Die orthodoxe Auslegung des neuen Kanons dagegen wurde von Pedro Romero zur Meisterschaft gebracht. Schmuckloses Vorgehen, das keine Angst kennt und keinen Schnörkel duldet, wird seitdem als Ronda-Stil bezeichnet.

Daß sie im Schlachthof geboren wurde, verrät die neue Kunst nicht nur, indem sie den Tötungsakt ins Zentrum stellt. Nüchternheit und Effizienz eines Handwerks, das die wachsenden Städte mit Fleisch versorgt, übersetzen sich bruchlos in die Rationalität des Vorgehens in der Arena. Und noch den Kodex, mit dem eine jede handwerkliche Zunft ihre Tätigkeit zu vereinheitlichen und zu monopolisieren sucht, machen sich die Matadores zu eigen: Techniken und Werkzeuge werden festgelegt, um die gleichbleibende Qualität einer Arbeit zu sichern, die fachliche Qualifikation und Erfahrung verlangt. Nur noch ein kleiner Schritt fehlt, bis auch die Ausbildung des Nachwuchses klaren Regelungen unterliegt und im Toreo eine streng hierarchische Ordnung herrscht.

Mit den ersten Meistern der neuen Kunst erfährt das Toreo einen ungeheuren Aufschwung. Indem es Geschäft wird, schafft es den Sprung in die Moderne. Die ‹Stars› verdienen jetzt Unsummen, das Publikum entscheidet letztlich über ihren

**Licht und Schatten in Ronda**

Kurswert, Konkurrenz entsteht. Die Professionalität der Kämpfer greift schnell auf die gesamte Welt der Stiere über.

1743 wird vor der Puerta de Alcalá die neue Arena von Madrid errichtet. Im Prestige bei den städtischen Aficionados läuft sie der Plaza Mayor bald den Rang ab. Prunk und Etikette der königlichen Stierfeste verlieren an Reiz, seit sich das Augenmerk sachkundig allein auf das Geschehen im Rund richtet.

Überall in Spanien schießen die neuen Plazas aus dem Boden. Sevilla hatte schon 1707 einen damals noch rechteckigen Platz am Fluß, der einzig dem Toreo diente. Jetzt folgen Zaragoza (1764), Ronda (1785), dann Aranjuez, Valencia, Cádiz und El Puerto mit ersten fest installierten Arenen, die den römischen Amphitheatern nachempfunden sind.

Wo der Betrieb der Plazas nicht in den Händen der Real Maestranzas liegt, sind es karitative Einrichtungen wie Kranken- und Armenhäuser, die das königliche Privileg erhalten, mit einer bestimmten Anzahl von Corridas pro Jahr ihr Budget aufzubessern. In Pamplona z. B. fließt bis heute der Gewinn, der bei den Corridas anläßlich der berühmten Sanfermines erwirtschaftet wird, in die Kassen der *Casa de la Misericordia*, in deren Händen auch die gesamte Organisation liegt.

Die Akteure und ihre Techniken, die Schauplätze und ihre Bewirtschaftung, selbst das Publikum – alles ist anders, als es war. In der Welt der Stiere hat das *toreo a pie* nichts beim alten gelassen. Die Wurzeln sind gekappt, die den Stierkampf fest mit der bäuerlichen Kultur einerseits, dem kriegerischen Rittertum andererseits verbanden. Die Plazas von Sevilla und vor allem von Madrid weisen in Zukunft den Weg, und hier ist das städtische Proletariat tonangebend, aus dessen Reihen sich auch die neuen Helden rekrutieren. Der Adel ist endgültig auf die Ränge verbannt.

Die Unterwerfung des Stiers – Symbol der ungebändigten Natur – erfolgt nun in der Corrida nicht nur systematischer und logischer als zuvor, der Mensch kann es sich sogar leisten, seine Überlegenheit als ästhetischen Prozeß zu inszenieren, der mit geringsten Hilfsmitteln auskommt. War Schönheit bis dahin etwas Äußerliches, ein Ornament, durch Prunk und Pomp an Stand und Besitz gebunden, wird sie nun zum integralen Bestandteil eines Schauspiels, das kämpferische mit künstlerischen Qualitäten vereint.

Am Ende des Umwälzungsprozesses stehen Pferd und Reiter, stellvertretend für eine ganze Klasse, als die großen Verlierer da. Die Degradierung des Reiters nimmt ihren Weg vom ritterlichen Helden zum ebenbürtigen Protagonisten, der seine Kontrakte selbständig aushandelt, um beim Picador zu enden, der nun im Sold des Matadors steht, zu Anonymität verurteilt durch künstlerische und materielle Abhängigkeit.

Als Untergebener der Großgrundbesitzer hat er sein Handwerk auf den Weiden gelernt, wo er zwischen Pferden und Stieren aufwuchs. Er führt nicht mehr den Spieß der Krieger, sondern die lange Lanze der Stiertreiber; seine Aufgabe ist eine völlig andere geworden. Dominierte zuvor die Reitkunst, die sich mit Bravour am Stier zu beweisen suchte, hat der Lanzenreiter innerhalb des neuen Regelkanons allein den Auftrag, den Stier auf die folgenden Teile des Kampfes vorzubereiten.

Getreues Abbild dieses Niedergangs sind die Pferde. Am Ende sind aus den edlen Reitpferden der Noblen Schindmähren geworden, jene billigen Klepper, die Hemingway in seiner unnachgiebigen Art als groteske große Vögel beschreiben wird, wenn sie, dutzendweise aufgespießt, im Sand verenden.

Die Kunst, Stiere vom Pferd aus zu bekämpfen, stirbt dennoch nicht aus. Ohne dabei je aus dem Schatten der Corridas herauszutreten, wird das *rejoneo* bis heute praktiziert.

## Majismo

Stierkampffieber. Das Volk genießt es, den Idolen aus den eigenen Reihen zu huldigen. Aus den Toros ist das erklärte Lieblingsspektakel einer ganzen Nation geworden, die in den Arenen sich selbst, die eigene Kultur und ihre Werte feiert. Ein Phänomen beginnt Spanien in seinen Bann zu ziehen, das als *majismo* Geschichte machen wird – die leidenschaftliche Betonung all dessen, was als spanische Eigenart gilt und nicht zu den feinen französischen Sitten paßt, die in aristokratischen Kreisen so eifrig kopiert werden.

Nach Langenscheidts Wörterbuch bedeutet *majo*: 1. schmuck, hübsch, nett, fesch, 2. keß, 3. herausgeputzt. Als Substantiv wird es mit Geck, Stutzer, mutiger (bzw. stattlicher) Bursche wiedergegeben. Die Übersetzung legt nahe, sich unter dem *majo* eine eher halbseidene Erscheinung vorzustellen, die nicht gerade vertrauenswürdig ist.

In der zweiten Hälfte des 18. Jahrhunderts jedoch entdeckt man in den Männern und Frauen der niederen Klassen plötzlich die wahren Protagonisten alles unverfälscht Spanischen. Die Majos und Majas verkörpern eine Tradition eigenständiger spanischer Ideale, die der Adel unter dem Einfluß der französischen Herrscher schon lange verraten hatte. Mit dem Dünkel der wohlgeborenen, aber nutzlosen Hidalgos und Ritter haben die Majos nichts im Sinn. Sie sind Pícaros, Lumpen, die sich auf ihre Weise in einer Gesellschaft zu behaupten wissen, in der sich das einfache Volk mit List und wachem Verstand im Überleben übt. Und sie sind stolz. Richtige Männer eben.

Der typische Majo genießt seine Rolle, und er weiß sich zu inszenieren. Bedacht auf sein Äußeres, putzt er sich auf, macht nach Kräften gute Figur. Sehr spanisch gibt er sich mit Schärpe, Hut und kurzer Jacke. Der frankophilen Verweichlichung setzt er den rauhen Ton der Gassen entgegen, Gesten und Gebaren des einfachen Volkes, das auch vor Handgreiflichkeiten nicht zurückschreckt. Alles an ihm hat Stil.

Der Majo als Volkstype avanciert zum heimlichen Idol einer Nation, die sich ihrer kolonialen Größe beraubt sieht und nun in der eigenen Kultur ihre wahren Ideale zu entdecken beginnt.

Gerade die oberen Klassen sind hingerissen von der Welt der Majos und Majas. Hier vermuten sie die Glut einer Leidenschaft, die die eigene Blutleere und Langeweile vergessen machen soll. Man sucht die Nähe der Schauspielerinnen und Sängerinnen, der Tänzerinnen und

Los Toreros y la Maja

Toreros, begierig darauf, sich an ihrer Echtheit zu wärmen, bezaubert von Charme und Schönheit, denen jedes Raffinement abgeht. Man ist genauso romantisch wie die Reisenden, die dem wahren Spanien auf der Spur sind. Denn gerade daß sie so fremd, so ganz anders sind, macht diese Typen aus dem Volk so geheimnisvoll und interessant, so chic.

Die oberen Klassen, ihrer selbst überdrüssig, wenden den Blick nach unten – was Ortega y Gasset *plebeyismo* nennt, hält er für die «stärkste Triebfeder im Leben der Spanier in der zweiten Hälfte des 18.Jahrhunderts»[17]. Wenn jedoch immer wieder betont wird, daß der Erfolg des – plebejischen – *toreo a pie* Symptom einer historischen Situation ist, in der die Aristokratie als gesellschaftlich führende Kraft ausgedient hatte, wird gerade am Beispiel der Corridas deutlich, daß dies nur die halbe Wahrheit ist.

Der Adel war in der Arena nach wie vor präsent. Er hatte sich auf die Stierzucht verlegt, war also nur in den Hintergrund getreten, um in dem Moment, als aus dem ersten Durcheinander ein geordnetes und erfolgreiches Schauspiel wurde, mittels eines erlesenen Zuchtprodukts doch wieder im Zentrum zu stehen. Und die Toreros, die das Privileg genossen, diese edlen Tiere bekämpfen zu dürfen, hatten sich den Verhaltenskodex der Caballeros längst zu eigen gemacht. Die ritterliche Moral war in die Regeln der neuen Kunst eingegangen, und die Matadores hatten sich, im Bewußtsein ihrer exponierten Stellung, zu Ehrenleuten gemausert, mit denen sich das Volk identifizierte.

Der Stierkampf eröffnete einen verlockenden Weg zum gesellschaftlichen Aufstieg innerhalb einer feudalen Ordnung, in der bis dahin das Blut allein über Stand und Besitz entschied. Für die Besitzlosen wurde der Matador zum Sinnbild des Erfolgs. Generationen um Generationen spanischer Jungen sollten von nun an vom großen Aufstieg träumen und dabei ihre Lektion in Sachen ritterlicher Moral und sozialer Hierarchie lernen. Sie adaptierten die Regeln und Konventionen der ständischen Ordnung als Bedingung der ersehnten Karriere.

Wie sehr diese Lektion saß, läßt sich unschwer an der Tatsache ablesen, daß noch heute der Aufstieg in die ländliche Aristokratie, die sich – nebenbei und soweit es die Geschäfte erlauben – dem prestigeträchtigen Hobby der Kampfstierzucht widmet, fast jede Karriere in der Arena krönt. Im Besitz eines Gutes, umgeben von weiten Ländereien, sieht man den Exmatador hoch zu Roß, Herrscher über Land, Menschen, Tiere...

## Die Herzogin Cayetana von Alba

Die herausragende Gestalt des gesellschaftlichen Lebens jener Zeit war die Herzogin Cayetana von Alba, die von Goya in zahlreichen Gemälden verewigt wurde. Feuchtwanger, der den Maler in eine dramatische Liebesaffäre mit der hohen Dame verstrickt, erzählt von der Alba:

«Dieser Name tat die gleiche Wirkung in den Kneipen der Majos und Majas wie in den Salons der Granden. Man schimpfte lästerlich, erzählte die wüstesten Dinge von ihr und war gleichzeitig entzückt, daß die Urenkelin des blutigsten Mannes in Spanien, des Marschalls Alba, so strahlend schön war, so kindlich, so hochmütig, so launisch verspielt. Einmal ließ sie sich mit Straßenjungen in Gespräche ein über den nächsten Stierkampf, dann wieder übersah sie hochmütig alle Grüße. Einmal zeigte sie herausfordernd ihre Neigung für französisches Wesen, dann wieder gab sie sich höchst spanisch wie eine richtige Maja. Und immerzu suchte sie Zwist mit der Königin, der Italienerin, der Fremden.

Alles in allem lebte Cayetana de Alba nicht weniger stolz und extravagant als die Königin, sie hatte ebenso kostspielige Launen, und viel tugendhafter war sie kaum. Aber wenn der Toreador Costillares der Königin seinen Stier widmete, dann blieb es still, und widmete er ihn der Alba, dann jubelte die ganze Arena.»[18]

In einem Buch über die Liebesbräuche des 18. Jahrhunderts versucht Carmen Martín Gaite die Extravaganzen der Alba mit deren biographischem Hintergrund und der besonderen Position innerhalb der Aristokratie verständlich zu machen:

«Sie war acht Jahre alt, als ihre Mutter Mariana de Silva 1770 durch den Tod ihres ersten Mannes, des Grafen von Huescar, zur Witwe wurde. Diese Mutter von dreißig Jahren, hübsch, klug, gebildet, die sich für Malerei, Musik und

Dichtkunst begeisterte, sich mal wohltätigen und literarischen Aufgaben, mal weltlicheren Vergnügungen hingab, mußte jene Tochter faszinieren, die allerdings viel zu oft allein in der Obhut der Erzieherinnen gelassen wurde.

Die beiden Wohnungen der Herzogin Cayetana befanden sich… in volkstümlichen Gegenden. Bei ihren Gängen durch diese Viertel und durch den Umgang mit dem Gesinde lernte sie Gewohnheiten und Ausdrucksweisen jener Leute zu lieben, in deren Gesellschaft sie Zuflucht suchte.

Fast noch ein Kind, heiratete sie den Marquis von Villafranca, einen schwächlichen und zögerlichen Ehemann, der all ihren Launen nachgab. Bald wurde ihr klar, daß es ihr auf Grund ihrer nachlässigen Erziehung versagt bleiben würde, sich im Rahmen der Literatur und der Übersetzung hervorzutun, die ihrer Mutter das Prestige einer Gelehrten eingebracht hatten.

Ebensowenig konnte sie auf diesem Gebiet mit einer anderen, zehn Jahre älteren Dame konkurrieren, die berühmt war für ihren erlesenen Geschmack und ihre Bildung, bekannt durch die Förderung von Literaten und Künstlern, eine Vorkämpferin der französischen und englischen Moden: María Josefa Alonso Pimentel, Herzogin von Osuna…

Cayetana hütete sich, ihrer Mutter oder dieser Freundin nachzueifern. Sie konnte es nicht ertragen, mittelmäßig zu sein, wo die anderen hervorragend waren. Doch sie wollte glänzen und sich hervortun, und das einzige Gebiet, auf dem sie sich sicherer bewegte als alle anderen Damen, waren jene Bräuche, Redensweisen und Trachten der einfachen Leute von der Straße, die ihr seit der Kindheit vertraut waren.

Es ging also darum, sich diesen Stil zu eigen zu machen und in Umlauf zu bringen, ihn zu lancieren, nicht ohne seine Charakteristika bis zum Äußersten zu übertreiben.

Genau das tat sie. Vor ihr hatte es niemand getan. Unbesonnen, verwegen und aufbrausend in ihren Launen, beschloß sie, von ihrer Schönheit Gebrauch zu machen, sich nach dem Geschmack des Volkes herzurichten und sich so bei Tag auf offener Straße zu zeigen.

‹Jedes einzelne Haar der Herzogin von Alba›, erzählt ein Reisender, ‹weckt das Verlangen. Es gibt nichts Schöneres auf der Welt… Wenn sie durch die Straßen geht, hängt alle Welt am Fenster, und selbst die Kinder hören auf zu spielen.›

Und ein anderer Reisender greift die Gerüchte auf, die in Madrid ob der Freizügigkeit ihrer Sitten kursierten: ‹Vor einigen Jahren schon›, erzählte man sich, ‹hat sie jeden Anschein von Würde vor aller Augen abgelegt. Sie schreckte nicht davor zurück, ihren Abenteuern auf öffentlichen Plätzen nachzugehen. Ihre Skrupellosigkeit ging so weit, daß selbst Toreros sich brüsteten, ihre Liebhaber zu sein…›

Die Herzogin von Osuna spielte, ohne dabei das exotische Verhalten ihrer Freundin aus den Augen zu verlieren…, die ihr entgegengesetzte Rolle: als

Schirmherrin kultureller Aktivitäten und Neigungen. In ihren Salons... diskutierte sie über Kunst, über die Toros, über Theater, Malerei und sogar soziale Reformen...

Diese beiden angesehenen Damen, deren Stern unter der Regentschaft Karls IV. stieg, gaben all denen Recht, die beharrlich auf der beispielhaften Rolle des Adels bestanden. Einig in ihrer Rivalität zur Königin María Luisa, bewiesen sie immer, wenn es darum ging, neue Moden einzuführen, daß sie über weit mehr Einfluß verfügten als die Königin. Die Damen von niedrigerem Rang waren buchstäblich abhängig... von den mehr oder minder schockierenden Tänzen, Kleidern und Verhaltensweisen, die die von Osuna und die von Alba in zwei entgegengesetzten Strömungen in Umlauf brachten.

Ja, indem sie ihre Vorliebe für bestimmte Schauspieler, Dichter oder Toreros, die sie protegierten, mit Leidenschaft kundtaten, gelang es den beiden sogar, für ihre privaten Vorlieben in der Öffentlichkeit zu werben, was dazu beitrug, die öffentliche Meinung in zwei rivalisierende Lager zu spalten, die sich zu Parteigängern der jeweils einen oder anderen erklärten.»[19]

# Stierfeste zweiter Klasse

## Fiestas populares

Corrida heißt wörtlich Lauf, Rennen. *Correr los toros* – die Stiere laufen lassen, mit ihnen laufen, sie jagen und von ihnen gejagt werden, sie reizen und im rechten Moment auszuweichen verstehen – das ist, der Name verrät es, der Ursprung der Corrida. Doch einmal zum geordneten Kampf geworden und als Geschäft etabliert, wird als Corrida nur noch das Schauspiel in der Arena bezeichnet, das seither für den Stierkampf repräsentativ ist. *A los toros*, auf zu den Stieren – damit ist nun der sichere Platz auf dem Rang gemeint, von dem aus man zusieht, wie ein anderer seinen Hals riskiert. Hier beruht alles auf der strikten Trennung in professionelle Akteure und bloße Zuschauer.

Daß diese Unterscheidung bis dahin alles andere als selbstverständlich war, wird auch am Begriff des *aficionado* deutlich, dessen Sinn eine entsprechende Wandlung erfahren hat. Nannte man einen Aficionado ursprünglich den, der sich bei Gelegenheit und unentgeltlich dem Stier stellte, ist damit heute in aller Regel der Zuschauer gemeint, der mit Begeisterung und Sachverstand verfolgt, was im Rund geschieht. Nur auf dem Land hat sich die alte Bedeutung bis heute erhalten: *suelta de vaquillas para los aficionados*, etwa: Jungkühe werden für die Aficionados losgelassen, kann man da häufig als Teil des Festprogramms während der Fiesta finden.

Doch solche und andere Spielarten des Stierkampfs, die sich nicht am Vorbild der großen Arenen orientieren, sind mit der Geburt der modernen Corrida zur Bedeutungslosigkeit verurteilt. ‹Richtigen› Stierkampf, so scheint es, bekommt man nur zu sehen, wenn richtige Matadores kämpfen und Eintritt zu bezahlen ist. Nachdem die Caballeros das Feld den proletarischen Kämpfern überlassen haben, trennt sich die Welt der Stiere erneut in zwei Klassen: hier die ernsthafte Kunst der Tauromaquia, die sich als würdige Nachfolgerin der höfischen Turniere gibt, dort das lärmende Treiben der *fiestas populares*, wo dem Stier wie eh und je von einer aufgeregten Menge der Garaus gemacht wird.

Dieser Graben wird von denen weiter vertieft, die die Geschichte des Toreo schreiben. Was der Corrida im heutigen Sinn vorausging, wird gemeinhin als eine Art Vorspann abgehandelt, was abseits der großen Arenen geschieht, wird als Rudiment abgetan, mit dem man nichts zu tun haben will. Allenfalls noch die *encierros*, das Eintreiben der Stiere, das früher den Auftakt eines jeden Stierfestes bildete und den Aficionados Gelegenheit bot, Mut und Gewandtheit im Lauf mit den Stieren zu zeigen, lassen sie als eine der Wurzeln der Corrida gelten. Andere Formen des Stierkampfs jedoch werden, obwohl noch heute in ganz Spanien verbreitet, mit Vorliebe unter den Tisch gekehrt. Erst mit dem reglementierten Schauspiel scheint der Stierkampf auf gleichsam natürliche Weise zu seiner wahren Bestimmung gelangt zu sein, damit erst, so wird suggeriert, beginnt die eigentliche Geschichte, die Geschichte der großen Namen. Und gäbe es nicht die Stierkampfgegner, die die ländlichen Feste immer wieder ins Gerede bringen und mit der Fiesta nacional über einen Kamm zu scheren versuchen, könnte man die andere Seite der Welt der Stiere getrost vergessen.

Viele dieser Volksfeste, auf denen der Stier die Hauptrolle spielt, können nicht mit ästhetischen Reizen aufwarten. Sie sind nicht zum Zuschauen, sondern zum Mitmachen gedacht. Und weil hier jeder auf seine Kosten kommen will, wirkt es bisweilen so, als würde der Stier zum bemitleidenswerten Opfer einer lynchenden Menge.

Diese Feste sind Tradition, Folklore und nichts als das. Niemand weiß, wann sie entstanden sind. Fragt man nach ihrer Berechtigung, ihrem Sinn, wird die einzige Antwort der Leute sein, daß es sie immer schon gab. Und weil die hehren Prinzipien des ritterlichen Duells, denen die Corrida gehorcht, dabei nicht gelten, haben diese lokalen Traditionen für die meisten der städtischen Aficionados mit Stierkampf nichts zu tun.

Für diese Art dörflicher Spektakel bürgerte sich der Begriff *capea* ein. Capea leitet sich vom Verb *capear* ab und bedeutet strenggenommen nur, daß man hier mit *capas*, Umhängen bzw. Pelerinen, dem Stier gegenübertritt, er also von unberittenen Männern mit Hilfe von Tüchern bekämpft wird. Der Begriff Capea wird aber vor allem gebraucht, um darauf hinzuweisen, daß hier Amateure am Werk sind. Und bei aller Verschiedenartigkeit ist dies auch das einzige, was all diese Feste miteinander gemein haben.

Heute hat das Wort Capea einen deutlich negativen Beigeschmack. *Es una capea* – das ist eine Capea, kommentieren Aficionados mitunter eine Corrida, bei der die Unfähigkeit der Toreros allen Regeln der Kunst Hohn spricht. Und in einem Wörterbuch der Stierkampfterminologie heißt es unter Capea:

«Kampf mit Jungstieren durch Aficionados. Stellt die primitive Phase des Stierkampfs dar. Im Gegensatz zum reglementierten Schauspiel, wo Ordnung, Kontrolle, Hierarchie und Ästhetik intervenieren, werden die Tiere in tumultuarischer und anarchischer Weise bekämpft.»[20]

Daß die Capeas eine Vorform der Corridas darstellen, wird nur zugegeben, um sich im selben Atemzug davon zu distanzieren, obwohl bis zur Einführung der *Escueals de Tauromaquia*, der Stierkämpferschulen, der gesamte Nachwuchs aus diesen Festen hervorging. Hier wurde von den Toreros keinerlei Qualifikation verlangt, und noch bis vor wenigen Jahren hatten die Jungen kaum andere Chancen, mit Stieren zu üben und ihre Künste zu zeigen.

Bei den Capeas ist der Aficionado nach wie vor Akteur. Jeder darf hier mitmachen, darf machen, was und wie er will, weil keiner das Recht hat, es ihm zu verbieten. Und während die kleinen Helden todernst um ihre Ehre und – manchmal – um ihr Leben kämpfen, sorgt gerade ihr Dilettantismus für Gaudi unter den Zuschauern.

Die klassischen Capeas, bei denen mit Hilfe von Karren oder Brettern mitten im Ort eine Plaza improvisiert wird, sind heute rar geworden. Verbote und Restrik-

**Alle gegen einen**

Alle Jahre wieder: Zur Fiesta wird der *coso* in Peñafiel (Valladolid) seit dem 16. Jahrhundert in eine Plaza de toros verwandelt

tionen haben dazu ebenso beigetragen wie die Orientierung an den städtischen Vorbildern. In vielen kleinen Orten jedoch, die keine eigene Plaza besitzen, kein Geld haben für teure Stiere und noch teurere Toreros, sind derlei Feste weiterhin fester Bestandteil der örtlichen Fiesta. Vielleicht mietet man eine transportable Arena, und womöglich ist ein Profi zur Hand, um das Treiben ein wenig zu lenken. Der Stier jedoch gehört den Aficionados.

Die Leute lassen sich diese Sorte von Vergnügen nicht gerne nehmen. Sie sehen nicht ein, daß sie ganz auf die Toros verzichten sollen, nur weil das Geld für ein Schauspiel, das sie obendrein zu bloßen Zuschauern degradiert, nicht langt. Und jeder Bürgermeister, der für ein Verbot plädiert, muß um Wählerstimmen fürchten. Eine Fiesta ohne Stiere ist eben keine richtige Fiesta.

Wer als Stierkampf nur die geordnete Darbietung gelten läßt, kommt bei solchen Spektakeln kaum auf seine Kosten. Selbst José María de Cossío, der seit den dreißiger Jahren auf 4000 Seiten alle verfügbaren Informationen über Geschichte und Technik des Toreo zusammentrug, selbst dieser größte Historiker des Stierkampfs, sonst in jeder Hinsicht souverän und sachlich, wenn es ans Urteilen geht, gibt bei den Capeas einmal seine gewohnte Zurückhaltung auf:

◀ Rette sich, wer kann

«Tatsächlich zeigen die Capeas alle Elemente von Grausamkeit, Risiko und Raserei der Corridas in ihrem primitivsten und abstoßendsten Zustand, ohne daß sie dabei einen Wert besäßen, der ihre Nacktheit kompensieren würde, sieht man einmal von der malerischen Urwüchsigkeit ab, die sich... in einer literarischen Erzählung besser ausnimmt als in der rohen Wirklichkeit des Spektakels. Was auch immer den grausamsten Geistern einfallen mochte, um die Tiere zu peinigen, wird in den Capeas Wirklichkeit. Welche Risiken auch immer durch die Stiere... und die Unfähigkeit und Unkenntnis derer, die hier kämpfen, gegeben sind – hier haben sie ihren Ort... Die Statistik der Unglücke war in einigen Jahren niederschmetternd.»[21]

Nacktheit, Grausamkeit, Sinnlosigkeit – das Urteil könnte kaum vernichtender sein. Weil ein Sinn nicht auszumachen ist, wird jeglicher Wert eines Spektakels geleugnet, in dem man nur Unordnung erkennt. Ohne zu zögern, schlagen sich die bürgerlichen Aficionados auf die Seite derer, die die Brutalität dieser Spiele denunzieren und im störrischen Festhalten an dergleichen Traditionen nichts anderes entdecken können als böse Lust an der Grausamkeit oder einen ‹Mangel an Kultur›.

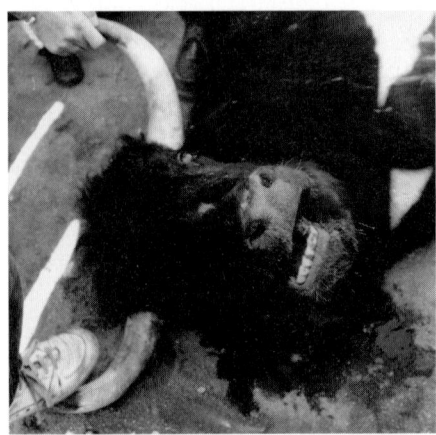

Auch Cossío erliegt der Versuchung, eine ‹saubere› Genese der Corridas nachzuweisen: Aus der Jagd des Stiers leitet er die ritterlichen Turniere und aus denen wiederum die Corridas ab. Bei der Ablehnung der Capeas arbeitet Cossío, wie alle anderen Historiker des Toreo, mit eben jenen Vorurteilen, die Europäer gemeinhin gegenüber den Corridas hegen. Übrig bleibt eine rationalisierte Geschichte des Toreo, aus der alles, was den Geruch von Chaos und Kult trägt, ausgeblendet ist.

## Rituelle Wurzeln

1962 erscheint eine Untersuchung ländlicher Spiele und Riten, die den Stier zum Mittelpunkt haben. Der Religionsgeschichtler Angel Alvarez de Miranda findet in ländlichen Gebräuchen Spaniens und in alten Erzählungen genügend Anhaltspunkte für eine These, die geeignet scheint, die bis dahin gängige Geschichtsschreibung des Toreo auf den Kopf zu stellen.

Seine These knüpft an einen Ritus an, der in der Extremadura noch bis zum Beginn dieses Jahrhunderts verbreitet war. Er wird in älteren Geschichten und Liedern immer wieder erwähnt und ist in den Stierfesten mancher Orte noch heute lebendig.

Nach Alvarez de Miranda war es in einigen Gegenden üblich,

«die Hochzeitsfeierlichkeiten zwei Tage vor der Hochzeit zu beginnen. An diesem Tag holen der Bräutigam und seine Freunde einen Stier vom Schlachthof, an dessen Hörnern ein starkes Tau befestigt wird. Während sie mit ihm durch das ganze Dorf ziehen, stellen sie sich mit ihren Jacken seinen Angriffen, bis sie zum Haus der Versprochenen gelangen, wo er getötet wird, nachdem ihm der Bräutigam ein Paar Banderillas gesetzt hat, die die Braut zuvor geschmückt hat.»[22]

Dieser Brauch existierte in den verschiedensten Variationen. Einmal wirft die Braut selbst die Banderillas vom Fenster aus wie Pfeile, ganz der Art entsprechend, wie die geschmückten Stäbe ursprünglich bei allen Stierfesten gebraucht wurden. Ein anderes Mal erscheint sie mit dem unbefleckten Leintuch, in das der Bräutigam nun die Angriffe des Stiers lenkt. Wieder an anderer Stelle wird betont, daß man für die Hochzeit den schönsten und kampflustigsten Stier von der Weide holt. Stets fungiert der Stier als Symbol der Fruchtbarkeit, der zeugenden Kraft, die sich über die Jacken und den Kontakt mit dem Blut auf den Bräutigam, über das Leintuch und die Banderillas auf das junge Paar überträgt.

Vor diesem Hintergrund stellt sich die Geschichte des Toreo in einem anderen Licht dar: Die ritterlichen Spiele mit dem Stier sind eine profane Abwandlung von Riten, die in Spanien seit frühester Zeit im Volk lebendig waren. Die herrschende Klasse usurpierte das Treiben, an dem sie Gefallen fand, löste es aus seinem ursprünglichen Zusammenhang, um daraus ein Spektakel ganz nach ihrem Geschmack zu formen.

Erst als Ingredienzen der kommerziellen Corrida, die sich als neues, städtisches Spektakel etabliert, treffen dörfliche Zeremonie und ritterliches Exerzitium wieder aufeinander. Während die Rahmenbedingungen und die Formalisierung zum reglementierten Spiel den Turnieren des Adels entlehnt sind, verraten die Techniken und Accessoires der neuen Künste den rituellen Ursprung. Noch in der Muleta glaubt Alvarez de Miranda ein Relikt des Hochzeitsritus aufzuspüren: das Leintuch der Braut.

Folgt man dieser Ansicht, so ist am *toreo a pie* nur die ausgefeilte Form neu, mit der es in den Arenen zur Kunst zu werden versucht. Das kultische Element ist untergetaucht, doch handelt es sich im Grunde um eine Wiederaneignung des uralten Spiels mit dem Stier, in dem das ganze Volk der eigentliche Protagonist ist.

Ländliche Stierfeste, die wie z. B. die meisten Capeas ohne deutliche kultische Elemente auskommen, lassen sich demnach als eine Übergangsform verstehen, eine Art wildvergnügtes Exercitium des einfachen Volkes. Der rituelle Charakter ist verlorengegangen, geblieben ist ein Spiel um den Stier, das den Sprung zum Schauspiel nicht vollzogen hat.

Wenn für Alvarez de Miranda – und neuere Untersuchungen weisen in dieselbe Richtung – alle Erscheinungsformen des Stierkampfs ihre gemeinsame Wurzel in den Riten jener ruralen Welt haben, die den Stier zum Symbol des Lebens erkor, bedeutet das zugleich, daß sich jedwedes Spiel um den Stier von dieser einen Wurzel nährt und seine wesentliche Kraft daraus bezieht. Mit jedem Stier wird der Kern eines Rituals wieder gegenwärtig, das seinen Sinn noch immer nicht vollständig eingebüßt hat. Unkenntlich gemacht, in profane Gewänder gehüllt, übertönt von lärmendem Treiben lebt dieser Sinn auch da noch fort, wo er von Blutdurst und blanker Grausamkeit erstickt scheint. Die Corrida ist

Billiger, kleiner, doch nicht weniger streitbar – für Gaudi sorgt auch die Jungkuh als weibliches Pendant zum Kampfstier

nur das neueste, das schönste und modernste Gewand, der Sonntagsstaat, hier gibt sich das Ritual als ästhetisches Ereignis und sichert so seine Existenz in der modernen Gesellschaft.

Der ursprünglich sakrale Gehalt der Stierfeste ist bis heute überall dort präsent, wo die Stiere während der örtlichen Fiesta in den Gassen der Dörfer für Aufruhr sorgen, als nächtliche *toros de fuego*, Feuerstiere, oder als *toros de aguardiente* am frühen Morgen, die losgelassen werden oder *enmaromados*

sind, d. h. ein Tau um die Hörner tragen, an dessen anderem Ende die Männer des Dorfes Kraft und Mut zu zeigen haben, bis der Stier seine Schuldigkeit getan hat.

Überaus selten geworden sind Bräuche mit ganz offenkundig rituellem Gehalt. Die neue Zeit hat sie verdrängt: Stiere, die man mit Dornen krönt oder die, durch Wein besänftigt und von Frauen stattlich geschmückt, am Sankt Markus-Tag zur Messe in die Kirche geführt werden, junge Männer, die sich als Stier verkleiden und das ganze Dorf unsicher machen

– nur die Alten wissen davon zu berichten.

Wegen der Beharrlichkeit, mit der bis heute die Einwohner von Medinaceli gegen alle Widerstände an ihrer Tradition festhalten, gilt der *toro júbilo* als berühmt-berüchtigtes Beispiel für solche Feste:

«In einer Nacht im November versammelt sich das ganze Dorf auf der Plaza von Medinaceli… Der Platz ist rundherum von Palisaden umschlossen, und in der Mitte des Rings brennen vier symmetrisch angeordnete Feuer. Um diese Feuer stehen die jungen Männer und singen und scherzen. In der Vorhalle des Amtshauses und unter den Bögen stehen dichtgedrängt Frauen und Kinder… Der Sitz des Grafen bleibt verschlossen. Vor einer Tür ist ein Pfosten aufgerichtet… Alle Welt wartet darauf, was da kommen wird, und tatsächlich erfolgt ein Knall: Eine Rakete schießt über den Platz und kehrt magisch an ihren Ausgangspunkt zurück. Die Tür geht auf… und heraus kommt eine Gruppe von jungen Männern. Sie ziehen an einem Strick, an dem, eine Schlinge um die Hörner, ein Stier zum Vorschein kommt, der sich mit steifen Beinen zur Wehr setzt. Die Aufregung steigert sich. Die Kapelle spielt. Immer wieder Kracher und Raketen…

Mit den rauhen Gesten barbarischer Priester machen mehrere Männer den Stier am Pfosten fest, und während ihm einige den Rücken mit Lehm beschmieren, beginnen andere, eine Art Krone… auf seinem Haupt zu befestigen. Die Operation ist schwierig, obwohl der Stier fest an den Pfosten gebunden ist und am Schwanz gehalten wird… Endlich gibt sich der Stier geschlagen, er bewegt sich nicht… und trägt schon seine Dornenkrone… aus Feuer… Das Tier, den Kopf gesenkt und mit entflammten Hörnern, kreist um den Pfosten… Geschickt nähert sich ein junger Mann, ein Messer in der Hand, und durchtrennt den Strick.

Der Stier rennt los wie ein Hirsch. Die Flammen malen phantastische Geweihe in das Dunkel… Die jungen Männer flüchten und klettern auf die Gitter des gräflichen Palastes. Aus dem Dunkel der Ecken schießen Knallkörper hervor und jagen in schimmerndem Zickzack auf den Stier zu… Durch den Lauf entzünden sich die Hörner des Stiers immer weiter, bis er am Ende innehält und sich verängstigt zurückzieht, unruhig, ganz umgeben von blitzenden Lichtern. Wie eine Sonne sieht er aus. Er ist ein Gott, kein wildes Tier… Lehmverschmiert, voller Asche, erniedrigt kehrt der Stier in den Stall zurück. Am nächsten Tag wird er von der Hand irgendeines kleinen… Torero oder des Dorfschlachters sterben.»[23]

Niemand weiß heute sicher zu sagen, zu welcher Zeit sich derlei Bräuche auf der iberischen Halbinsel verbreiteten. Den Chroniken ist zu entnehmen, daß die Stierfeste den Fortgang der Reconquista begleiteten, und es mag sein, daß sie im Gefolge der christlichen Krieger weitere Verbreitung fanden. Zweifelsohne hinterließ der neue Glaube Spuren auch in der Gestaltung der Stierfeste. Daß sie erst mit dem Siegeszug des Christentums entstanden sind, ist gleichwohl unwahrscheinlich. Der *toro júbilo* und andere bizarre Spiele um den Stier lassen vielmehr vermuten, daß man es hier mit Relikten einer noch ferneren Vergangenheit zu tun hat. Sie haben die Zeit überdauert und dabei ihre Geschichte vergessen, ihren Sinn in jener archaischen Ordnung, die sich im Kult um den Stier regenerierte. Alle Lebenskraft dieser Welt war in den imposanten Leib des Toro gefahren, der vor Sinnlichkeit und Fruchtbarkeit strotzte. Lange bevor der Mensch diese Kraft als Arbeitskraft auszubeuten verstand, indem er Ochsen vor seinen Pflug spannte, wußte er sich auf mystische Weise anzueignen, was hier im Überfluß vorhanden war.

Alle Spiele um den Stier kreisen um seine fruchtbaren Kräfte. Nicht nur die

Anlässe wie Hochzeiten, Sonnwendfeste etc. sprechen dafür. Noch heute stellen die Hoden des Stiers mancherorts eine begehrte Trophäe dar, die der Mutigste oder Geschickteste am Ende des Festes erhält. Und wenn das Fleisch der Kampfstiere nach der Corrida versteigert wird, werden die Hoden als kulinarische Spezialität gehandelt, von der sich schon Ferdinand der Katholische im Alter eine Stärkung der nachlassenden Manneskraft versprach.

In der Corrida lebt diese Symbolik nur spärlich verhüllt fort, wenngleich die *cojones* hier durch weniger verfängliche Attribute ersetzt wurden. Die erfolgreiche Arbeit eines Matadors honoriert man heute mit den Ohren des Stiers, darüber hinaus allenfalls mit der Schwanzquaste. Das Reglement schreibt eine sublimere Symbolik vor. Die Überreichung der Hoden, blutiger, eindeutiger, ist mit einem Tabu belegt.

Als jedoch Chicuelo II. 1954 in Tarazona de la Mancha eine spektakuläre Vorstellung lieferte, sprach ihm der Präsident der Corrida auf Verlangen eines enthusiastischen Publikums nicht nur die Ohren, die Schwanzquaste und die Hufe des Stiers, sondern auch die Hoden zu. Die feineren städtischen Sitten hielten dem Jubel der Bauern nicht stand. Als der zuständige Zivilgouverneur von dem Vorgang erfuhr, warf er der Leitung der Corrida schmähliches Versagen vor, weil sie den Exzessen eines «selbstgefälligen Machismo» nachgegeben habe.[24]

Die Aneignung der fruchtbaren Kräfte, die die symbolische Ordnung dem Stier zuspricht, vollzieht sich auf physisch-materieller Ebene und eingebettet in einen rituellen Vorgang. Über die Berührung, den Kontakt mit dem Blut, die Einverleibung bringt sich der Mensch in den Besitz des begehrten Guts. In der Konsequenz ist das Ritual daher notwendig Opfer. Schritt für Schritt ist der Opferprozeß in der Corrida nachgebildet, ihre Dramaturgie folgt dem gleichen Spannungsbogen:

Wahl eines makellosen Tiers, das die gewünschten Eigenschaften rein und ohne Abstriche verkörpert,

Abtrennung von der Herde und Verbringung an den sakralen Ort, an dem das Volk versammelt ist.

Unter aller Augen wird das Opfer geschmückt und damit dem rituellen Gesetz unterworfen, um schließlich durch den Matador/Priester getötet zu werden.

Noch der christliche Gottesdienst folgt im wesentlichen diesem Muster. Der Plaza entspricht die Kirche, dem Publikum die Gemeinde, die teilhat am Fortgang einer Liturgie, an deren Ende die Verteilung des Fleisches steht, die Kommunion im Zeichen des göttlichen Bluts. Die wesentliche Differenz liegt darin, daß in der christlichen Liturgie das Opfer nicht mehr vollzogen werden muß, bereits erbracht ist (Christus ist tot), während der Stierkult immer ein wirkliches Opfer in der rituellen Handlung verlangt.

Schon 1935 beschrieb Giménez Caballero die Corrida als ebenso tragisches wie ekstatisches Opferritual:

«Die Corrida de toros ist in ihrer letzten Essenz ein religiöses Mysterium, das Opfer eines Gottes (totemisiert im Stier) durch einen Priester (dargestellt durch den Matador) und vor einer Masse von Gläubigen, die sich erregt, schreit, teilnimmt, heiser wird, trunken von Leidenschaft und wilder Sonne, in einer dramatischen und gewaltigen Katharsis.»[25]

Hier wie dort wiederholt das Ritual nichts als die eine, die erste Geschichte, nach der die Welt nur durch das Opfer entsteht, jene blutige Geschichte von Leid und Fruchtbarkeit des jungen Gottes, aus der die Ordnung des Lebens hervorgeht. Es ist diese Geschichte, die immer wieder erzählt werden muß, die die Menschen an der großen Ordnung teilhaben läßt, es ist diese Geschichte, die sie wissen läßt, woher sie kommen und wer sie sind. Es ist die Geschichte des jungen Gottes und seiner Passion, durch die die Ordnung der Dinge auf dramatische Weise wiederhergestellt wird.

Davon erzählt die Corrida de Toros auf ihre Weise nicht anders als die *semana santa*, die Karwoche, deren Feiern gerade in Spaniens Süden alle anderen kirchlichen Feste in den Schatten stellen. Nichts wird so aufwendig inszeniert wie das Martyrium, nichts berührt die Gemüter mehr als dieses Wechselbad von Tragik, Schmerz und Freude, aus dem das Leben gestärkt hervorgeht.

Tatsächlich sind die heidnischen Bräuche in Spanien eine überaus innige Verbindung mit dem Christentum eingegangen. Immer wieder drängt sich der Eindruck auf, daß heidnische Traditionen unter christlichen Vorzeichen unbeschadet die Jahrhunderte überstehen konnten. In viele Winkel drang das neue Bekenntnis erst gar nicht vor.

«Der spanische Klerus», meint Gerald Brenan, «hing viel zu sehr am städtischen Leben, als daß er sich um die entlegeneren Gebiete hätte kümmern können, und so können wir beobachten, daß zur gleichen Zeit, als die heilige Theresa ihre Klöster gründete, nicht achtzig Kilometer von Avila entfernt, kein Mensch je von Christus hatte sprechen hören. In einigen Tälern der Sierra de Gata, in der Nähe von Salamanca, hat sich daran bis in unser Jahrhundert nichts geändert.»[26]

In weiten Teilen Spaniens gab man sich mit einer oberflächlichen Christianisierung zufrieden, sobald die maurischen Feinde besiegt waren. Der neue Glaube stellte oft kaum mehr als eine dünne Oberfläche dar, unter der die alten Bräuche kaum verändert weiterlebten. Um seine Hegemonie über das religiöse Leben wenigstens pro forma zu etablieren, blieb dem spanischen Katholizismus gar nichts anderes übrig, als ein Heer von Jungfrauen und Heiligen mitsamt der ihnen zugedachten Riten und Feste in seinem Reich zu dulden, Götter, denen seitdem im Namen des christlichen Vaters und der Kirche gehuldigt wird.

**Passion**

Wallfahrten in die Arena – eine bewährte Symbiose von Kirche und Plaza de toros. Oben: Kapelle und Arena zu Ehren des San Isidro in der Provinz Ciudad Real (rechts) Santuario de Nuestra Señora de La Virtuades (1641)

Überall weist das religiöse Leben Spuren einer Vergangenheit auf, die ihren Glauben ungleich leiblicher, erotischer und exzessiver lebte, als es manchen Kirchenherren recht war. So heißt es schon im 15. Jahrhundert:

«Es ist ein übler Brauch, den das niedere Volk während der Prozessionen und Feierlichkeiten bewahrt, indem es sich in unehrenhaften Tänzen ergeht und damit aus den heiligen Diensten lärmenden Rummel macht.»[27]

Der Konflikt ist chronisch, die Beispiele für Restriktionen seitens der Kirche sind unzählig. Noch 1932 werden die ausgelassenen Feiern und Prozessionen zu Ehren von *Nuestra Señora de la Balma*, in deren Rahmen auch Stiere getötet wurden, vom Zivilgouverneur der Provinz Castellón mit folgender Begründung verboten: «In keiner Weise kann man sie als religiöse Äußerung betrachten, sondern vielmehr als Reminiszenz an Zeiten der Barbarei und des Obskurantismus...»[28]

Das Volk selbst hatte nie die geringsten Probleme damit, seine Feste mit dem neuen Glauben zu verbinden. Der Stierkult macht da keine Ausnahme, und die Kirche trug auf ihre Weise dazu bei, die Liaison von Toros und Christentum zu festigen. Stierkämpfe fanden in der Kathedrale von Palencia statt, Priester und Bischöfe versuchten sich, mal zu Fuß und

mal zu Pferd, als Toreros, Priesterweihen und Heiligsprechungen wurden mit Corridas gefeiert, und noch heute führen Stiere Prozessionen an. Man weiß von Toreros, die zu Geistlichen wurden, und von ländlichen Festen, wo es dem örtlichen Priester aufgegeben war, den ersten Stier zu töten.

Andernorts wurden die Stiere vor dem Kampf in der Hoffnung gesegnet, daß sie sich dadurch stark und wild zeigen würden, und in Soria erhält noch heute die *caldera*, der Eintopf aus dem Fleisch der Stiere, die anläßlich der Fiesta de San Juan getötet werden, den priesterlichen Segen, bevor jeder Einwohner seine Ration des traditionellen Mahls verspeist.

Überall vermengte das Volk Stieropfer und Heiligenehrung zu einem einzigen tragischen und wilden Fest. Wo nicht beides zu einem Amalgam verschmolz, blieb die zeitliche Koinzidenz: Selbst in großen Städten gehört zum Ostersonntag oder zur Feier der lokalen Schutzpatronin die morgendliche Messe ebenso wie die Corrida am Nachmittag, eine Koinzidenz, mit der die Kirchenoberen immer wieder haderten.

«Zu allem Unglück glauben wir mit unehrenhaften Festen und Freuden unseren Heiligen danken zu müssen, von denen wir wissen, daß sie mit Fasten, Tränen und Gebet Gott und seinem Ruhme huldigten!»[29] Die Attacken verraten, wie ernst man die Gefahr nahm, die das Treiben um den Stier heraufbeschwor. Dieses wilde Chaos war ohne jeden Sinn, doch ansteckend wie ein Virus, der jeden bleibenden Erfolg der christlichen Mission zu vereiteln drohte: Im Handumdrehen verwandelte sich eine Schar sanfter Lämmer in eine rasende Menge.

# Sankt Markus und die Stiere

Sein Schicksal ist das aller spanischen Schutzpatrone, Jungfrauen und sonstiger Heiligkeiten: Einmal im Jahr darf er raus aus der Kirche und an die frische Luft. Dann wird er reich mit Blumen geschmückt und zu den schrägen Klängen der Kapelle durch das ganze Dorf getragen. Und weil er Sankt Markus heißt, hat man natürlich seinen Namenstag, den 25. April, dafür gewählt, auch wenn man sich heute den Zwängen des modernen Lebens beugt und seinen Auftritt auf den Sonntag zuvor verlegt. Damit auch alle nach Ohanes kommen, hoch auf den Berg, wenn der Frühling beginnt.

Natürlich weiß niemand, ob es Sankt Markus recht ist, seinen großen Tag in solcher Gesellschaft zu verbringen. Drei Kühe und zwei Stiere hat man auf den Kirchplatz geschafft, ihnen schwere Taue um die Hörner geknüpft, damit sie sich ihrer Pflicht nicht entziehen können, sie werden die Prozession anführen. An einen feierlichen, geschlossenen Zug ist unter diesen Umständen, das liegt auf der Hand, nicht zu denken. Das ist ein Ziehen und Zerren, ein Rennen und Flüchten und Schreien, große Gaudi eben in allen Gassen, und Sankt Markus steht mit unbewegter Miene über allem.

Doch man hat dafür gesorgt, daß er bei allem Trubel um die Toros nicht vergessen wird. Ehrung wird ihm zuteil: Während der Prozession, die über den ganzen Nachmittag andauert, müssen sich die Tiere wiederholt vor ihm auf die Knie werfen. Und da sie das nicht freiwillig tun, muß man sie eben dazu zwingen.

Mit einer Jungkuh mag das noch relativ leicht zu bewerkstelligen sein. Da dürfen heute sogar mal die Mädchen Hand anlegen. Für einen ausgewachsenen Toro dagegen braucht es wenigstens zehn kräftige Männer, die sich im rechten Moment todesmutig auf ihn stürzen, ihn an Hörnern, Beinen und Schwanz zugleich packen, um den Widerspenstigen zum Kniefall zu zwingen.

Der Augenblick ist dramatisch. Plötzlich hat die Ausgelassenheit ein Ende. Kein Zerren mehr, kein Gerenne und Geschrei, für Momente hält alles den Atem an, ein Anflug von Würde und Ernst ist zu spüren. Die Kapelle spielt getragene Weisen und Sankt Markus schaut still auf das seltsame Treiben zu seinen Füßen herab.

Die Prozession endet gegen Abend auf dem Platz vor der Kirche. Von der Treppe aus segnet der Priester die Tiere, die Menschen und die *roscos*, Heferinge, die an diesem Tag gebacken und an alle verteilt werden. Ob er auch den *ponche* segnet, den schweren Wein aus den Trauben von Ohanes, der die Köpfe berauscht, haben wir nicht mehr verfolgt.

Und was geschieht mit den Tieren, wenn das Fest vorüber ist? Zwei davon sind an Leute aus Ohanes verkauft. Demnächst also wird man sie schlachten. Die anderen bringt man zurück auf die Weide, auf die andere Seite des Bergs. Kost und Logis bezahlt die Gemeinde. Und nächstes Jahr sind sie wieder dabei.

# Angriffe und Eingriffe
## (16. – 19. Jahrhundert)

## Sünde

«Wer könnte solch bestialischen und teuflischen Brauch tolerieren? Gibt es eine größere Brutalität, als ein wildes Tier dazu zu bringen, einen Menschen in Stücke zu reißen? O, schrecklicher Anblick! O, grausames Spektakel! Ein Christ, der dem Verderben seines Nächsten beiwohnt und dabei noch Lust und Freude empfindet! Wieviel Schweiß soll es Priester und Gelehrte noch kosten, solch unzüchtige und scheußliche Taten von Heiden aus der Welt zu schaffen? Es ist gelungen, sie ganz aus dem Reich der Kirche zu verbannen. Allein Spanien noch wahrt diesen heidnischen Brauch zu seinem eigenen Schaden…

Also zeige ich euch im Namen Jesu Christi, unseres Herrn, an: Ihr alle, die ihr da mitmacht und es billigt…, begeht nicht nur eine Todsünde, sondern werdet durch so viel gewaltsam vergossenes Blut auch zu Mördern und Schuldigen vor Gott am Tage des Jüngsten Gerichts.»[30]

Wir befinden uns mitten im 16. Jahrhundert, und den streitbaren Kirchenmännern liegt es fern, auch nur einen Gedanken an Leid und Blut der Stiere zu verschwenden. Alles dreht sich um der Menschen Leiber und Seelen, die man dem niederträchtigen Vergnügen opfert, «denn wie viele Gefahren, Tode, Verletzungen, Gemeinheiten, Übel und Aufruhr diese Spiele mit sich bringen, sehen sogar die Blindesten.[31]»

In der wilden Lust auf die Toros entdecken sie nur Sünde und Laster, dieselbe Gottlosigkeit, durch die schon die Spiele des römischen Zirkus bei den Christenführern in Ungnade fielen: «Solche Schlächterei und der Tod so vieler Menschen… sind unmenschlich, gewiß, und müssen aus dem Reich der Christen verbannt werden.»[32]

Die Panik ist begreiflich. Bestürzt müssen die frommen Sittenwächter feststellen, daß die Herzen ihrer Schäfchen, von allem missionarischen und inquisitorischen Bemühen offenbar unberührt, für das Heidenspektakel viel heftiger schlagen als für den Dienst am Herrn. Für sie liegt es klar auf der Hand: Den Stier zu fürchten heißt, Gott nicht zu fürchten.

Wo Argumente auf taube Ohren stoßen, sucht man in einer Litanei von Drohungen und Verfluchungen Zuflucht. Sünder sind natürlich zunächst die, die das ihnen von Gott geschenkte Leben so leichtfertig aufs Spiel setzen, wenn sie gegen den Stier antreten. Indem sie den Leib riskieren, sind ihre Seelen schon auf halbem Weg zur Hölle, und folgerichtig spricht man ihnen das Recht auf die kirchlichen Sakramente ab.

Doch die Zuschauenden machen sich kaum weniger schuldig. Das liegt nicht nur daran, daß auch sie dabei ihr Leben in Gefahr bringen, denn die meisten Stierfeste spielten sich auf offener Straße und mitten im Ort ab, unter Mißachtung aller Vorsichtsmaßnahmen im Getümmel einer trunkenen Menge. Schuld trifft jeden, der sich an fremdem Leid und Blut ergötzt. Doch damit nicht genug: das Durcheinander der Geschlechter, Rauferei und Sauferei machen aus dem Spektakel einen einzigen Sündenpfuhl. Mit christlicher Lebensart sind diese Feste völlig unvereinbar. Genau das aber scheint das Volk nicht zu kümmern.

Angesichts der verfahrenen Lage sinnen weniger hitzige Gemüter auf Kompromisse. Forderungen nach Schadensbegrenzung werden laut. Man verlangt, daß wenigstens «Kinder, Alte, Frauen, Geschlechtskranke, Trunkene, Lahme, Kranke und andere solche Personen»[33] vor dem Zugriff der Stiere genügend geschützt werden. «Mit den nötigen Vorsichtsmaßnahmen sind die Corridas keine Todsünde»[34], beruhigt sich ein gemäßigter Geist und weist damit die Richtung für spätere Strategien.

Einstweilen werden noch andere Töne angeschlagen, denn strenge Moralisten können mit solchen Halbheiten natürlich nicht zufrieden sein. Und wenn man weiß, daß selbst bei den besser organisierten Corridas auf provisorischen oder festen Kampfplätzen regelmäßig Menschen ihr Leben ließen, getötet von Stierhörnern, aber auch einfach überrannt und zu Tode getrampelt von panischen Stieren, Pferden, Menschenmassen; daß ein heilloses Durcheinander herrschte und handfester Streit zur Tagesordnung gehörte, ist ihr Entsetzen nicht verwunderlich. Sie drängen auf entschiedene Maßnahmen.

Im Jahr 1567 erläßt Pius V. seine berühmte päpstliche Bulle, die die Corridas bei Strafe der Exkommunizierung verbietet. In Rom hatte die Kirche Erfahrungen mit den Toros gesammelt. Zwar war das Jahr 1500 nach der Geburt des Herrn noch mit Stierkämpfen auf dem Petersplatz gefeiert worden, unter den Augen der vatikanischen Würdenträger. Doch seit im Jahr 1322 trotz aller Vorsichtsmaßnahmen bei einem Stierfest in Rom 19 Reiter und zahlreiche Zuschauer ihr Leben gelassen hatten, war der Versuch, die Toros auch in Italien heimisch zu machen, zum Scheitern verurteilt, und schließlich wurden sie ganz verboten.

Als der Papst nun jedoch seine Hoheitsrechte über das gesamte Kirchenreich geltend machen will, stößt er auf den entschiedenen Widerstand des spanischen Königs. Philipp II. weigert sich rundheraus, den Erlaß offiziell anzuerkennen und erreicht auf diplomatischem Weg sogar, daß die Bulle später, unter Gregor XIII., wieder aufgehoben wird.

Das heidnische Vergnügen soll jetzt ganz offiziell frei von Sünde sein, soweit alle denkbaren Vorsichtsmaßnahmen getroffen werden und der Kult der Stiere vor allem nicht der Heiligenverehrung in die Quere kommt – keine Toros mehr an Sonn- und Feiertagen.

Uneingeschränkte Gültigkeit behält die Bulle allerdings für die kirchlichen Funktionsträger, denn die sollen dem Volk mit gutem Beispiel vorangehen. Nicht allen scheint das leichtzufallen. Die *christiana mansedumbre*, die christliche Sanftmut, zu der sie sich bekennen, ist auch ihnen nicht in die Wiege gelegt, und das Bekenntnis allein schützt nicht zuverlässig davor, am wilden Treiben mit dem Stier Gefallen zu finden. Mit grotesken Vorschriften müht man sich, solcher Versuchung zu begegnen:

«Weder die weltlichen noch die Ordensgeistlichen, die Pfründe von der Kirche erhalten, dürfen sich ... bei Strafe der Todsünde und der Exkommunizierung diese Schauspiele ansehen ... Und es ist festzustellen, daß sie auch dann tödlich sündigen, wenn sie sich heimlich oder öffentlich an irgendwelchen Fenstern postieren ..., um sich zu delektieren ...»[35]

Auch ein erneuter Vorstoß von Sixtus V., die alte Bulle wieder in Kraft zu setzen, hat wenig Erfolg. Um die Durchsetzung des Banns diesmal zu gewährleisten, beauftragt Papst Sixtus den Bischof von Salamanca, jeden zu verfolgen und zu bestrafen, der sich seiner Anordnung widersetzt. Doch es hilft alles nichts. Philipp II. drängt den Papst, das Verbot wieder aufzuheben: «Die Bulle zeigt keine Wirkung, weil die Corridas ein Brauch sind, der den Spaniern im Blut zu stecken scheint, so daß man sie nicht ohne Gewalt davon abbringen kann.»[36]

Der nächste Papst setzt dann auch die Bulle seines Vorgängers kurzerhand außer Kraft, weil er einsieht, daß ein Tag für Tag mißachtetes Verbot dem Ansehen der Kirche nur Schaden zufügt. So endet die erste Runde im Streit um die Toros mit einem Punktsieg für den heidnischen Brauch. Die nächste ist schon eingeläutet.

## Unvernunft und Schande

Etwa gleichzeitig mit der Geburt der modernen Corrida bezieht auch die Kritik am Stierkampf neue Stellungen. Jetzt gegen Ende des 18. Jahrhunderts, gibt sich der *antitaurinismo* nüchtern, aufgeklärt. Er macht eine neue Rechnung auf, fragt nach Sinn und Nutzen der Toros.

Vor allem im gebildeten Bürgertum wachsen die Sorgen um den Zustand einer Nation, die bedenkenlos fortfährt, den unvernünftigsten Leidenschaften zu frönen. Aufgeklärte Herren, die im Königlichen Rat von Kastilien den Toros den Krieg erklären, verweisen vehement auf die volkswirtschaftlichen Schäden, die das Spektakel anrichtet. Sie wollen nicht länger hinnehmen, daß die Stierzucht riesige Weideflächen beansprucht, die der landwirtschaftlichen Produktion verlorengehen, und machen den großen Landbesitzern das Recht streitig, wie eh und je selbstherrlich über die Nutzung des Bodens zu entscheiden.

Was die *ilustrados*, die Aufklärer, als die wahre Bestimmung des Menschen betrachten, wird deutlich, wenn sie dem Kult um den Stier die Verehrung des Ochsen entgegenhalten. «Ein Tier, zur Arbeit geboren, von unschätzbarer Geduld»[37] – so hatte schon Quevedo im 17. Jahrhundert gegen die Corridas gewettert. Das Loblied auf den geschlechtslosen Nützling, der in jeder Hinsicht ein Gegenbild des wilden, verderbnisbringenden Stiers ist, war also nicht neu. Erst der Diskurs der Aufklärung aber steht fest auf dem Boden solcher Logik: «Wäre es nicht besser, wenn man sie aufzöge und nährte, um die Erde zu bearbeiten, als mit ihnen Schlächtereien auf öffentlichen Plätzen zu veranstalten?»[38]

Doch es geht nicht allein um Fragen der Ernährung, der Nutzung und Verteilung des Bodens. Auch in der Stadt wird das Projekt einer bürgerlichen Gesellschaft, in der Vernunft und Kalkül regieren sollen, tagtäglich von der Leidenschaft für die Stiere verhöhnt. Mehr noch, die soziale Ordnung insgesamt steht auf dem Spiel: «Es ist fürchterlich sowohl in politischer wie wirtschaftlicher Hinsicht, daß die Leute an Arbeitstagen blaumachen.»[39] Und, deutlicher noch:

«Weil man sich an den Tagen und Vortagen jedweder Arbeit und Nützlichkeit entzieht, die den Unterhalt der Familien sichern würden,

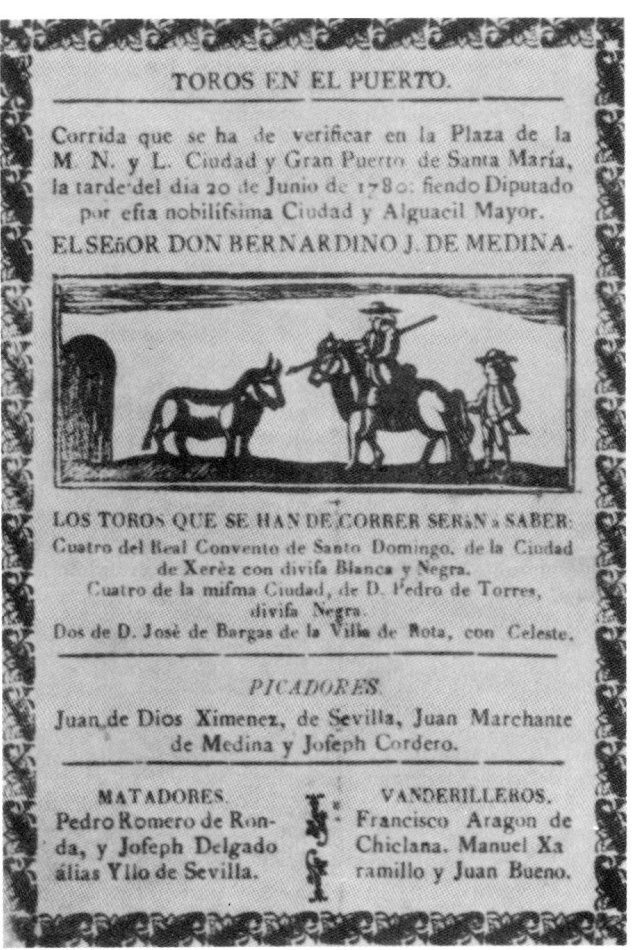

Toros in El Puerto de Santa María

und selbst die Dinge verscherbelt, die im Haus am dringendsten gebraucht werden, um sich an diesem Tage zu vergnügen, kommt Unruhe in das niedere Volk.»[40]

Die Bedenken gegen ein Spektakel, das nicht gerade zur Einübung bürgerlicher Tugenden geeignet ist, sind entsprechend grundsätzlicher Art. Die Corridas gelten als ein Herd der Unruhe und des Tumults, und ihre «Nachteile sind so offensichtlich, daß sie keiner Beweise bedürfen»[41].

Die alten Ideale des ritterlichen Spaniens sind für den Hohen Rat des Bourbonenkönigs ohne Bedeutung. Vom Stolz, der den Stierkampf zur Herzenssache erklärte, die so recht zur *melanchólica naturaleza* der Spanier passe, will das erstarkende Bürgertum nichts mehr wissen. Es macht keinen Hehl aus seiner Verachtung für eine Haltung, die nur von provinzieller Selbstzufriedenheit und Unkultiviertheit zu künden scheint. Spanien beginnt, sich mit den Augen der anderen zu betrachten, den Augen der Fremden, der Europäer.

Plötzlich geht die Rede von der *dura sensibilidad*, jener bald schon sprichwörtlichen Gefühlshärte der Spanier, und der Vorwurf der Barbarei, von den Fremden oder in deren Namen erhoben, beschäftigt die Gemüter. Gefühle der Minderwertigkeit und Sorgen um das Ansehen Spaniens bedrücken all jene, die ihre Vorstellungen von Fortschritt und Zivilisation aus dem aufgeklärten Ausland beziehen.

Alle Angriffe der Stierkampfgegner verdeutlichen die geradezu panische Angst davor, in den Augen der anderen als Barbaren dazustehen: «Sicher ist, daß sich keine andere Nation dieses barbarische Schauspiel gestattet... Allein in Spanien erlaubt man ein Vergnügen, das erst gut ist, wenn es Tote, Schäden und Zerstörungen gibt.»[42]

Etwas ist krank an dieser ‹Volksseele› und die Leidenschaft für die Toros ist dafür das deutlichste Zeichen. Zugleich aber steht bei den zeitgenössischen Antitauriniten der schädliche Einfluß der Corridas auf die Herzen der Zuschauer, der negative pädagogische Effekt, steht für sie außer Frage. Zur Begründung dieser Auffassung beschreibt José Vargas Ponce im Jahr 1805 ausführlich das

«zahllose Volk, das dasitzt und sich kaltblütig anschaut, wie Männer, Pferde und Stiere durcheinanderlaufen und sich gegenseitig in Wut bringen, wie Blut von Stieren, Männern und Pferden fließt, bis das Blut der ersten verbraucht ist..., mutwillige Verletzungen und Schlächtereien..., Inbegriff von Grausamkeit und Undankbarkeit, vergossenes Blut... und immer Blut und noch mehr Blut...», um damit die entscheidende Frage vorzubereiten: «Was also bewirken die Stiere?» Die Antwort ist nun klar: «Die Hartheit des Herzens, die Vertreibung der sanften Empfindungen und die Formung von Wesen, die so unbarmherzig und grausam sind wie das Spektakel, das sie anschauen.»[43]

Und aus dieser Perspektive ist es nur folgerichtig, sich von einem Verbot der Corridas entscheidende Fortschritte auf dem Weg zu einer humaneren Gesellschaft zu versprechen.

Natürlich teilen nicht alle Gebildeten diese Auffassung vom Stierkampf und seinen verderblichen Folgen. Und nicht alle sind Adepten der *leyenda negra*, die in Spanien nur Rückständigkeit, Dekadenz und Ingnoranz entdeckt. Manch einer sieht in derlei Predigten nur Anzeichen einer gefährlichen Hörigkeit gegenüber dem Ausland:

«Daß die Ausländer dieses spanische Vergnügen zensieren, mag man ihnen auf eine Weise nachsehen; nicht aber unseren ungebetenen Richtern des guten Geschmacks, diesen blinden Anhängern auswärtiger Sitten, seien diese noch so oberflächlich oder lächerlich...». Und dem Vorwurf, das Publikum komme nur in die Arenen, um Blut und Tod der Toreros zu erleben, hält er entgegen: «Aus dem Unglück des Pepe Hillo in der Corrida vom 11. Mai 1801 folgert man, daß ein Stierkämpfer sterben kann. Wer wollte das leugnen? Doch das Publikum geht nicht hin, um ihn sterben zu sehen, sondern um zu sehen, wie er *nicht* stirbt. Dafür ist er 25 Jahre lang hingegangen... Doch als er schon krank und zerstört war, sollte seine blinde und starrsinnige Eitelkeit uns allen einen schlechten Nachmittag bereiten.»[44]

Und dann hebt er an, um gegen die ‹Überfremdung› durch ausländische Sitten zu eifern, gegen all jene, die den Ausverkauf dessen vorantreiben, was typisch und eigen für das Land ist, und die vom guten, alten Spanien nichts übriggelassen haben als «dieses Denkmal der Barbarei, wie sie es zu nennen lieben. Sein Anblick jedenfalls verweiblicht nicht die Männer. Sein Produkt verläßt nicht das Reich...»[45].

So steht, wenn es um den Stierkampf geht, nicht mehr und nicht weniger als der wahre Charakter Spaniens auf dem Spiel. Was unter der Devise von Bildung und Zivilisation aus dem Ausland eingeführt wird, ist den Apologeten der Fiesta ein Fremdkörper im eigenen Land. Schon der Stolz verbietet ihnen jede Hörigkeit gegenüber solch schnöden Sitten und Idealen, die vor den wahren Werten Spaniens schließlich keinerlei Bestand haben.

«Eine große Nation muß ihre eigenen Bräuche wahren... Die Corridas haben nicht wenig dazu beigetragen, im spanischen Volk eine gewisse Kraft aufrechtzuerhalten», meint Jean-Jacques Rousseau.[46] Und im gleichen Sinne, doch wesentlich polemischer, äußert sich der Romantiker Théophile Gautier:

«Diese edle und katholische Geringschätzung des Lebens ist von einer Größe, die das Volk lebhaft fühlt und die von der weinerlichen Gefühlsduselei nicht herabgesetzt werden kann... Schließt die Arenen, und die Spanier werden der albernen Bewunderung von Kastraten und Tenören verfallen... Statt Spanien werden wir Italien haben.»[47]

Manch einem entlockt die ewige Angst vor den zensierenden Blicken der Europäer nur noch sarkastische Kommentare:

«Was die Ausländer angeht, freue ich mich, Ihnen mitteilen zu dürfen, daß auch wir schon dabei sind, sie zu zivilisieren... Die Ausländer verabscheuen sie (die Corridas, L. R.) schon nicht mehr. Ganz im Gegenteil sind sie diejenigen, die am meisten hinterher sind, sie zu besuchen, und sie fürchterlich beklatschen...»[48]

## Politische Manöver

Der ideologische Streit, der die Konsolidierung der neuen Stierkampfkunst begleitet, findet nicht im luftleeren Raum statt. Wenn der Rat von Kastilien mehr als einmal das Für und Wider der Toros mit der gebotenen Gründlichkeit erwägt, so geschieht das jeweils auf Geheiß eines Königs, der über Chancen und Folgen einer Prohibition Klarheit haben will.

Es geht um praktische Schritte, und die Bourbonenkönige unternehmen immer neue Anläufe, mit der Fiesta nacional auch ein Sinnbild spanischer Eigenständigkeit aus der Welt zu schaffen. Gerade dabei jedoch sollen sie immer wieder die Grenzen ihrer Macht zu spüren bekommen. Von Widerstand, Ungehorsam und politischen Widrigkeiten zu Konzessionen gezwungen, ergeht es ihnen kaum besser als zuvor den Päpsten.

So folgt im 18. Jahrhundert auf ein Verbot der Toros die teilweise Aufhebung, eine erneute Verschärfung, dann die Wiederaufhebung. Doch selbst die strengste Prohibition bedeutet keineswegs, daß nicht immer dann Ausnahmen gemacht werden, wenn sie opportun scheinen. Der Stierkampf wird zum Spielball multipler Machtinteressen. So meint Fernando Villalón:

«Es war Sitte derjenigen Monarchen, die Gegner der Fiesta waren, sie zu verbieten, um in dem Augenblick wieder zuzugreifen, als sie aufgrund irgendwelcher Geschäfte, die ihrem eigenen Interesse entsprachen, auf das Volk zählen mußten.»[49]

Was gerade noch in die Mottenkiste verbannt worden ist, wird im nächsten Moment mit großem Pomp wieder hervorgezogen; was man gerade noch als Ausgeburt der Abscheulichkeit und Blutrünstigkeit gebrandmarkt hat, wird plötzlich als hoffähige Massenschlächterei inszeniert:

«Aus Anlaß der Vereidigung des Prinzen von Asturien, später Karl IV., wurden im September 1789 in Madrid königliche Corridas organisiert, für die man nicht weniger als 133 Stiere kaufte, denen die drei großen Stierkämpfer jener Zeit ein Ende machten.»[50]

Das Wechselbad von Verbot und Duldung, 1754 von Ferdinand VI. eingeleitet, soll erst 1815 enden, als Ferdinand VII. die Corridas wieder erlaubt, um im selben Moment die Verfassung außer Kraft zu setzen und die Inquisition wieder einzuführen.

Das Volk bekommt sein Bonbon, und der Absolutismus schmückt sich mit liberalen Federn. Godoy, erster Minister unter Karl IV. und strenger Gegner der Corridas, beschwert sich später erbittert darüber, daß das Verbot, von ihm aus hehren ethischen Motiven gefordert und schließlich durchgesetzt, platter politischer Taktik geopfert wurde: «Brot erhielt keiner, wohl aber Toros... Das unglückliche Volk glaubte sich damit gut bezahlt!»[51]

Mit dem Ende der Prohibitionen haben die Debatten noch lange kein Ende. All-

mählich aber gelangen die politisch Verantwortlichen mehr und mehr zu der Auffassung, daß ein völliges Verbot der Corridas weder durchzusetzen noch taktisch angeraten sei.

Ganz im Sinn dieser Erkenntnis erläßt das Entwicklungsministerium 1833 neue Richtlinien für den behördlichen Umgang mit den Corridas, die das staatliche Handeln bis heute weitgehend bestimmen. Die Quintessenz dieser Vorgabe besteht darin, dem Stierkampf, anders als dem Theater z. B., jede aktive Unterstützung zu verweigern. Gegenüber einem Schauspiel, «bei dem sich Menschen in Gefahr bringen, nützliche Tiere zerstört werden, die Herzen verhärten», zieht man sich auf eine Strategie «simpler Toleranz» zurück[52]. Nach Jahrzehnten offensiver Restriktionen schwenkt man auf einen gemäßigten Kurs um, ohne daß sich an den Vorbehalten das geringste geändert hätte.

Die liberalen Töne sind Ausdruck einer Hilflosigkeit, doch dahinter verbirgt sich auch Zuversicht. Statt sich noch einmal die Finger zu verbrennen, spielt die Obrigkeit nun auf Zeit. Hinter der verordneten Zurückhaltung steht die große Hoffnung, daß sich das ganze Problem mit den Toros durch «die Fortschritte der allgemeinen Vernunft früher oder später»[52] ganz von selbst erledigen werde. Man hat resigniert, man duldet, wohl oder übel, und man tröstet sich.

Mit Passivität allein ist der Staat allerdings noch nicht seiner moralischen Pflichten enthoben. Die Entwöhnung von Blut und Grausamkeit ist ein langwieriger Prozeß, und den gilt es zu forcieren. Die ‹Zivilisierung› des Volkes stellt den Staat vor eine pädagogische Aufgabe.

Zur Duldung müssen sich Steuerung und gewissenhafte Beaufsichtigung gesellen, will man mit einer bedachten politischen Strategie Aussicht auf Erfolg haben. In der Präambel eines späteren Erlasses wird das so formuliert:

«Die Corridas stellen ein derart in den populären Bräuchen verwurzeltes Schauspiel dar, daß der Versuch, sie zu verbieten, ein tollkühnes Unterfangen wäre. Damit würde man unbedacht den Aufregungen derer nachgeben, die sie für barbarisch und der Kultur zuwider halten. Doch wenn die Regierung aufgrund des Respekts, den sie der öffentlichen Meinung beimißt, nichts anderes tun kann, als sie zuzulassen, ist es doch gleichzeitig ihre Pflicht, wohlüberlegte reglementarische Reformen einzuleiten, damit der blutige Charakter... soweit wie möglich verschwinden möge...»[54]

Die ersten dieser Reglements treten Mitte des 18. Jahrhunderts in Kraft. Sie legen die Bedingungen fest, die der Veranstalter für die Genehmigung der Corridas erfüllen muß, und sehen vielerlei Maßnahmen vor, die die Aufrechterhaltung von Sicherheit und Ordnung in den Arenen gewährleisten sollen. Unruhen und Tumult, bis dahin an der Tagesordnung, will man mit allen Mitteln verhindern. Aus dem Pöbel, wild, unberechenbar, bedrohlich, soll ein gesittetes Publikum werden, das Menschen aller Couleur miteinander vereint, friedlich und passiv. Es ist die Vision eines domestizierten Spektakels, das als «einendes Band zwischen allen Klassen» fungiert.[55]

*Pan y toros* – hier klingt schon an, was der Jesuitenpater Pereda ein Jahrhundert später explizit formulieren sollte, um Franco in seiner wohlwollenden Haltung den Corridas gegenüber zu bestärken:

«Die Toros können… ein gutes Sicherheitsventil… sein, durch das schlechte Stimmungen und noch schlechtere Gedanken verschwinden. Es ist unvorstellbar, daß man nach einer guten Corrida in der Stimmung auf Versammlungen oder soziale Umstürze ist. Sie haben sich Luft gemacht, haben geschrien, haben gelacht, sind zufrieden.»[56]

Wohlgemerkt: Nur eine gute Corrida endet mit eitel Sonnenschein. Deshalb ordnen die ersten Reglements nicht nur den äußeren Rahmen des Schauspiels. Auch die Regeln der Kunst werden als behördliche Vorschriften formuliert, deren Mißachtung nun strafbar ist. Dem Publikum soll keinerlei Anlaß für Ausschreitungen geboten werden.

Indem die staatlichen Autoritäten diesen Kurswechsel vom Angriff zum Eingriff vornehmen, nutzen sie die Gunst der Stunde. Die neue politische Linie paßt sich in eine Entwicklung ein, die der Stierkampf zu Beginn des 19. Jahrhunderts in den großen Städten ohnehin durchmacht, eine Entwicklung, die man um jeden Preis festigen und forcieren will, indem man sie zur Norm erklärt. Und so kann die staatlich verordnete ‹Zivilisierung› auf die volle Unterstützung der Matadores zählen, unter deren Einfluß das ehemals rüde Spektakel Konturen annimmt und sich zum geordneten Gefecht mausert. Sie, die sich jetzt als Künstler verstehen, sind ganz besonders an einem störungsfreien Ablauf der *lidia* interessiert. Ihre Ambitionen verlangen nach einem Publikum, daß sich zu benehmen weiß. Und um jeden Preis wollen sie verhindern, daß die hohe Kunst der Tauromaquia mit den rohen Metzeleien der Capeas in Verbindung gebracht wird.

## 1836: Die neue Ordnung

Die sturkturelle Ordnung der heutigen Corridas wird 1836 von Francisco Montes «Paquiro» in seiner «Tauromaquia completa» formuliert. Mit der Autorität des unumstrittenen Meisters seiner Zeit verbannt er von den Plazas, was die Qualität des Schauspiels beeinträchtigen könnte. Stümperei und Unordnung setzt er eine verbindliche technisch-künstlerische Doktrin entgegen, die der Corrida eine einheitliche Form vorschreibt.

Auf allen Plazas sollen gleiche Bedingungen, für alle Akteure gleiche Anforderungen gelten. Unter einem Berg von Kriterien, Maßnahmen und Regeln wird begraben, was zuvor von Gutdünken und Willkür einzelner abhing. Das fängt schon im Vorfeld der Corrida an. Da ist zu prüfen, ob sowohl die Stiere als auch die Toreros die erforderlichen Qualitäten für den Kampf mitbringen oder ob sie als untauglich bzw. unqualifiziert zurückzuweisen sind. Und damit das Publikum endlich aufhört, lautstark über den Verlauf der *lidia* bestimmen zu wollen, werden sowohl der Zeitpunkt wie auch die Art und Weise des Auftretens eines jeden Akteurs bis ins Detail festgelegt: die Aufstellung der Picadores und ihrer Helfer, das Vorgehen der Banderilleros, die Reihenfolge und die zulässigen Manöver der Espadas. Jedes Detail trägt dazu bei, die Corrida zu einer unumstößlichen Abfolge von zur Anwendung gebrachter Vorschriften umzuformen, ein zeitlich-räumliches Ordnungsgefüge, das den Stier als einzigen Unruhefaktor gelten läßt.

Darüber hinaus stellt Paquiro in einem Anhang unter dem Titel «Reform des Spektakels» die verschiedensten Forderungen auf, die den Rahmenbedingungen im weiteren Sinn gelten und sich als Richtlinien für das staatliche Eingreifen verstehen. Zunächst gibt er an, welches der geeignete Standort für die Plazas ist, wie ihre Bauweise und die innere Beschaffenheit, dabei insbesondere auch die der Sandfläche zu sein haben. Dem läßt er ein ganzes Bündel von Vorschlägen folgen, die bewirken sollen, daß Ruhe und Ordnung unter den Zuschauern einkehren. Die Modalitäten des Kartenverkaufs, die Numerierung der Sitzplätze, die Aufstellung der Sicherheitskräfte, damit die unverzügliche Ergreifung von Missetätern garantiert ist, das Verbot, Lanzen, Degen oder andere Waffen mit sich zu führen – all das will er einer minutiösen Regelung unterworfen wissen. Zugleich will er dem Präsidenten der Corrida, dem es als Vertreter der Obrigkeit aufgegeben ist, über die Einhaltung der öffentlichen und auch der Spielordnung zu wachen, einen Stierkampfexperten an die Seite stellen. Die Leitung des Spektakels darf schließlich nicht weniger qualifiziert sein als dieses Selbst.

**Francisco Montes «Paquiro»**

«Vierzig Jahre trennen sie von der ‹Tauromaquia› Pepe Hillos, doch zwischen ihnen liegt die enorme Distanz, die zwischen einer embryonalen und einer ganz ausgereiften und ihrer selbst sicheren Kunst besteht», meint T. R. Fernández zur «Tauromaquia» Paquiros. «Diese Reife verleiht dem Schauspiel Ernsthaftigkeit und Festigkeit und dem Publikum… einen sicheren Bezugsrahmen, der allmählich zu einer Beruhigung seines Verhaltens beisteuert und die anfängliche Unruhe und Unordnung eliminiert, die von da an keinen wesentlichen Bestandteil des Festes mehr darstellen, sondern sich in etwas Nebensächliches verwandeln, in die bloße Folge von Unkenntnis oder eines Verstoßes gegen die ‹regulae artis› seitens der Kämpfer…

Nur auf der Basis dieser Aufgaben läßt sich die Symbiose verstehen, die seit dem Erscheinen der ersten Reglements bis auf den heutigen Tag zwischen den Regeln der Kunst, die die Ausführung der verschiedenen Manöver vorschreiben, und den eigentlichen polizeilichen Regeln festzustellen ist», eine Symbiose, die zu der bemerkenswerten Konsequenz führt, daß der Verstoß gegen die Regeln der Kunst sich in einen wirklichen Rechtsverstoß verkehrt, der die strafende Reaktion der verantwortlichen Autoritäten nach sich ziehen kann. «Diese Fusion zwischen öffentlicher Ordnung und technischen Aspekten, die in keiner anderen Veranstaltung denkbar ist…, stellt aus rechtlicher Sicht die besondere Eigenart der ‹espectáculos taurinos› dar»[57].

Die hier geäußerten Vorbehalte beziehen sich auf eine staatliche Präsenz, die sich über das Reglement mit allen Vollmachten ausgestattet hat und sich selbstherrlich als alleiniger Richter über gut und böse, richtig und falsch, Wahrheit und Betrug aufspielt, ohne dafür in irgendeiner Weise fachlich qualifiziert zu sein, sobald es um die *lidia* im eigentlichen Sinn geht. Kompetenzüberschreitung wird moniert. Ohne Einschränkung jedoch wird auch hier die Corrida als Ergebnis einer langen Entwicklung begrüßt.

Zweifellos mußte sich ein langer Reifungsprozeß vollziehen, bis aus dem Stierfest ein ausgeklügeltes Schauspiel für erlebnishungrige Städter wurde. Dahingestellt sei, ob der Stierkampf dadurch sozusagen zu sich selbst gefunden hat. Denn darüber, daß eine Corrida heutigem Empfinden eher zugänglich ist als beispielsweise eine Capea, weil Ordnung und Ästhetik es dem Zuschauer erleichtern, seine Vorbehalte zurückzustellen, darf man die andere Seite der Geschichte nicht vergessen. Die Corrida ist auch das Resultat einer politischen Strategie, die sich, weil ein völliges Verbot der Stierfeste nicht durchzusetzen war, auf die Domestizierung der Toros verlegte und sich mit dem neuen Spektakel dem lang ersehnten Erfolg zu nähern glaubte.

Immer war die Obrigkeit, wenn sie gegen die Toros vorging, nach ein und demselben Muster verfahren. Man leugnete den Sinn dieser Bräuche, um desto heftiger Sittenlosigkeit und Unruhen zu denunzieren, die damit einhergingen. Um die öffentliche Ordnung zu sichern, versuchte man alles, das Stierfest aus seinem ursprünglichen Kontext zu lösen und kontrollierbar zu machen. *Que los toros no hagan tanto daño* – unter der Maßgabe, Schäden zu verhindern, verbannte man die Stiere aus dem gesellschaftlichen Zentrum, der *plaza del pueblo*, wo sie die herrschende Ordnung bedrohten. So verbot man schon 1328 in Zamora, Stiere oder Kühe in irgendeinem anderen Teil der Stadt laufen zu lassen als «an jenem Ort, der dafür errichtet wurde und Santa Altana genannt wird.»[58]

Die Geschichte all jener Feste, die nicht zu Repräsentationszwecken taug-

**Mächtige Mauern vor den Toren der Stadt**

ten, liest sich fast durchgängig wie eine Geschichte des Widerstands und des zivilen Ungehorsams gegenüber Auflagen, Einschränkungen und Verboten. Allein die ritterlichen Feste bieben von restriktiven Maßnahmen weitgehend verschont, übte sich hier doch die herrschende Klasse für den Dienst am Vaterland.

Was in unzähligen Verordnungen und Bestimmungen wieder und wieder formuliert wurde, um ebenso hartnäckig mißachtet zu werden, läßt sich nun mit Unterstützung der neuen Idole endlich durchsetzen. Von Paquiro selbst stammt die Forderung, die neuen Plazas, die als Plazas de toros nur diesem einen Zweck dienen sollen, vor den Toren der Stadt zu errichten, denn «auf diese Weise lassen sich viel Durcheinander und Unordnung und sogar die Unglücke, die bisweilen geschehen, vermeiden»[59]. Und obwohl die Städte längst über ihre einstigen Grenzen, an denen die Arenen lagen, hinausgewachsen sind, ist noch heute unschwer zu erkennen, daß dieser Vorschlag ausnahmslos befolgt wurde.

Zur gleichen Zeit wird die Gestaltung der Stierfeste professionellen Akteuren übertragen. Während sie nun unter staatlicher Aufsicht – und staatlichem Schutz – ihre Arbeit tun, für die sie jederzeit zur Rechenschaft gezogen werden können, findet sich das Volk, ebenfalls unter Aufsicht, auf den Rängen wieder. Es soll sich getäuscht haben, wenn es glaubt, nun, nach der Vertreibung des Adels, selbst der Herr im Haus zu sein und die Corridas nach Lust und Laune gestalten zu können. Die ständische Ordnung der Stierfeste, die für eine kurze Periode unter dem Ansturm des Pöbels

**Die Uhr in der Linken, der Degen in der Rechten: Pepe Hillo**

wankte, wird mit dem Zutun der Volkshelden wieder in Kraft gesetzt.

Von der Aussicht auf Ruhm, Geld und gesellschaftlichen Aufstieg geködert, fügen sich die Matadores bereitwillig in das Konzept eines pseudosportlichen Ereignisses, bei dem sie selbst wiederum als Köder fungieren, durch den man den Pöbel von seinen schmählichen Bräuchen fortzulocken sucht. Mit ihrer Hilfe formt man aus den vielfältigen Elementen und Spielformen der Stierfeste ein geschlossenes Ganzes mit festen Regeln, das von nun an repräsentativ für den Kampf zwischen Mensch und Stier sein soll, eine Norm, der sich Akteure wie Zuschauer zu unterwerfen haben.

Es ist kein Zufall, daß Pepe Hillo sich mit der Uhr in der Linken abbilden läßt,

71

denn die *lidia* versteht sich jetzt als präziser Zeitraum, der, in genau bemessene Segmente unterteilt, mit dem Todesstoß endet. Die zeitliche Ordnung der bürgerlichen Welt hat ihren Einzug in die Plazas gehalten und sich die aristokratischen (Pferd und Reiter) wie die plebejischen (Capas und Banderillas) Elemente untertan gemacht.

Der Todesstoß, nun ins Zentrum der Aufmerksamkeit gerückt, steht paradigmatisch für das neue Konzept, das, logischer und effektiver, erst durch den Bruch mit der starren ständischen Ordnung reifen konnte. Die Tauromaquia schreibt für den Augenblick der Wahrheit eine offene Konfrontation vor. Jeder der beiden Kontrahenten hat dabei eine Chance. Und will der Matador nach den Regeln der Kunst töten, ohne selbst dabei getötet zu werden, muß er zwei ganz unterschiedliche Bewegungen zu einer so komplexen wie entschiedenen Handlung vereinen.

Die Muleta in der Linken steht für die List, den Trick. Nicht umsonst nennt man sie auch *engaño*, Täuschung. Sie ist ein Verteidigungswerkzeug gleich all den Lappen und Tüchern, mit deren Hilfe die unberittenen Männer schon immer die Angriffe des Stiers ins Leere zu lenken wußten. Sie soll den Kopf des Stiers am Körper vorbeilenken, während der Töter mit aller Kraft seines Körpers den Degen von oben einstößt. D. h., sie ist dem Degen untergeordnet, der ritterlichen Waffe, die nur dann tötet, wenn sie gerade, aufrichtig, mit Hingabe und Risiko geführt wird. In der *suerte suprema* verschmelzen beide Welten zu einer einzigen, dynamischen Geste.

# Aufsicht und Kontrolle

Die Aufsicht über die Einhaltung der neuen Spielregeln übernimmt der Staat selbst. Mit dem Reglement entwickelt man nach und nach ein immer feineres Steuerungsinstrument, das bis heute die Grundlage des Schauspiels darstellt.

Im «Reglamento de Espectàculos Taurinos» ist bis ins kleinste Detail all das vorgeschrieben, was zum ordnungsgemäßen Ablauf der Corrida gehört: die Genehmigungsprozeduren, die Modalitäten des Kartenverkaufs, die baulichen Auflagen, die die Sicherheit von Zuschauern wie Akteuren gewährleisten sollen, die vorhergehende Begutachtung der Pferde und Stiere durch amtliche Veterinäre, die Beschaffenheit der Werkzeuge, insbesondere der Lanzen etc.

In Person des Präsidenten, der heute in der Regel von einem Polizeioffizier höheren Ranges gestellt wird, ist der Staat während der Corrida anwesend. Dieser Präsident ist Hüter der öffentlichen Ordnung und Spielleiter zugleich. Und weil er in technischen Fragen, die die eigentliche *lidia* betreffen, ein Laie ist, stehen ihm zwei Berater zur Seite. Die müssen sich aber, wie das Reglement so schön formuliert, «einer wie der andere darauf beschränken, ihre Meinung in dem konkreten Punkt kundzutun, in dem der Präsident sie befragt, der die von ihnen geäußerte Auffassung akzeptieren kann oder nicht[60].»

Innerhalb des Ermessensspielraums, den das Reglement vorsieht, bestimmt der Präsident eigenmächtig darüber, ob ein Stier als tauglich zu gelten hat, wie oft er die Lanze spürt, wie viele Paare Banderillas gesetzt werden, welche Trophäen oder auch Strafen der Matador erhält... Er verkündet seine Entscheidungen wortlos, indem er ein weißes, grünes, blaues oder rotes Tuch für Sekunden über die Brüstung seiner Loge hält. Seine Entscheidungen sind selbst dann nicht anfechtbar, wenn sie gegen das Reglement verstoßen.

In der Corrida herrscht somit eine politische Ordnung, die dem Modell einer konstitutionellen Monarchie nachgebildet ist, eine Ordnung, auf die die Matadores bis heute mit zwei Ritualen verpflichtet werden. Vorgeschrieben ist sowohl der Gruß zum Präsidenten nach dem Einmarsch in die Arena als auch der *brindis*. Was heute meist mit einem Lüften der Montera und einem knappen *con su permiso*, mit Ihrer Erlaubnis, abgehakt wird, meint im Grunde die Verpflichtung des Matadors, seinen ersten Stier dem Präsidenten zu widmen. Es ist die Verpflichtung, vor aller Augen Respekt und Loyalität gegenüber dem Staat zu demonstrieren, um so die Erlaubnis zu erwirken, den Stier zu töten. Und noch heute drohen demjenigen die empfindlichsten Strafen, der die Entscheidungen der Präsidentschaft anzuzweifeln oder zu ignorieren wagt.

Der Schritt vom turbulenden Fest zum gesitteten Schauspiel ging nicht reibungslos vonstatten. Weniger willig als die Toreros, die davon profitierten, fügte sich das Volk in die neue Ordnung. Der Widerstand gegen die Rolle eines bloßen Zuschauers zeigt sich an den vielfältigen Maßnahmen, die bei der Räumung des Runds vor Beginn der Corrida Anwendung fanden: Reiter, Garden, Polizisten und Soldaten, bis zu 150 Mann bot man auf, verabreichte Prügel, verhängte Strafen, ging notfalls über Leichen. Mit drakonischen Mitteln lehrte die Obrigkeit die niederen Klassen Mores. Ein Erlaß von 1659:

**Ein Relikt aus wilderen Zeiten: die *alguacilillos*, berittene Gerichtsdiener(chen), unterstehen dem Befehl des Präsidenten. Noch heute eröffnen sie die Corrida mit der symbolischen Räumung der Kampffläche**

«In Übereinstimmung mit dem Vorgehen anläßlich verschiedener anderer Stierkämpfe verfügt Seine Majestät, daß... öffentlich bekannt gemacht werde, daß sich eine Person mit gezogenem Degen in der Arena befinden wird..., und zwecks härterem Durchgreifen sowie der Durchsetzung von Gefängnisstrafen für diejenigen, die sich eines Vergehens gegen die öffentliche Ordnung schuldig machen, in verschiedenen Teilen der Plaza Gefängnisse errichtet werden, wo man sie unmittelbar unterbringt, wie das bereits bei anderer Gelegenheit geschah...»[61]

Auf die Ränge verbannt, nahm das Volk dennoch in einer Weise am Geschehen teil, die die Obrigkeit als bedrohlich empfand. Man mischte sich ein, bejubelte oder beschimpfte die Akteure, sprang über die Absperrung, um sie zu umarmen, um sie beim nächsten Mal mit Steinen zu bewerfen; bewarf den Stier, der keine Kampflust zeigte, mit allem, was man zur Hand hatte, prügelte auf ihn ein, malträtierte ihn mit Spießen, wo man ihn erreichte, um ihn anzustacheln, forderte lauthals die Hunde, die in der Plaza bereitgehalten wurden, um solchem Toro ein ehrloses und vor allem blutiges Ende zu bereiten. Der eigene Degen, den man für alle Fälle mitbrachte, diente nicht selten als Waffe im Zwist mit dem Nächstbesten, der es sich herausnahm, anderer Meinung zu sein.

Immer waren die Zuschauer die besseren Toreros und auf jeden Fall die besseren Präsidenten. Bei jeder mißliebigen Entscheidung des staatlichen Aufsehers machte man seiner Entrüstung Luft, schmiß Hunde, Katzen, Obst und Gemüse in das Rund, respektlos, unduldsam, immer am Rand des Tumults. Nicht selten endete das Spektakel damit, daß eine der frühen hölzernen Arenen in Flammen aufging. Das Volk beharrte auf seinem Recht, schließlich waren die Toros sein Fest.

Der *pregonero*, der öffentliche Ausrufer, hatte die Aufgabe, vor jeder Corrida nicht nur das Programm, sondern auch die Verbote mitsamt den Strafen, die bei ihrer Übertretung drohten, laut vorzulesen. Die billigen Ränge antworteten mit wüsten Flüchen und Beschimpfungen. Erst als sich gegen Ende des 18. Jahrhunderts durchzusetzen begann, die Corridas auf Plakaten anzukündigen, starb dieses Ritual allmählich aus. Die Obrigkeit begnügte sich nun damit, ihre Anordnungen schriftlich kundzutun. Nicht weniger wortreich als bisher wurden da immer wieder alle nur vorstellbaren Missetaten aufgeführt, um mitunter in dem sinnigen Satz zu enden, daß «nichts getan werden darf, was nicht der guten Ordnung, der Höflichkeit und Rücksicht entspricht, wie sie einem derart zivilisierten Volk eigen sind»[62].

Sämtliche Strafen und Appelle allerdings konnten nicht verhindern, daß bisweilen schon vor dem letzten Stier, der traditionell den Aficionados als eine Art Trostpflaster überlassen wurde, im Rund das reine Chaos herrschte. So sah sich der Chronist der Madrider Corrida vom 8. Juli 1793 außerstande, den Verlauf der Lidia des zwölften und letzten Stiers zu schildern, weil im allgemeinen Getümmel, das auf der Kampffläche herrschte, die Zahl der Banderillas ebensowenig festzustellen war wie die Anzahl der Degenstöße, an denen er starb.[63]

Erst gegen Mitte des 19. Jahrhunderts fand sich das Volk in die verordnete Passivität ein, obgleich dieser Frieden labil blieb und regelmäßig von Skandalen erschüttert wurde. Grund genug für die Obrigkeit, aus den polizeilichen Überwachungsmaßnahmen einen festen Bestandteil der Corridas zu machen, Maßnahmen, die sich viel später, unter Franco, während der Betrug am Zuschauer bis dahin ungekannte Ausmaße annahm, noch einmal zu einer gespenstischen Aufrüstung der Arenen auswachsen sollten:

«Alles wird geduldet außer dem auch nur geringsten Anzeichen einer Störung der öffentlichen Ordnung. Die bewaffnete Polizei hat diesbezüglich den Befehl, um jeden Preis einzugreifen und jedweden Unruheherd im Keim zu ersticken. Im Ausgang jedes Tendidos stehen zwei Polizisten bereit, um die Anordnungen der Präsidentschaft... auszuführen oder nach eigenem Ermessen im Sinn der erteilten Instruktionen vorzugehen. In jeder Corrida gleich welcher Kategorie steht ein Trupp der Guardia Civil, mit Gewehren bewaffnet, in Bereitschaft, um im Fall eines größeren Aufruhrs einzuspringen...»[64]

**Freier Eintritt und immer auf den besten Plätzen: Die Guardia Civil tritt noch heute bei jeder Corrida in Erscheinung**

# Der Espontáneo

Zaragoza, Fiesta del Pilar, Oktober 1988. Die vierte Corrida beginnt unter düsterem Himmel, und der Anfang verspricht hauptsächlich Langeweile. Es wird wohl nicht wesentlich anders werden als an den vorhergehenden Tagen: kraftlose Stiere, die um keinen Preis vom Präsidenten gegen tauglichere ausgetauscht werden, Matadores, die ihre Kontrakte erfüllen und ihre Arbeit tun, kaum mehr. Glanz, Hingabe und Inspiration sind unter Routine und Unvermögen verschüttet. Übriggeblieben ist die fürchterliche Normalität eines Stieretötens, das keinen Sinn macht und niemandem gerecht wird. Daß sich das Fiesta-Publikum von Zaragoza zu bescheiden weiß, macht die Sache nicht erfreulicher.

Heute aber hat der Himmel ein Wörtchen mitzureden. Beim dritten Stier entladen sich die Wolken in einem gewaltigen Platzregen. Nur spannt sich diesmal kein Meer von Schirmen über den Köpfen auf. Diesmal ist Ernstfall für die *ingenería alemana*: die Kunststoffplane, von einer westdeutschen Firma rundum über den Rängen installiert, läßt keinen Tropfen durch.

Pech nur, daß die umstrittene Umrüstung auf Allwetterbetrieb erst zur Hälfte fertiggestellt ist. Noch fehlt der entscheidende, mittlere Teil. So wird auch heute der Sand naß und schwer, und obendrein ergießen sich von der Plane, zur Mitte hin abschüssig, Sturzbäche in die Arena, um im Nu tiefe Pfützen zu bilden, gerade dort, wo die Picadores sonst Position beziehen.

*Si el tiempo lo permite*, wenn es das Wetter erlaubt, hieß es früher auf den Plakaten. Jetzt jedenfalls geht nichts mehr. Ein triefend nasser Matador bringt seinen Kampf auf Strümpfen zu Ende, tötet einen nicht weniger nassen Stier auf unwegsamem Boden, danach liegt das Rund verwaist da.

Es folgte die übliche Prozedur in solchen Fällen: Die Matadores steigen zur Präsidentenloge herauf, verlangen die Suspendierung der Corrida aus Gründen ihrer Sicherheit. Ohne daß es nötig wäre, sich vom Zustand der Kampffläche noch einmal zu überzeugen, verkündet der Präsident seine Entscheidung über Lautsprecher. Die Corrida ist vorbei. Niemand schimpft oder pfeift, heute sieht das jeder ein. Und es regnet weiter.

Nur steht da plötzlich ein Stier, zögernd erst, nicht weniger verwundert als die Zuschauer. Irgend jemand hat das Toril geöffnet, und jetzt ist er genau da, wo ihn keiner haben will. Sonst stürzen sie gleich hinter den Burladeros hervor, doch heute bleibt der Toro allein, dreht erst mal eine Runde, dann noch eine, interessiert, mit erhobenem Kopf macht er sich mit der ungewohnten Umgebung vertraut. Es fällt ihm gar nicht ein, brav in seinen engen, dunklen *chiquero* zurückzutrotten.

Nichts passiert, offenbar fühlt sich niemand verantwortlich. Keiner, der dem Stier klarmachen könnte, daß das schon alles war. Und die Ochsen schlafen schon. Auf den Rängen Heiterkeit, Schadenfreude darüber, daß wenigstens dieses Mal die Veranstalter ihre Unfähigkeit selbst ausbaden müssen. Niemand hat Eile, seinen Platz zu verlassen, schließlich wird man draußen nasser als hier.

Da, jetzt, drüben, Bewegung. Ein paar entschlossene Schritte, die Stufen des Tendidos hinunter, durch und über die Leute, dann ein Sprung, schon steht er auf dem Sand. 25 mag der Mann sein, groß, breit, ein bißchen rund, so gar kein typischer Torero in seiner Jeansjacke, den schwarzen Stiefeln mit Absätzen.

Dem Stier ist das gleich, der hat ihn schon entdeckt, nimmt den Kampf ohne Zögern auf. Hastig rollt der Mann seine kleine Muleta auf, ein schäbiges Tuch, selbstgemacht, um bei irgendwelchen Dorffesten zum Einsatz zu kommen. Für Posen bleibt ihm keine Zeit. Alles hält den Atem an.

Der Stier rast auf ihn zu, senkt den Kopf, stößt mit aller Kraft ins entweichende Tuch, schon ist er vorbei, wendet scharf, noch einmal das gleiche. To-re-ro, To-re-ro, hört man jetzt die ersten Rufe, nein, er ist kein Selbstmörder. Gut macht er das, und niemand unternimmt auch nur den Versuch, ihn dabei zu stören. Dies ist allein sein Moment. Noch mal und noch mal zitiert er den Stier, dann wendet er sich ab, es ist genug. Der Stier schaut ihm nach.

Im *callejón* nehmen ihn die Herren von der Guardia Civil in Empfang. Er läßt es sich gefallen. Immer ist dies der zweite Teil des Spektakels, jeder weiß das.

Jeder weiß, daß es verboten ist, doch der *espontáneo* ist nicht totzukriegen. Immer wieder gibt es jemanden, den es nicht auf seinem Sitz hält. Plötzlich löst er sich aus der anonymen Masse, bricht mit der Ordnung, tut das, wovon alle anderen nur träumen und spielt um sein Leben, Kopf oder Zahl.

Nicht immer wartet der Espontáneo geduldig auf einen Stier, der keinen Gegner hat. Gewöhnlich taucht er mitten im Kampf irgendwo am Rand der Sandfläche auf, rennt dahin, wo der Torero sich abmüht, holt sich den Stier mit gewagten Manövern. Sein Auftritt ist Protest und Affront gegen einen Torero, den er für unfähig hält, ist Ausdruck des Mißfallens: Das kann ich schon lange!

Und nicht immer ist der Espontáneo ein Niemand. Als er noch ein solcher Niemand war, sprang El Cordobés in die Madrider Arena. Luis Miguel tat es Jahre später – er hatte sich eigentlich zur Ruhe gesetzt –, weil er nicht ertrug, wie genau dieser El Cordobés auf der Höhe des Erfolgs mit einem getürkten Stierchen seine hochdotierte Show abzog, während das jubelnde Publikum nicht sehen wollte, daß es geblendet wurde.

Der gewöhnliche Espontáneo aber ist namenlos. Er wird ausgepfiffen und bestraft, weil er stört und plötzlich Gefahr ins Rund trägt, doch er wird auch beklatscht. Er läßt den Mythos nicht gelten, der besagt, daß diese Kunst Profis verlangt, besondere Wesen. Er klagt auf jedermanns Recht, ein Held zu sein. Der Espontáneo hält eine lange Tradition lebendig.

# Kleine Geschichte der großen Namen

## Lieben und töten – ein Vorspiel

Die Nüchternheit des strategischen Konzepts, mit dem sie in den Arenen so überaus erfolgreich sind, steht in scharfem Kontrast zu allem, was man sich sonst von den ersten großen Meistern der Tauromaquia erzählt. Sie sind Stars, wie sie im Buche stehen, und unter diesen schillernden Gestalten ist Pedro Romero fast eine Ausnahme.

Zeitlebens führt er in Ronda ein ganz normales Familienleben. Während Pepe Hillo mit ausgiebigen Gelagen und allerlei Eskapaden von sich reden macht, ein Lebemann, der in den Häusern des Adels ein und aus geht, um hernach mit Ganoven und Huren zu zechen, besticht Romero allein durch seine stolze Erscheinung und seine souveräne Art des Tötens. Man sagt, am Ende seien wohl über 5000 Stiere von seiner Hand gestorben, ohne daß ihn auch nur einer davon ernsthaft verletzt hätte. Es ist die trockene Bilanz einer langen beruflichen Praxis.

Im allgemeinen geben die Geschichten der Espadas mehr her als derlei nüchterne Fakten. Vom Volk werden die Matadores als besondere Wesen umschwärmt und geachtet. Eine Aura von Romantik und Abenteuer umhüllt alles, was sie tun, sie sind im Gespräch. Mythos und Wirklichkeit schaffen Figuren, die Träume wahr machen, die für Legenden und Anekdoten taugen, für Geschichten von Erfolgen und Gefahren, von Liebe und Haß, schicksalsträchtige Geschichten, die im Bett der Königin ebensogut enden können wie im Knast oder auf den Hörnern des Toro, nur nicht im Mittelmaß. Ihr Leben liest sich wie ein Märchen, ein Fortsetzungsroman, den die Wirklichkeit schreibt. Das Leben des Tragabuches eignet sich dafür wie kein anderes.

Tragabuches war Zigeuner, der erste von vielen, die sich als Torero einen Namen machten. Wirklich berühmt wurde er allerdings nicht durch das, was er in der Arena tat. Er trat auf andere Weise an, alle Vorurteile gegenüber seiner Rasse wie gegenüber den Chulos, Majos und Matadores überhaupt zu bestätigen.

Glaubt man Cossío und Nestor Luján – und an deren Darstellungen besteht im allgemeinen kein Grund zu zweifeln –, trug sich folgendes zu: Tragabuches wurde gegen Ende des 18. Jahrhunderts unter dem bürgerlichen Namen José Ulloa in Ronda geboren. Diesen Familiennamen Ulloa hatte der Vater angenommen, nachdem Karl III. im Zuge seiner liberalen Politik der Einbürgerung und Angleichung den Zigeunern erlaubt hatte, sich einen bürgerlichen Namen nach freier Wahl zuzulegen.

Der junge Tragabuches treibt sich mit Vorliebe auf dem Schlachthof von Ronda herum, genau dort, wo Pedro Romero höchstpersönlich im Auftrag der Real Maestranza den Nachwuchs in die Künste und Kniffe des Toreo einführt. Nicht nur dem strengen Alten fällt Tragabuches bald auf. Der Mut und die erstaunliche Gewandtheit, die der Junge zeigt, lassen auf eine große Zukunft hoffen. Romero nimmt sich seiner zunächst an, wendet sich jedoch bald schon wieder von ihm ab. Der Meister, dessen Hochmut und Eigensinn gefürchtet sind, will mit dem schlauen Zigeuner, der ihm an Arroganz nicht nachsteht, nichts mehr zu tun haben. Von dieser Entscheidung vermag ihn kein Mensch abzubringen.

Tief in seinem Stolz verletzt, läßt sich Tragabuches nicht mehr auf dem Schlachthof blicken und geht seiner eigenen Wege. Mit seinen sechzehn Jahren wird er Mitglied der Cuadrilla von José Romero. Dem ist es gerade recht, wenn er dem älteren Bruder auf so einfache Weise den besten Schüler wegschnappen kann.

Unter ihm und dem dritten Bruder Gaspar Romero wird Tragabuches bald zum ersten Banderillero, durchläuft also die damals übliche Ausbildung mit Erfolg. Als Gaspar ihn schließlich zum Matador macht, bleibt er als *sobresaliente*, als zweiter Espada, in dessen Cuadrilla, bis Gaspar in Salamanca tödlich verletzt wird. Tragabuches erbt die Verträge für zahlreiche Corridas, die der jüngste der Romero-Brüder bereits in der Tasche hatte.

Obwohl diese Selbständigkeit im Grunde verfrüht kommt, erweist sich Tragabuches als würdiger Vertreter der Ronda-Schule. Im Vollbesitz seiner jugendlichen Kräfte, ist seine Technik zwar noch unvollkommen, doch sein Mut ist überragend und die Entwicklung vielversprechend.

Der persönliche Umgang mit dem jungen Mann ist dagegen nicht jedermanns Sache. Seine Zunge ist so scharf wie gefürchtet, der Geist immer hellwach, doch ohne Bedacht. Sein maßloser Stolz macht ihn schroff, unduldsam, lieber setzt er noch eins drauf, als zurückzustecken. Die feineren Sitten der Städter sind ihm fremd.

Es ist die Zeit, da der Flamenco gerade Gestalt annimmt, und sie tanzt ihn wie keine andere: La Nena. In Ronda ist sie die schönste Frau, die begehrteste, die große Verführerin. Die Männer liegen ihr zu Füßen.

Die Begegnung mit dieser Frau soll für den jungen Torero schicksalhaft sein. Luján beschreibt sie als Biest, von schlechtem Einfluß auf Tragabuches, der sie vergöttert, rettungslos ihrem Körper verfällt. Die beiden beschließen zu heiraten. Der Matador und die Tänzerin, ein Traumpaar, von allen bewundert. Die Stiere sind schon längst nicht mehr alles für ihn.

Er läßt sich auf dunkle Geschäfte ein, Schmuggel und Räubereien, ein bißchen schnelles Geld ohne Lebensgefahr, ohne die schmerzliche Ferne von der Frau. Sie, der die feinsten Häuser Rondas offenstehen, bringt die Sachen an den Mann: Majo und Maja, ein ideales Paar, Geld und Glück, ein Vorzeigepaar.

Im Jahre 1814 läßt Napoleon Ferdinand VII. auf den spanischen Thron zurückkehren. Das ganze Land jubelt. Die Befreiung von der Fremdherrschaft wird überall gefeiert.

In Málaga werden aus diesem Anlaß drei Corridas angesetzt, mit Tragabuches als zweitem Espada. Der schickt seine Sachen schon mal vor, zögert die Abreise von der geliebten Frau so lange wie möglich hinaus. Am Vorabend erst macht er sich bei Einbruch der Dunkelheit allein zu Pferd auf den Weg.

Was dann kam, muß sich etwa folgendermaßen zugetragen haben: Ein Baumstumpf wird dem nächtlichen Reiter zum Verhängnis. Das Pferd strauchelt, Tragabuches stürzt gefährlich vom Sattel, kann den linken Arm nicht mehr bewegen, der ganze Körper schmerzt. Es bleibt ihm nichts, als umzukehren. Nur mühsam hält er sich im Sattel, schleppt sich zurück mit letzter Kraft.

Endlich, spät in der Nacht zu Hause angelangt, krank und zerschlagen, ruft er wie üblich. Keine Antwort. Noch mal ruft er und noch mal, und wieder kommt keine Antwort. Da, endlich erscheint sie am Fenster, fragt erst mal, wer denn da sei. Dann kommt sie herunter, eine Kerze in der Hand. Tragabuches sieht ihr Gesicht und merkt sofort: Irgend etwas stimmt hier nicht. Ein unheimlicher Verdacht steigt in ihm hoch. Nie hatte er an ihrer Treue gezweifelt. Von jäher Wut gepackt, stürzt er die Treppe hinauf, durchsucht die Zimmer wie von Sinnen, das ganze Haus, die Winkel und Ecken, reißt alle Schränke auf, zerschmettert, was ihm in den Weg kommt. Derweil sitzt La Nena in der Ecke und weint.

Nichts findet er. Allmählich beruhigt er sich, kann wieder einen klaren Gedanken fassen. Vielleicht hat ihm am Ende seine Eifersucht doch einen Streich gespielt...

Verwirrt, entkräftet geht er in die Küche. Er hat Durst, will Wasser schöpfen aus dem großen Bottich. Da taucht ein Kopf aus dem Wasser auf, das Gesicht verzerrt in panischer Angst. Es ist das Gesicht von Pepe, dem Schlaumeierchen, der in der Kirche den Ministranten macht. Bald noch ein Kind ist der.

Was dann folgt, ist Sache eines Augenblicks. Tragabuches zieht sein Messer, öffnet es mit den Zähnen und stößt es dem Kerlchen direkt in die Kehle. Der Kopf versackt im Zuber, Blut mischt sich ins Wasser. Dann, verrückt vor Haß, stürzt er nach nebenan, wo immer noch reglos La Nena hockt. Er packt sie mit seinem gesunden rechten Arm, mit den Kräften dessen, der außer sich ist, stemmt sie hoch und stößt sie kopfüber aus dem Fenster in die dunkle Tiefe. Kein Ton mehr ist zu hören, gibt der Nachbar, der das Drama gebannt verfolgt hat, später zu Protokoll. Augenblicklich ist sie tot.

Tragabuches befällt eine tiefe, unheimliche Ruhe. Alles geschieht jetzt sehr langsam. Er nimmt sein Geld, hüllt sich in seine Capa, geht aus dem Haus, beugt sich noch einmal über sein Weib, ordnet ihr Kleid, wirft einen letzten Blick auf das Haus und verschwindet in der Dunkelheit. Seither fehlt von ihm jede Spur. In Abwesenheit wird er zum Tod verurteilt.

In jenen Jahren war Andalusien eine Hochburg der Banditen und Räuber. Jederzeit fanden sie in den unwegsamen Bergen Zuflucht, um von dort aus zu plündern, zu brandschatzen, zu morden. Meistens traf es die Reichen, die Bandoleros hatten Moral. Jeden Winkel kannten sie und waren ihrer Sache so sicher, daß sie sich nicht selten über ihre Verfolger lustig machten.

Unter diesen Banden war eine berühmt für ihre Kaltblütigkeit, gefürchtet für ihre Brutalität. *Los Siete Niños de Ecija*, die sieben Buben aus Ecija, nannte man sie. Auf ihren schnellen Pferden waren sie dermaßen beweglich, daß sie heute hier und morgen dort unvermutet auftauchten und damit den ganzen Südwesten Andalusiens in Angst und Schrecken hielten. Im Jahr 1817 nehmen ihre Überfälle neue Formen an. Sie arten in regelrechte Schlächtereien aus. Verantwortlich für das erbarmungslose Vorgehen, bei dem sich eiskalte Berechnung mit rasendem Blutdurst paart, ist, nach den wenigen Augenzeugen, die mit dem Leben davongekommen sind, ein Mann, den man bald mit stillem Entsetzen *el gitano*, den Zigeuner, nennt. Er stellt alles in den Schatten, was man bis dahin von den Bandoleros erlebt hat.

Die Bande treibt es schließlich so weit, daß sich bewaffnete Milizen und reguläre Truppen gemeinsam auf die Jagd nach ihr machen. Man geht generalstabsmäßig vor, mit mathematischer Genauigkeit. Der gewaltigen Übermacht gelingt es, die Banditen in unwegsame Winkel zurückzudrängen, aus denen es kein Entkommen mehr gibt.

Wie durch ein Wunder schaffen es einige wenige dennoch, zu entwischen. Bei der Verurteilung gibt einer der Banditen zu Protokoll, daß der Zigeuner niemand anders als Tragabuches sei. Er sagt auch, daß der Gitano genug Männer für einen ganzen Friedhof auf dem Gewissen habe. Ein anderer erzählt haarsträubende Einzelheiten von den abscheulichen Taten des Zigeuners.

Die Verfolgung geht unterdessen weiter. Es kommt zu neuen Festnahmen, doch Tragabuches kann wieder entkommen. Zusammengeschrumpft und von der Hatz demoralisiert, löst sich die Bande 1819 auf. Einige machen danach von der Amnestie Gebrauch und stellen sich den Gerichten. Tragabuches ist von diesem Gnadenerlaß ausgenommen. Niemand hat je wieder von ihm erfahren.

# Frascuelo und Lagartijo

Pedro Romero, Costillares, Pepe Hillo – ihre Ära geht in die Geschichte des Toreo als ein erstes goldenes Zeitalter ein. Ihre Kunst ist noch jung, noch im Werden, rein und unverdorben. Der *mercantilismo* bringt noch nicht die schäbigen Früchte hervor, die die Welt der Stiere später immer wieder diskreditieren sollen.

Gegen Ende des 19. Jahrhunderts, kaum hundert Jahre später, erlebt das Toreo seine nächste große Epoche. Die Techniken sind jetzt ausgefeilter, weniger grob geht es in den Arenen zu. Das Schauspiel ist perfekter, das Publikum anspruchsvoller geworden. Die Kunst der Tauromaquia blüht, und die Geschäfte laufen wie nie zuvor. Wieder spricht man von einem goldenen Zeitalter.

Rafael Molina «Lagartijo» und Salvador Sanchéz «Frascuelo» machen sich von etwa 1870 bis 1890 gegenseitig den Ruf streitig, der wahre König der Plazas zu sein. Mit wenigen Unterbrechungen bestimmt dieser Wettstreit, von Madrid ausgehend, das Geschehen in den wichtigen Arenen Spaniens. 20 Jahre lang bewegt er die Gemüter der Nation und füllt die Kassen der Empresarios. Jede größere Stadt hat jetzt ihre eigene Plaza, und immer neue kommen hinzu. Allein Lagartijo hat die Ehre, elf davon einzuweihen.

Frascuelo, als ehrgeizig und streitbar beschrieben, vertritt eine orthodoxe Auffassung des Toreo, die in der Kunst des Tötens nach wie vor die wichtigste Aufgabe des Espada sieht. Und darin ist Frascuelo ein Meister. Zuverlässig, sauber, schnörkellos, ohne sich durch Tricks

Vorteile zu verschaffen, stellt er sich dem Stier im entscheidenden Moment. Damit bewegt er sich in der Tradition, die seit Pedro Romero als Ronda-Schule gehandelt wird: streng, funktional, trocken. Er überzeugt durch unbändigen Mut und seine Kenntnis der Stiere, doch man spricht ihm die Eleganz ab.

Die ist Lagartijos Domäne. Seine Capa-Schwünge, die *verónicas* und *recortes*, die Art vor allem, wie er die Banderillas zu setzen versteht, reißen das Publikum von den Sitzen. Jung und schön wie er ist, überzeugt seine Grazie innerhalb der Plaza ebenso wie außerhalb. Später, als er sich immer häufiger an den Hörnern seiner Gegner vorbeimogelt, wird der Spruch die Runde machen, daß schon der Anblick Lagartijos beim Einmarsch in die Arena das Geld für die Eintrittskarte wert sei.

Neben solcher Anmut muß der weniger gefällige Frascuelo wie ein Bauer wirken. Der großen Masse der Zuschauer fehlt der Sinn für seine Orthodoxie, die nicht zu gefallen sucht. Sie ziehen den weltmännischen Charme Lagartijos der Bodenständigkeit Frascuelos vor. Dem soliden Handwerk zollen sie allenfalls Respekt, doch in die Eleganz verlieben sie sich.

Die Aficionados hingegen sind geteilter Meinung. Mit der Komplementarität der beiden Figuren verfügen sie über ein ideales Paar, denn jeder der beiden ist Modell und Aushängeschild einer Auffassung des Toreo, die ihn zum Kontrapunkt des anderen macht. Und in einer Zeit politischer Restauration kommt eine solch dramatische Konstellation wie gerufen, macht sie doch die ungelösten gesellschaftlichen Konflikte vergessen.

**Frascuelo**

Ein vergnügungssüchtiges Madrid gefällt sich mit kaum verhohlener Arroganz in seiner Rolle der großen Metropole des Toreo, vor deren Augen sich nun die wichtigsten Stationen dieser Geschichte abspielen. «Der maßlose Drang, das Leben zu genießen», schreibt F. Bleu über jene Zeit, «die Begeisterung und Leidenschaft für künstlerische Fragen, und, als ob es sich dabei um ein Problem von nationalem Rang handele, die endlosen Streitgespräche über die Toreros»[65] stehen in der Hauptstadt auf der Tagesordnung. «Nichts erhitzte die Gemüter so sehr wie der verworrene Streit über die Toros.»[66]

Das Toreo ist als ernsthafte Kunst etabliert, so ernsthaft, daß sich Fragen der

Weltanschauung daran entzünden, die mit gnadenloser Härte ausgefochten werden. Der Streit in den Tendidos der Plaza findet seine Fortsetzung in den *tertulias*, jenen traditionellen Gesprächsrunden, zu denen sich die Herren am Nachmittag oder Abend zusammenfinden, um das Zeitgeschehen zu erörtern.

Das Lager der Aficionados ist streng in *lagartijistas* und *frascuelistas* gespalten. Der Begriff der *incondicionales*, der bedingungslosen Anhänger, kommt auf. Während sie vor jedem Versagen ihres Helden großzügig die Augen verschließen, wird die kleinste Schwäche des Gegners genutzt, ihn für völlig untauglich zu erklären.

Die gespitzten Federn der Journalisten tun das ihre dazu, einen wahren Krieg zu entfesseln, in dem keine Seite vor Tiefschlägen zurückschreckt. Im «Boletín de Lotería y Toros», in «La Lidia», «El Toreo» und anderen Blättern, die sich allein dem Stierkampf widmen, aber auch in der Tagespresse wird die Stierkampfkritik zur Meisterschaft gebracht. Der Krieg in den Plazas setzt sich in Kolumnen und Kommentaren fort, deren Verfasser sich durch Witz und Verstand, durch genaue Beobachtung, Fachkenntnis und scharfe Polemik gegenseitig zu überbieten suchen. Ihre Produkte werden gierig verschlungen.

Der Einfluß der Journalisten ist gewaltig, denn anfänglich ist der Wettstreit kaum mehr als ein Szenario der Presse, in das die beiden Toreros unfreiwillig eingespannt werden. Die Öffentlichkeit lechzt nach Sensation und Spannung. Doch der Stolz der beiden Protagonisten läßt sie nicht lange unbeteiligt, und es kommt schließlich so weit, daß sich

**Lagartijo**

Frascuelo angesichts der immer ungerechteren Anfeindungen seitens der *lagartijistas* während mehrerer Temporadas weigert, in Madrid zu kämpfen. Damit nicht genug, ohrfeigt er eines Tages den Direktor von «El Toreo», einen seiner schärfsten Gegner, öffentlich vor dem Café Imperial, und bedroht ihn, Augenzeugenberichten zufolge, sogar mit dem Degen. Die leidenschaftliche Parteinahme reicht vom einfachen Volk bis in die Spitzen der Madrider Gesellschaft: Romero Robledo

«reichte in seinem Ministerialbüro allem, was es in Madrid an Berühmtheiten, Bekanntheiten, Verschwendern und Lebemännern gab, die Morgenschokolade. Wenn er nicht gerade abwesend war, führte kein anderer als Lagartijo selbst den Vorsitz der ministeriellen Schokolade, und man sprach von nichts anderem als von Toros und Liebesabenteuern.»[67]

Daß es bei diesem Streit um mehr geht als um die Toros und die Sympathie für den einen oder den anderen zu einer Art politischem Bekenntnis wird, liegt auch daran, daß die Toreros in diesem kleinen, schnellebigen Madrid wie nie zuvor öffentliche Personen sind. Da bleibt nichts verborgen.

«Die Affären der gerade favorisierten Toreros mit eleganten oder bedeutsamen Damen waren ständiges Thema des Tratschs. In den Tertulias, Theatern und Cafés ging die Rede von den Erfolgen des Schürzenjägers Rafael Molina... oder den prächtigen Geschenken des ‹Cara-Ancha›, die das Herz der wunderschönen ‹Miss Leona› erweichen sollten. Und bei Gelegenheit gefiel sich das betroffene Paar selbst darin, die Liaison öffentlich zu machen. Eine gewisse, bildhübsche Erscheinung adeliger Abstammung zeigte sich in der Plaza in ihrer Loge, gekleidet in der gleichen Farbe wie der Anzug, in dem Frascuelo in der Corrida glänzte.»[68]

Stierkampf ist ‹chic›, die Helden der Plaza iegen im Trend. Angesichts des Rummels um die Toros startet man den einzigen ernstzunehmenden Versuch, das Spektakel zu exportieren. Lagartijo kämpft 1889 in Paris in einer Arena, die auf dem Gelände der Weltausstellung steht. Ein paar Jahre später hat man noch hochfliegendere Pläne verwirklicht. Ein Konsortium von Gesellschaftern, darunter der Betreiber des Moulin Rouge und des Olympia, hat sich zusammengefunden und beim Bois de Boulogne eine neue Plaza für 22000 Zuschauer errichtet. Die Hoffnung auf gute Geschäfte jedoch zerschlägt sich bald. Auflagen fordern geschützte Pferde und für die Stiere Schutzkappen auf den Hörnern. ‹Echte› Stierkampfstimmung mag damit nicht so recht aufkommen. Nachdem der Bonus des Neuen, Exotischen ausgespielt ist, versiegen die Ströme von Neugierigen wieder. Man inszeniert Spektakel, die von der Corrida kaum mehr als eine Zirkusnummer übriglassen, und nach ein paar Jahren ist es mit der Attraktion vorbei.

Mit dem Gespann Frascuelo-Lagartijo kommt der Mythos Matador zu voller Entfaltung. Im Madrid des auslaufenden 19. Jahrhunderts ist der Töter von jener Arena umgeben, die ihn zum romantischen Helden in einer modernen Welt macht. Die neue Macht von Presse und Propaganda ist dafür ebenso die Voraussetzung wie das politische Klima der Restauration.

Doch auch in der Arena selbst geschieht Entscheidendes. Lagartijos Erfolg beruht auf mehr als auf bloßem Können. Was ihn unverwechselbar macht, was er in der Konfrontation mit dem Stier ‹ausdrückt›, zieht die Zuschauer unwiderstehlich in den Bann. Es ist etwas, das so persönlich wie unaussprechlich ist: der Stil. Genau dessen besondere Note erhebt ihn in den Augen seiner Anhänger über die trockene Orthodoxie Frascuelos, die dagegen tumb wirkt. Und gegen Ende seiner Karriere wird zum erstenmal die stilistische Eleganz wichtiger als die treue Befolgung der Regeln. Von Lagartijos Persönlichkeit, seinem ästhetischen Konzept des Toreo läßt sich ein beträchtlicher Teil des Publikums auch dann noch gefangennehmen, wenn er die Grundregeln der Kunst mißachtet.

Der Streit zwischen Lagartijo und Frascuelo ist aufgebaucht, bisweilen grotesk, doch im Kern geht es dabei um eine Grundsatzfrage. Der hitzige Zank entsteht in dem richtigen Vorgefühl, daß von der Beantwortung dieser Frage abhängt, in welche Richtung sich die Stierkampfkunst entwickeln wird: ob sie eine Kunst des Tötens bleiben oder dazu übergehen wird, mehr und mehr auf ihr ästhetisches Potential zu vertrauen.

Frascuelo war nicht nur der bessere Töter. Auch als Torero, als Profi, war er absolut integer. Nie ruhte er sich auf seinen Lorbeeren aus, während sich das Publikum von Lagartijo spätestens bei dessen groß angekündigten Abschiedskämpfen schlicht betrogen sah. Nur unter Polizeischutz gelang es ihm, nach seinen miserablen Auftritten die Arena zu verlassen. Schon vorher hatte er sich den Vorwurf eingehandelt, er suche sich seine Aufgabe mit handlicheren Stieren zu vereinfachen.

Etwas anderes jedoch sorgte während der letzten Jahre Lagartijos für viel heftigere Auseinandersetzungen unter den Kennern: der *paso atrás*, jener berühmte Schritt nach hinten, mit dem er immer häufiger den Todesstoß einleitete. Was er als Ausschmückung, als stilistisches Mittel zu verkaufen suchte, war nichts als ein Trick. Vermieden wurde so der *rectitud*, die geforderte Geradlinigkeit (und Aufrichtigkeit) im entscheidenden letzten Moment der Lidia.

Der Streit um dieses Detail war alles andere als ein Zeichen von Kleinlichkeit. Jedem war klar, daß mit der stillschweigenden Duldung des *paso atrás* der Anwendung von vereinfachenden Tricks Tür und Tor geöffnet würde. Ließ man unwidersprochen, was dem *Augenblick der Wahrheit* seine Wahrheit nahm, würde das Beispiel Schule machen – was dann auch geschah.

Als Illustration für die Schärfe der Polemik um den *paso atrás* führt Cossío einen kleinen Reim an, der sinngemäß folgendermaßen lautet:

«Rafael hat eine Art zu verwunden entdeckt, die niemand versteht und die nicht leicht zu definieren ist. Wenn der Stier in der richtigen Position zum Töten steht, profiliert er nicht (wie es die Regel will), und geht nicht gerade hinein (wie es die Regel will), und dennoch ist da dieser ‹Chic›, mit dem er den Degen hoch oben einführt. Ein Olé für die Matadores, die sich von ihrer Aufgabe befreien, ohne sich zu blamieren! Heben Sie mir das Rezept auf, das will ich gern haben!»[69]

Ein Heer von *incondicionales* hielt Lagartijo dennoch bis zu seinem Rücktritt die Stange. Lieber nahmen sie eine Verfälschung in Kauf, als auf die Anmut seiner Erscheinung, die Eleganz seiner Gesten ganz zu verzichten. Ihn und keinen anderen wollten sie sehen.

Damit ging eine ganze Ära des Toreo zu Ende, während der der Stier und seine besonderen Qualitäten im Mittelpunkt des Interesses gestanden hatten. Hauptfigur war jetzt der Espada. Seinetwegen kamen die Leute, und sie wollten mehr von ihm sehen als nur den guten Töter.

Seit Lagartijo reichen Mut und solides Können allein nicht mehr aus, um einen wirklich großen Stierkämpfer zu machen. Anmut, Schönheit der Gesten, die Fähigkeit, im Zuschauer eine subtilere, weichere Emotion als Spannung und Schreck zu erzeugen, sind die neuen Kriterien, die im Toreo immer wichtiger werden. Erwacht ist ein verfeinerter Sinn, der im Gezänk jener Zeit völlig deplaziert scheint und noch heute jedem Fremden absurd vorkommen muß, der eine Corrida besucht. Das hartgesottene Völkchen der Aficionados, allen voran die älteren Männer mit ihren derben Gesichtern, die noch eben unfähig schienen, das geringste Mitgefühl zu verspüren, als sie wild gestikulierend irgendwelche Meinungen zum besten gaben – sie alle werden weich, wenn der Matador den Tod des Stiers mit Grazie zu zelebrieren versteht, genießen den bewegenden Moment als unverhofftes, seltenes Glück. Sie alle verlangen neben Regeltreue vor allem jene Authentizität des Gefühls, für die sie einen haarscharfen Spürsinn haben und die sie aller professionellen Perfektion vorziehen. Plötzlich lassen sie sich von der emotionalen Tiefe, der Hingabe ergreifen, die in den Manövern spürbar ist, und sind erst zufrieden, wenn ihnen Tränen der Rührung kommen.

## Belmonte

Belmonte, das Genie, Belmonte, der große Revolutionär. Belmonte, heißt es, setzte ganz neue Maßstäbe in den Arenen. Er machte Geschichte. Alles Toreo nach ihm war erst mal *belmontismo*.

Er stammte aus Triana, jenem Teil Sevillas, in dem das Toreo und der Flamenco miteinander verschmolzen. Mythos Triana – im Zigeunerviertel auf der anderen Seite des Guadalquivir schlug das Herz einer Welt, das wahre Herz Andalusiens.

Belmonte ist kein Zigeuner. Und er ist das gerade Gegenteil des schönen Torero, der für romantische Passionen taugt. Er ist klein, häßlich, ohne natürliche Grazie. Cossío spricht von einer unglücklichen und wenig anmutigen Erscheinung, von «völlig unzureichenden körperlichen Fähigkeiten, nie überwunden aufgrund einer leichtfertigen Lebensweise, und ganz und gar nicht zur Ausübung des Toreo geeignet».[70] Doch Belmonte besitzt Mut und den eisernen Willen hochzukommen. Im Toreo sieht er seine Chance.

Notgedrungen geht er den harten Weg. Die Schule der Capeas und all der billigen Spektakel. Die Hauptsache, es gibt da einen Stier. Es bleibt ihm nichts anderes, niemand hilft so einem. Niemand glaubt an ihn.

Doch etwas an dieser kümmerlichen, ungelenken Figur erregt bald die Aufmerksamkeit. Die Kränklichkeit hat ihren eigenen Reiz. Unfähig zu den glänzenden Posen, die man gewohnt ist, erhebt Belmonte seine Unzulänglichkeit zum Stil. Wie er die Arme hängen läßt, ist unnachahmlich. Als ob die Melancholie in Person sich mit dem Stier einlassen wolle. Es ist ungewöhnlich, fremd, und das macht ihn interessant. Diese Pathetik eines Schwindsüchtigen sticht mehr ins Auge als der offenkundige Mangel an *maestría*, den Belmonte mit allen Anfängern teilt.

Er forciert diesen Eindruck. Vor allem, er geht nah an den Stier. Näher, als es die Regeln erlauben. Näher, als es bis dahin möglich schien. Damit handelt er sich den Vorwurf mancher Kritiker ein, er breche nicht nur mit den Gesetzen der Ästhetik, sondern auch mit denen der Tauromaquia. Doch Belmonte läßt sich nicht beirren.

Schon von Paquiro hatte man anfangs gesagt, er ließe sich von den Stieren erwischen: *siempre tropezado de los toros*. Man warf ihm Unwissenheit vor, blinde

Tollkühnheit und die Unkenntnis der *terrenos*. Er hielt sich nicht an jene essentielle Grenze, die das Rund in zwei Herrschaftsgebiete unterteilte: das des Stiers und das des Toreros. Die Grenzüberschreitung bezahlte er mit Hornverletzungen. Die wurden erst später seltener. Nach ihm kämpfte man näher am Stier.

Mit Lagartijo verhielt es sich nicht anders, *los toros le tropiezan con frecuencia*, die Stiere kriegen ihn oft. Wie er später selbst sagt, verbrachte er in seinen ersten Jahren mehr Zeit in der Luft als auf dem Boden. Als ihm der Ruhm sicher ist, zieht es Lagartijo vor, sich mit dem *paso atrás* aus dem Zentrum zu schleichen. Es ist ihm zu heiß. Irgendwann hat man genug von den Hörnern im Leib.

**Belmonte bei einem *pase de pecho***

Auf in den Kampf, Torero:
Joselito (links) und Belmonte

Das Gebiet des Stiers ist neues Gebiet, umstrittenes Gebiet. Keiner kennt sich da wirklich aus. Doch entscheidet sich hier, wer die Macht hat im Rund, wer die Initiative behält, wer von beiden wen kontrolliert, Mann oder Stier.

Auch Belmonte betritt dieses Zentrum. Mehr noch, er macht es zum Ausgangspunkt seines seltsamen Stils. Eigentlich kann es nicht gehen. Auch ihn erwischt es wieder und wieder. Cossío weigert sich schlicht, die *volteretas* und *cogidas* aufzuzählen, es sind zu viele. Wer Belmonte erleben will, heißt es, müsse sich beeilen.

Doch was diese Figur da macht, weckt Emotionen. Nicht Schrecken und Angst, nicht diese billige Tour fährt er. Etwas ganz anderes geschieht: Er zelebriert die Verschmelzung, die Vereinigung von Mensch und Stier, tödlich, zärtlich, ergreifend. Etwas ganz Neues findet statt.

Dieses Neuartige verdankt sich nicht allein der Nähe zum Stier. Belmonte ist vor allem ein Meister des *temple*, jener Macht, das Angriffstempo des Stiers zu mäßigen, fast zu beherrschen. Nur so entstehen im Augenblick des Zusammentreffens jene Figuren von plastischer Schönheit, die seitdem das Ideal im Toreo sind.

Belmonte vollendet die Entwicklung vom reinen Stierkampf zu einer Kunst, die die Unterwerfung als ästhetischen Prozeß inszeniert. Sein Toreo ist sublimer als alles Vorhergehende, ein Toreo der feinen Sinne, rein, fast körperlos. Stierkampf als *ejercicio éspiritual*, als geistige Übung. Belmonte selbst sagt: «Man muß seinen Körper vergessen.» Es ist ein Toreo für die *gente culta* unter den Aficionados, die Künstler und Intellektuellen, die Belmonte zum Genie, Toreo zum Mysterium verklären.

Jeder spürt dieses andere, doch keiner weiß es genau zu bestimmen. Es fehlen die Worte dafür. Belmonte kommentiert lapidar: *se torea como se es*, man kämpft, wie man ist. Die Interpretation des klassischen Repertoires, das er allmählich beherrscht, ist für ihn ein Medium des persönlichen Ausdrucks. Belmonte – das ist eine neue Philosophie des Toreo.

Die es klassischer, handfester mögen, bleiben skeptisch. Sie sehen die andere Seite: daß die Stiere harmloser geworden sind, nur deshalb diese Nähe, dieses Maß an Beherrschung möglich ist; und daß der Ablauf der Lidia vernachlässigt wird, weil Belmonte nur dort selbst erscheint, wo er glänzen kann. Sie beschwören die guten alten Zeiten, damals, als die Stiere noch wirkliche Stiere waren...

Unter den Aficionados geht die Angst um, daß der Kampf mit der reinen Kunst zum harmlosen Tänzchen verkommt. Sie wollen einen Belmonte mit richtigen Stieren, und viele halten es mit seinem Gegenüber, Joselito. Stilistisch rein, elegant, ein schönes, ein Wunderkind, jüngster Sproß einer ganzen Dynastie von Toreros, scheint ihm die *maestría* in die Wiege gelegt. Der nimmt es mit jedem Stier auf. Er ist Zigeuner, doch ein sehr ‹weißer› Zigeuner, angetreten, die Rede von den unberechenbaren *gitanos* Tag für Tag in der Plaza zu widerlegen.

Von 1913 bis 1920 dreht sich alles um dieses ungleiche Paar, das wie Licht und Schatten ist und sich doch gegenseitig befruchtet. Wieder ein goldenes Zeitalter, und wieder volle Kassen.

Das Ende kommt wie ein Schlag aus heiterem Himmel. Joselito, dem alles mühelos gelang, so mühelos, daß er unverletzbar schien, stirbt am 16. Mai 1920 in Talavera de la Reina durch die Hörner eines Stiers aus der berühmten Zucht des Don Eduardo Miura.

Belmonte macht dennoch weiter. Erst kurz vor dem Bürgerkrieg zieht er sich endgültig aus den Arenen zurück. 1962 setzt er seinem Leben selbst ein Ende.

# Die Namenlosen

Ich schreibe eine unvollständige Geschichte, voller Sprünge und Lücken. Selbst für eine Geschichte der großen Namen bleiben zu viele ungenannt. Ich glätte, vereinfache, verzerre, lasse aus, um einen Bogen zu spannen, um nur das Wichtigste zu sagen. Ich versuche, Wendepunkte zu markieren, wenigstens eine Idee davon zu vermitteln, wie das, was heute ist, zustande kam.

**Der Arenadiener**

Ich erzähle von Juan Belmonte und erwähne Joselito nur am Rande, obwohl das Phänomen Belmonte erst im Kontrast mit dieser strahlenden Erscheinung richtig zur Geltung kam. Für viele Aficionados war und blieb Joselito der große Meister dieses Jahrhunderts. Nicht ohne Grund war sein Todestag in der Welt der Toros jahrzehntelang ein Tag der Trauer und des Gedenkens.

Ich übergehe Fernando «El Gallo», Joselitos Vater, und seinen Bruder Rafael, übergehe Ignacio Sanchéz Mejías, Domingo Ortega, Marcial Lalanda, Cagancho, El Niño de la Palma, Chicuelo, die Großen aus «Don Ernesto» Hemingways erster Zeit. Ganze Clans von Toreros verschweige ich, Söhne, Väter, Onkel und Enkel, die Geschichte machten oder darin untergingen.

Ich erzähle von Lagartijo und Frascuelo und widme Bombita, Guerrita, El Espartero, El Tato, Mazzantini, dem alten Cayetano Sanz keine Zeile. Kein Wort auch über die Unzähligen, die dem großen Vergessen anheimfielen, die aufgaben, bevor sie *figuras* werden konnten, oder verletzt wurden oder starben; die Banderilleros blieben, *mozos de espada*, Degenträger, Arenadiener oder einfach Aficionados, nur um weiter an dieser Welt teilzuhaben, die sich nicht von ihnen hatte erobern lassen.

Tausend Seiten füllt Cassío in seiner großen Enzyklopädie des Tereos schon in den dreißiger Jahren mit den Namen der Toreos. Fast allen blieb der große Erfolg versagt. Lokale Helden, Eintagsfliegen, bescheidene Kämpfer der zweiten und dritten Garnitur – ihre Namen stehen für zerbrochene Träume vom Ruhm, zerbrochene Hoffnungen aber auch der Eltern, Frauen, Brüder und Schwestern und Kinder, die an ein Ende der Armut glauben wollten oder mußten, wider der Vernunft, wider besseres Wissen und immer in Angst.

**Plaza de Toros von
Carratraca (Malaga)**

Sie alle strandeten, weil keiner da war, der sie entdeckte und groß herausbrachte; weil ihnen der richtige Stier nicht am richtigen Tag über den Weg lief; weil der Mut sie verließ oder das nötige Maß an Selbstüberschätzung, das unentbehrlich ist, will man allen Hindernissen und den Stieren zum Trotz an sich glauben; weil der Hunger sie zur Räson brachte oder weil sie in ihre Zeit nicht paßten, überholt war, was sie taten, oder zu weit voraus; weil ihnen das Glück fehlte oder das gewisse Etwas, man weiß es nicht.

Und doch: Ohne sie alle wäre diese Geschichte nicht, wären kein Paquiro, kein Lagartijo, kein Belmonte gewesen.

**Plaza de Toros von Segura de la Sierra (Jaen)**

Vergessene Orte: Nur in den großen Städten hat man Glanz und Pracht der Fiesta auch architektonisch unterstrichen. Auf dem Land hingegen ist die Plaza de toros fast überall der stillste Fleck im Ort. Abseits der Betriebsamkeit steht sie da, Wind und Wetter ausgesetzt, unbeachtet. Nur einmal im Jahr, zur Fiesta, erwacht sie zu kurzem Leben, wird Schauplatz eines billigen Stierkampfs. An manchen Orten bleibt es in der Plaza hier still. Die Toros sind nicht mehr angesagt. Die Jungen spielen Fußball und nicht mehr Stier und Torero, die Älteren schauen fern.

## Die Zäsur 1936 – 1939: Bürgerkrieg

1935 zieht sich Belmonte vom Toreo zurück. Im Jahr darauf bricht der Bürgerkrieg los. 1939, als die Waffen wieder schweigen und diktatorische Ruhe einkehrt, ist alles anders. Auch in der Geschichte des Stierkampfs markiert der Bürgerkrieg einen Einschnitt, dessen Folgen bis heute spürbar sind.

Beiderseits der Fronten finden nach Kriegsbeginn zunächst weiterhin Stierkämpfe statt. Keine Seite läßt es sich nehmen, die Toros vor den eigenen Karren zu spannen, und die Toreros machen mit. Wie die einen jetzt nach dem Einmarsch in die Arena revolutionäre Lieder singen, erklingt andernorts zur gleichen Zeit das «Cara al Sol» der Faschisten. Toreros grüßen hier mit erhobener Faust, dort mit durchgestrecktem Arm zur Loge des Präsidenten. Die Fiesta im Kriegsdienst. Die Erlöse fließen Benefiz-Zwecken zu, hier der «Roten Hilfe», dort der «Winterhilfe». Warme Mahlzeiten für die Kinder, Decken für die Soldaten, an allem fehlt es.

Solange es Stiere gibt, hat das auf den Kampf keinen Einfluß. Und viele Toreros interessiert es offenbar nur begrenzt, wo sie auftreten. Sie wollen kämpfen, haben nichts anderes gelernt, wollen überleben. Als Torero schlägt man so schnell keine Chance aus.

Natürlich gilt solche Indifferenz nicht für alle Aktiven. Gerade unter den *peones*, dem Fußvolk, den schlechtbezahlten Helfern der Matadores, gibt es viel Freunde der republikanischen Sache. Der Matador Marcial Lalanda dagegen gehört fest ins Lager der Rechten, seit gleich zu Anfang des Krieges sein Vater und sechs weitere nahe Verwandte von republikanischen Milizen erschossen wurden. Öffentlich zeigt er sich im blauen Hemd der Falangisten und unterstützt nach Kräften die Sache Francos.

Kaum einem gelingt es, sich ganz aus dem Krieg herauszuhalten. Freiwillig die einen, unfreiwillig die anderen, reihen sich die meisten Toreros in die Kampfverbände ein. Sie tun ihren Dienst, sterben durch die Kugeln des Gegners, nicht anders als die anderen.

Manche versuchen, mit Kontrakten in Südamerika dem Desaster zu entkommen. Die meisten Espadas aber finden sich über kurz oder lang im nationalistischen Lager ein. Mit Hilfe wirklicher oder fingierter Verträge erlangen sie die Ausreisegenehmigung aus der Republik in Richtung Südfrankreich, wo ihre Künste gefragt sind und gut bezahlt werden, um von dort auf die francistische Seite überzuwechseln. Der Verlauf des Krieges beschert ihnen dort die besseren Arbeitsbedingungen. Solcher Frontenwechsel bestärkt natürlich diejenigen, die ihnen die Verbrüderung mit den Faschisten und Verrat vorwerfen.

Die Republikaner tun sich nicht leicht mit der Welt der Stiere, das Verhältnis ist von vornherein gespannt. Laut wird über Sinn und Unsinn der Fiesta nachgedacht, und zu den ideologischen Vorbehalten gesellen sich Fragen der Macht, der wirtschaftlichen Interessen, die die Sache komplizieren. Nicht nur die Empresarios, die sich weiterhin unbehelligt den Gewinn in die Taschen stecken wollen, stehen in der Regel rechts. Auch unter den Matadores, die an hierarchische Verhältnisse gewöhnt sind und freundschaftliche Beziehungen zu den

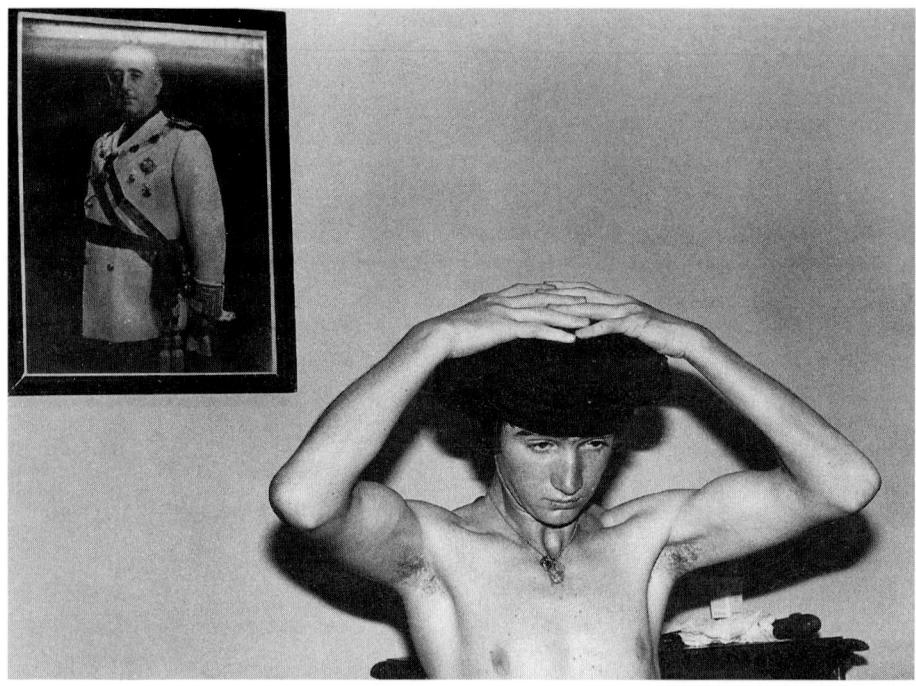

*ganaderos*, den Stierzüchtern, pflegen, halten es die meisten mit der alten Ordnung und einem Staat, der die Fiesta vor Diskreditierung und Anfeindungen schützt. Vor allem aber die Stierzüchter, beim Volk als Großgrundbesitzer verhaßt, sehen in der Republik nur eine Gefahr. Sie fürchten vor allem die geforderte Landreform.

Im republikanischen Teil Spaniens gehören sie zu den ersten, die die Welle der Landbesetzungen trifft. Doch mit der Enteignung allein ist es oft nicht getan. Jahrhunderte der Ausbeutung und Erniedrigung sind damit nicht abgegolten. So ist ihr Leben in Gefahr, wenn sie nicht beizeiten flüchten. Ganze Familien enden im Kugelhagel, die Stiere in den Kochtöpfen des hungrigen Volkes.

Daß die Frente Popular die Geschäfte der vertriebenen Herren weiterführt, bleibt die Ausnahme. Kriegszeiten bedeuten Not, und da ist die Kampfstierzucht bald ein Luxus, den die Verhältnisse nicht mehr erlauben.

In Zentralspanien hatten die *ganaderos* einen Kompromiß vorgeschlagen. Angesichts der widrigen politischen Verhältnisse und des allgemeinen Hungers sahen sie ein, daß sie den Verlust ihrer Herden ohnehin nicht verhindern konnten. Doch sie wollten wenigstens das Überleben des *toro de lidia* als Rasse sichern und schlugen vor, jeweils einige Zuchtbullen und -kühe zu verschonen, um damit nach dem Krieg die Herden wieder aufbauen zu können. Die Leute aber hatten andere Sorgen als die gestürzten Herren, die um ihr Lieblingsspielzeug fürchteten. Am Ende des Krieges schätzt man die Zahl der Stiere, die allein in Zentralspanien von den Weiden direkt in die Fleischtöpfe wanderten, auf über 12 000.

In der republikanischen Zone werden die Corridas schon bald nach Ausbruch des Krieges selten. Wo es nur noch ums bloße Überleben geht, bleibt für die Fiesta kaum noch Platz. Selbst die Arenen sind umfunktioniert: In Albacete dient die Plaza den Internationalen Brigaden als Quartier, an anderen Orten als Materiallager und Werkstätten. Die gegnerische Seite allerdings weiß die Architektur der Plazas auf ganz besondere Art zu nutzen. In Cádiz und Badajóz z. B. scheut man nicht davor zurück, an die Tradition des Tötens durch organisierten Massenmord anzuknüpfen: Hinter den hohen Mauern werden Tausende von Republikanern, Anarchisten und Kommunisten hingerichtet.

Der für die nationalistische Seite günstige Kriegsverlauf kommt dort auch bald den Toreros zugute. Die Zahl der Stierfeste steigt. Die Großgrundbesitzer, auf ihre Fincas zurückgekehrt und in ihre angestammten Rechte und Privilegien wiedereingesetzt, wissen ihren Besitz geschützt und zeigen sich erkenntlich, indem sie die verbliebenen Stiere bereitwillig für die patriotischen Corridas hergeben. Schon 1937, im zweiten Jahr des Krieges, zählt man hier 64 Stierkämpfe, auf republikanischem Terrain dagegen nur noch acht.

Natürlich finden diese Feste auf beiden Seiten unter Bedingungen statt, die der Krieg diktiert. Mitunter schlagen Maschinengewehrsalven so dicht bei der Arena ein, daß die Corrida nach dem dritten Stier abgebrochen werden muß: *suspensión por bombardeo*. Überall fehlt es an Stieren, und denen, die man auftreiben kann, geht der Hunger ebenso an die Substanz wie den Menschen.

Alvaro Domecq y Díez, Stierzüchter und Rejoneador, mit Rafael Gómez «El Gallo» und Belmonte in der Arena von Ronda, 1957

Badajóz. Die Arena, unter Franco eine faschistische Folterstätte

So muß sich das Publikum mit zu jungen oder überalterten Stieren begnügen, die vor dem Krieg in keiner Plaza geduldet worden wären, mit entkräfteten Tieren, die den rechten Glanz der Fiesta nicht aufkommen lassen. Dennoch: Im Krieg ist jede Abwechslung willkommen, und selbst zur Völkerverständigung auf Siegermanier taugen die Toros plötzlich:

«Unter dem begeistertem Beifall seiner Kameraden und dem Gelächter der übrigen Zuschauer bekämpfte und tötete Willy Rau, ein Deutscher der Legion Condor, auf seine Weise zwei Jungstiere am Ende eines Festes, bei dem es ein wenig wie im Zirkus zuging.»[71]

Nach 1939 wird der Stierkampf zielstrebig ins Propagandainstrumentarium der Diktatur integriert, und Franco selbst gefällt sich zeitlebens in der Rolle des obersten Aficionado, der die Akteure mit seinen Kenntnissen des Toreo und großzügigen Geschenken überrascht. Unter seiner Schirmherrschaft fühlt sich die Welt der Stiere vor Diskreditierung geschützt. Sie dankt es mit Loyalität.

Doch Franco mißt bei den Toros mit zweierlei Maß. Während er die traditionellen ländlichen Feste mit allen Mitteln unterdrücken läßt, gewährt er den kommerziellen Kämpfen jede Freiheit. Seine Gunst gilt der Fiesta als zukünftigem Spektakel, geeignet, Stolz und Größe des spanischen Reiches angemessen zu repräsentieren. Am 20. Oktober 1940 organisiert man in der Hauptstadt eine Corrida

«zu Ehren des Chefs der deutschen SS, Heinrich Himmler, der gerade in Madrid angekommen war, um die letzten Vorbereitungen für die Begegnung von Franco und Hitler in Hendaya zu treffen. Es ist eine Ehrung für den, der sich als Chef der bewaffneten deutschen Polizei vorstellt, …als Repräsentant der großen befreundeten Nation, die so viel zum Sieg des Caudillo beigetragen hatte, und die Madrider begrüßen ihn mit Beifall, als er in der Loge des Staatschefs erscheint. Es ist ein kalter und grauer Nachmittag, und der hohe Nazi-Chef, der einen grauen Uniformmantel trägt, grüßt Publikum und Toreros militärisch…

Doch gerade als der dritte Stier aus der Arena geschleift wird, entladen sich die Wolken mit einem gewaltigen Platzregen. Enttäuschte Hoffnungen, genau wie die von Himmler enttäuscht werden sollten, der in diesem Augenblick, drei Tage vor dem Treffen der Staatschefs, nicht vermuten konnte, daß Franco… das Meisterstück seines Lebens vollbringen würde, indem er Spanien den schwarzen Stier des Weltkriegs ersparte, in den ihn Hitler mit Ungeduld hineinzutreiben versuchte».[72]

Die Mehrzahl der Toreros fügte sich bereitwillig in die Instrumentalisierung des Stierkampfs für die vaterländisch-faschistische Propaganda:

«Als Zeichen des Respekts grüßen die Matadores mit gestrecktem Arm zur Präsidentschaft…, anstatt die Hand zur Stirn, über die Kappe zu führen, eine Gewohnheit, die, dann schon ungewollt und ohne Absicht, den Francismus überdauern sollte».[73]

# Manolete

Seine eigentliche Karriere beginnt mitten im Krieg. Er kämpft als Soldat in Francos Truppen. Er ist ein guter Soldat. Und er hat das Glück, einen Aficionado zum Vorgesetzten zu haben. Der glaubt an die Qualitäten des jungen Mannes, fördert ihn, verhilft ihm zu Kämpfen, räumt Hindernisse aus dem Weg, tut, was in seiner Macht steht.

Schon bei Kriegsende ist Manolete ein gemachter Mann, ganz oben in der Welt des Toreo. Er hat Manieren, Mut, einen eigenen Stil, vor allem aber jene besondere Ausstrahlung, ohne die es keine Stars gibt. Und er paßt ideologisch ins Konzept.

Den neuen Herren kommt ein solcher Mann wie gerufen, denn wenn es schon kein Brot gibt, soll das Volk wenigstens seine Toros haben, auf daß die Tragik der Fiesta die wirkliche Tragödie vergessen macht… Manolete ist der Mann der Stunde. Die strenge Eleganz seiner Gesten, die Souveränität seiner Erscheinung – hier findet der Zuschauer etwas von der alten Größe und dem Stolz, die der Krieg tief erschüttert hat.

Mit den Stieren tut er Dinge, die zuvor keiner gewagt hat. Nicht einmal Belmonte ging so weit. Die Distanzen sind jetzt noch geringer, das Tempo der Manöver reduziert sich, um bisweilen den Nullpunkt zu erreichen, wo mit der Bewegung auch die Zeit stehenzubleiben scheint: *el parón*. Wenn er sich, nur Zentimeter entfernt, vor den Hörnern postiert, verschlägt es den Zuschauern den Atem. Die Wirkung ist gewaltig, doch diese Nähe zu den Stieren sieht gefährlicher aus, als sie ist.

Weil seine Lehrzeit in die Kriegszeit fiel, hat Manolete aus der Not eine Tugend gemacht und einen Stil entwickelt, der genau auf diesen neuen Typus von Stier zugeschnitten ist. Von den Nachkriegsstieren erzählt Juan Posada:

«Die, die 1940 aufgeboten wurden, waren 1936 zur Welt gekommen (sie kamen damals dreijährig in den Kampf). Man sah ihnen die mangelhafte Ernährung an, die ihre Mütter erlitten hatten, denn sie unterschieden sich in Gestalt, Gewicht und Behornung reichlich von den Stieren früherer Jahre. Infolgedessen machte die Kunst des Toreo, angeglichen an die deutliche Verringerung des Risikos, eine derart tiefe und negative Wandlung durch, daß es für einige Zeit so aussah, als ob es damit zu Ende sei...

Das Volk, verängstigt von den Schrecken des Bruderkrieges, der Hunger und Verzweiflung in viele Häuser trug, wollte nichts als den Frieden... genießen. Die Corridas, blutig, hart, fast unmenschlich in früheren Zeiten, änderten ihr Vorzeichen: Risiko und Emotion wurden zu Ästhetik und Unterhaltung...»[74]

Melancholie spricht aus seinen Augen...

Unterhaltend ist Manolete nicht. Doch was für manche ein Manko sein mag, hebt ihn unter den übrigen Toreros hervor. Die Melancholie spricht aus seinen Augen, er legt eine stoische Ruhe an den Tag, würdig, bescheiden. Er tötet gut, und vor allem scheint er den Stier vollkommen zu beherrschen, so mühelos, daß aus der Hauptfigur des Kampfes ein Accessoire zu werden scheint, nur dazu da, den *estilismo* Manoletes zu schmücken.

Für diesen *estilismo* stellen richtige Stiere nur ein Hindernis dar, und als sie wieder besser im Futter liegen, geht man immer häufiger daran, ihre Gefährlichkeit gewaltsam zu reduzieren. Man sägt die Hornspitzen ab und kaschiert den Betrug anschließend mit Feile, Schmirgelpapier und Öl. Man gibt dieser brutalen Prozedur einen Namen: *afeitado*, rasiert. Und das *afeitado* wird zum alltäglichen Geschäft derjenigen, die in der Welt der Stiere verdienen wollen.

Manoletes Ruhm tut das kaum Abbruch. Die Massen vergöttern ihn, und selbst die Aficionados schätzen das *Monstrum aus Córdoba* für seine Art, das Toreo als geläuterten Augenschmaus zu zelebrieren. Später lassen sich selbst seine Kritiker bekehren: Erfahrener und auf der Höhe des Ruhms zeigt er allen, daß er auch größere, stärkere Stiere nicht scheuen muß.

Als Manolete 1947 von einem – rasierten – Miura-Stier getötet wird, ist das ganze Land erschüttert, man spricht von einer ‹nationalen Katastrophe›.

Nicht nur der Ruhm soll Manolete überdauern. Die ihn mehr schlecht als recht zu kopieren suchen, bleiben beim neuen Typus Stier. Was vor dem Krieg unmöglich war und zu heftigen Protesten geführt hatte, ist in den vierziger und fünfziger Jahren zum Normalfall geworden, an den der Krieg das Publikum gewöhnt hat: der *medio toro*, jene halbe Portion Stier, die bequemer für die Toreros, billiger für die Züchter und dazu noch einträglich für die Veranstalter ist. Sie alle tun ihr Bestes, damit die Zuschauer sich auch weiterhin mit dem neuen Produkt begnügen.

Daß es in den Arenen immer weniger mit rechten Dingen zugeht, ist bald jedermann klar, doch die verantwortlichen Behörden stellen sich weitgehend blind. Erst als es immer wieder zu tumultartigen Szenen in den Plazas kommt, weil Jugend und Behornung der Stierchen die Lidia zur Farce machen, sieht sich die Obrigkeit zum Eingreifen gezwungen. Sie tut es halbherzig, und die Geldstrafen, mit denen die Verantwortlichen belegt werden – 1951 immerhin 431 000 Peseten – können den Zug nicht mehr aufhalten. Und es soll sogar noch viel ärger kommen.

# El Cordobés

El Cordobés – das ist die herzzerreißende Legende vom Habenichts, der sich zum Millionär und Liebling der Massen hochkämpft: der Torero als Gallionsfigur des sozialen Aufstiegs. Der Traum von einem besseren Leben, den die Spanier nach zwei Jahrzehnten des Hungerns und Darbens träumen – er macht ihn wahr.

Ende der fünfziger Jahre kündigt sich in Spanien eine Wende an. Die wirtschaftliche Lage bessert sich deutlich. Francos Diktatur erhält allmählich die internationale Anerkennung, die ihr lange versagt worden war. Als sich dann der Caudillo 1959 den Auflagen der Weltbank beugt, ist der Bann gebrochen. Gierig machen sich die internationalen Konzerne über den neuen Markt her, und die Touristen stürmen, von der lästigen Visumpflicht befreit, die Strände.

Mit den neuen Waren, über das Fernsehen, im Schlepptau der Fremden gelangen die Verheißungen von Wohlstand und Fortschritt bis in den hintersten Winkel der iberischen Halbinsel. Für ein Land, das jahrzehntelang in einem künstlichen Dornröschenschlaf gehalten wurde, indem man das Leben zwischen Tradition, kirchlicher Moral und staatlicher Kontrolle einpferchte, ist diese Konfrontation ein Schock.

Als Symbolfigur für den Drang nach Freiheit und Wohlstand eignet sich niemand besser als Manuel Benítez «El Cordobés». Wild, ungestüm geht er mit dem Kopf durch die Wand und erkämpft sich den Weg, der vom Elend in den siebten Himmel führt, ein Rebell, ein spanischer Beatle, langhaarig, rotznasig, bewundert.

1964, just in dem Jahr also, als Muhammad Ali, damals noch Cassius Clay, auf der anderen Seite des Atlantiks der Welt zeigt, daß er wirklich der Größte ist, debütiert El Cordobés in Madrids Las Ventas. Spaniens Straßen sind an diesem Nachmittag wie leergefegt. Das grandiose Ereignis wird direkt aus der *Kathedrale des Toreo* vom Fernsehen übertragen, und das ganze Volk schart sich gebannt um die Bildschirme. Niemand will verpassen, wie ‹das Phänomen› vor dem kritischsten Publikum der Welt seine Feuerprobe absolviert, die dann vorzeitig im Krankenhaus endet.

Angefangen hatte alles 1936 in Palma del Rio, einer Kleinstadt zwischen Sevilla und Córdoba. Hier wächst Manuel Benítez in ärmsten Verhältnissen auf. Wie die meisten Männer dort arbeitet der Vater auf dem Gut des Großgrundbesitzers – wenn es Arbeit gibt. Als er früh stirbt, muß die Mutter die vier Kinder allein über Wasser halten, notdürftig, irgendwie. Spaniens Hungerjahre treffen die Familie mit aller Härte.

Manuel ist der Jüngste. Obwohl er schlau ist, geht er kaum zur Schule. Es gibt Wichtigeres als Lesen und Schreiben, wenn der Magen knurrt. Er klaut Hühner und erntet dafür Schläge von der Guardia Civil. Weil er sich davon nicht beirren läßt, landet er später für Tage und Wochen im Knast.

Manuel ist ein Taugenichts. Weil er raus will aus diesem elenden Leben, beschließt er, Torero zu werden. Es ist die einzige Chance für einen wie ihn. Mit Afición hat das wenig zu tun. Was ihn treibt, ist die blanke Not, der Mut der Verzweiflung.

Klar, wie alle anderen Jungen auch hat er in den Gassen Stier und Torero gespielt. Doch er selbst erzählt später, daß er seinen Entschluß eines Sonntags im Dorfkino gefaßt habe, als man irgendeinen dieser sentimentalen Schinken über einen Torero zeigte, der seinen Weg vom Straßenjungen zum Mann von Welt macht: Geld, schöne Frauen, feine Gesellschaft. Manuel ist zu Tränen gerührt, und die Bilder gehen ihm nicht mehr aus dem Kopf. Das ist es, das wird auch er schaffen...

In Zivil: El Cordobés (links) und Antoñete zu Beginn der sechziger Jahre

Nun gibt es kein Halten mehr. Nachts schleicht er sich auf die Weiden des verhaßten Großgrundbesitzers, um mit dessen Stieren zu üben. Er bleibt tagelang weg von zu Hause, besessen von dem großen Traum wie so viele andere. Ein ums andere Mal wird er erwischt, wieder Schläge, wieder Knast. Die Sache scheint aussichtslos.

Bei den Capeas auf dem Land aber fällt er auf. Sein selbstmörderischer Mut beeindruckt die Leute. Zehn-, zwanzigmal gerät das seltsame Kerlchen zwischen die Hörner des Stiers und steht jedesmal wieder auf, als ob nichts gewesen sei. Nur ist damit außer Wunden und Schmerzen nichts zu holen.

Der Zufall kommt ihm zu Hilfe. Bei einem dieser Feste sieht ihn «El Pipo», ein Veteran im Geschäft, ein Manager von zweifelhaftem Ruf auf der Suche nach dem neuen Genie, das er den Massen verkaufen kann. Es dauert nicht lange, da hat er aus dem hungrigen Schmuddelkind die neue Sensation der billigen Plazas gemacht.

Die Regeln kümmern
ihn nicht: El Cordobés
in Aktion

Um Toreo im klassischen Sinn geht es nicht, wenn El Cordobés auftritt. Davon hat er kaum einen Schimmer. Die Regeln kümmern ihn nicht, und gerade das sorgt für Aufsehen. Was er macht, ist umstritten, doch immer spektakulär. Grob, gemein, trickreich, aber grenzenlos mutig, ist er das Gegenteil eines Künstlers, ein Kamikaze im Krieg mit den Stieren.

Irgendwann ist es soweit. Jeder will jetzt den Rebellen mit den langen Haaren einmal erleben. Juan Posada versucht, das Phänomen El Cordobés zu erklären:

«Sein Toreo, barock, verwegen, mutig, schnöselig, besticht zuerst einmal jene soziale Klasse, die sich absolut mit dem Torero und seiner Herkunft identifiziert... Später... waren alle vom Zauber des sozialen Toreros hingerissen... Eigentlich ohne logischen Grund waren sich plötzlich alle darin einig: El Cordobés war anders!»

Dazu kam das Charisma dessen,

«der unzählige Male von der Guardia Civil geschlagen wurde, der andalusischen Tagelöhnern Fahrräder schenkte, der freigebig mit den Armen und stolz gegenüber den Mächtigen war, ein unverbesserlicher Don Juan, sympathischer Draufgänger, illustrer Analphabet, Sohn eines ‹Roten› und Freund Francos...

Die Fotos, die ihn beim Plaudern oder bei der Jagd an der Seite Francos zeigten, schlossen den magischen Kreis: die beiden Spanien, vereint durch das Werk eines Toreros und die Gnade des Caudillo, mitten im wirtschaftlichen Aufschwung...!»[75]

Selbst die Herzen der Aficionados läßt diese Figur nicht kalt. Liebe und Haß mischen sich bei ihnen auf seltsame Weise. Stolz darauf, daß es einer der ihren, ein Torero, zum Helden der Nation gebracht hat, der die Massen wie ein Magnet in die Arenen zieht, überwiegt doch der Schrecken: Wo die platte Sensation allein zählt, hat die wahre Kunst des Toreo ausgespielt.

Weil sie ihre Felle endgültig davonschwimmen sehen, reklamieren die Aficionados ‹Dekadenz und Entartung›. Schließlich verletzt der Cordobeser mit List und faulem Zauber die elementarsten Regeln der Kunst, ganz zu schweigen von den zurechtgestutzten Stierchen, die er sich für seine Auftritte servieren läßt.

Was sie schon lange befürchteten, ist Wirklichkeit geworden – Kitsch, Zirkus und billige Show haben dem seriösen Stierkampf den Rang abgelaufen. Auf die hilflosen Versuche der Kritiker, den unaufhaltsamen Einzug von Betrug und Manipulation in die Arenen doch noch abzuwenden, achtet niemand mehr. Das Geschäft läuft genauso gut, ja viel besser ohne sie.

El Cordobés markiert einen Einschnitt in der Geschichte des Toreo. Zum erstenmal ist die Kunst der Public Relations ausschlaggebend für einen Erfolg, der nichts mit der Tauromaquia, um so mehr jedoch

**Nur noch das Gackern der Hühner – die Arena von Jerez de los Caballeros**

mit den systematisch lancierten Geschichten um die Figur des Torero zu tun hat. Stierkampf als Showbusiness – spanische Tradition und modernes Marketing ergeben eine höchst profitable Mischung. Mit strategischem Geschick verkauft man die Legende vom verzweifelten Rebellen, die an der Seite des Caudillo zum Happy-End gelangt. Nur mit dieser genialen Mixtur bringt der Stierkampf noch einmal einen Star hervor, dem keiner das Wasser reichen kann.

Es sollte das letzte Mal sein. Solche Popularität, in der manche konsternierten Betrachter Züge von Hysterie und Massenwahn entdecken, wurde seitdem von keinem Torero mehr erreicht.

In dem Maße, wie das Zugpferd El Cordobés erlahmte, zeigte sich, daß von der privilegierten Stellung der Fiesta nacional nicht viel geblieben war. König Fußball hatte den Toros den Rang abgelaufen. Die Massen blieben aus, und viele Plazas auf dem Lande verwaisten.

Nicht Sport, nicht Zirkus, weder Show noch Kunst im üblichen Sinne, fand sich die Fiesta zwischen allen Stühlen wieder, ein Unikum im Aufgebot der modernen Unterhaltungsindustrie, umstritten, altmodisch, verrufen wegen der dauernden Manipulationen, spektakulär nur noch, wenn die Regenbogenpresse sich über die Romanze eines berühmten Toreros mit einem Starlet des Showgeschäfts hermachte oder die Hörner des Stiers einmal mehr Blut und Tragödie in die Arena trugen.

Bei den alten Aficionados ließ der Rücktritt von El Cordobés dagegen neue Hoffnung aufkeimen. Als die Massen ausblieben, kam das andere, das ernsthafte Toreo wieder mehr zum Zuge. Mit immerhin bescheidenem Erfolg machte das Publikum seine alten Ansprüche an Stiere und Toreros geltend.

Alle neuen Idole jedoch änderten nichts daran, daß seither weder abgeschmackte Sensation noch große Kunst auf den Plazas den Ton angeben. Die Manipulation der Stiere und eine Überzahl von Toreros, die eher schlecht als recht ihre Arbeit verrichten, sobald sie ihre Schäfchen im trockenen wissen, sorgen für etwas, das vielleicht noch viel schlimmer ist: laues Mittelmaß und Langeweile. Die Ausnahmen bestätigen nur die Regel, und solange die Kassen klingeln, wird sich an diesem Zustand nichts Wesentliches ändern.

So wird in den Arenen nach wie vor nicht allein mit den Stieren gekämpft. Der Streit zwischen denen, die in der Welt der Toros das Sagen haben, und einem Publikum, das sich von ihnen ein ums andere Mal um ein wirkliches Stierkampferlebnis betrogen sieht, ist zur Dauereinrichtung geworden.

# Antitaurinismo im XX. Jahrhundert

## Die Intellektuellen

Belmonte und Joselito prägen das Gesicht des modernen Stierkampfs. Weniger Kampf und Härte, mehr Schönheit, vor allem mehr Ausdruck – das ist, was das Publikum jetzt verlangt. Was zuvor galt, ist damit überholt, und dieser Wandel wirkt bis ins Lager der Antitaurinisten. Beeindruckt von der ästhetischen Vervollkommnung, entdecken nun immer mehr Künstler ihre Afición für die Corridas. Was noch ein paar Jahre zuvor von der gebildeten Elite einmütig als ‹Schande der Nation› verdammt worden ist, wird plötzlich als ästhetisches Ereignis salonfähig. In der Prosa José Bergamíns, den Gedichten und Liedern Lorcas, im Werk Picassos findet diese Konversion künstlerischen Ausdruck. In den Augen der Intellektuellen kommt der Tauromaquia ohne Frage ein Platz unter den Künsten zu. So erklärt Ramón del Valle-Inclán:

«Eine Corrida de toros ist etwas sehr Schönes. Zum Beispiel diese erstaunliche Wandlung von Juan Belmonte. Juan ist ein kleiner Mann, häßlich, unansehnlich und, letzten Endes, lächerlich… Nun gut, stellen wir Juan jedoch vor den Stier, so ist er nichts Geringeres als die Statue des Apoll… Seit vielen Jahren wiederhole ich in meinen Ästhetikkursen, daß der wahre Künstler durch diese Harmonie der Gegensätze charakterisiert ist. Und das stellt Belmonte besser als jeder andere Künstler dar…»[76]

Solcher Enthusiasmus allerdings ist nicht die Regel. Das Gros der Intellektuellen wahrt kritische Distanz. Doch die kategorische Ablehnung der vorhergehenden Generationen weicht einer differenzierteren Position, die zwischen den Corridas als solchen und ihren Auswirkungen scharf trennt. Politische Vorbehalte haben die moralischen abgelöst.

«Ich finde dieses Schauspiel nicht barbarisch», sagt Miguel de Unamuno. Die eigentliche Barbarei besteht für ihn darin, «daß all diese Leute… ihr halbes Leben damit zubringen, von Stieren und Toreros zu reden…»[77] *Qué no hablen tanto de los toros* – sollen sie doch bloß nicht soviel davon reden – und darüber alles andere vergessen!

Um die Corridas an sich geht es Unamuno also nicht im mindesten, sie interessieren ihn einfach nicht weiter. Das Problem ist ein Volk, das in die Corridas rennt, um sich vor der Tristesse der gesellschaftlichen Wirklichkeit in eine Traumwelt zu flüchten. Das Problem ist die Droge Toros, mit deren Hilfe sich ein bankrotter Staat am Leben hält. Am Tag, als die Nation der Eroberer mit Kuba ihre letzte Kolonie verlor, war halb Madrid auf dem Weg zur Puerta de Alcalá, um den Matador Mazzantini zu erleben. Nichts ließ vermuten, daß an diesem schönen Sonntag des Jahres 1898 eine Ära zu Ende ging, der Zusammenbruch des spanischen Weltreichs endgültig besiegelt war. Guter Dinge stürzte man sich ins liebste Vergnügen.

«Daß es in der Afición etwas Tragisches gibt»[78], das tief in den Traditionen des spanischen Volkes wurzelt; daß sich in der Leidenschaft für die Toros also etwas sehr Substantielles ausdrückt, ändert für Unamuno nichts am politisch reaktionären Charakter der Corridas:

«Es scheint, daß die Tauromaquia unter allen Künsten… die orthodoxeste ist. Es besteht kein Zweifel, daß nichts auf subtile Art reaktionärer ist, als die Afición zu bewahren. Während die Leute über die letzte ‹estocada› von Pavito oder seine Eskapade mit der Sängerin Carmen oder Conchita reden, reden sie über nichts anderes, und es ist nur nützlich, dafür zu sorgen, daß Aufmerksamkeit und Verstand der Öffentlichkeit mit derlei Dingen voll ausgelastet sind.»[79]

Die Toros sind nicht Ursache, der Jubel um sie ist kaum mehr als ein Symptom der desolaten Wirklichkeit. Sie tragen zur

Konservierung des Zustands bei, doch Schuld tragen sie nicht. Am Pranger steht der Staat ebenso wie das Volk, das sich widerspruchslos in seine Ohnmacht fügt. Die hitzigen Gefechte um die moralische Wirkung der Corridas – sie sind Schnee von gestern: «Die Fiesta macht unser Volk weder tapfer noch zu Wilden, sondern läßt es verblöden.»[80]

Mit derlei trockenen Feststellungen läßt sich kein heiliger Krieg gegen die Toros führen. Die leidenschaftliche Erregung ist in Überdruß umgeschlagen. Nur kein Pathos mehr!

## Der Anti-Torero: Eugenio Noël

Ein einziger noch führt den Kampf mit ungeminderter Härte: Eugenio Noël. Die Abschaffung der Toros ist sein Lebensziel, seine Obsession, der er alles opfert: sein Geld, seine Zeit, sein ganzes Leben. Und tatsächlich gelingt es ihm mit seinen Aktionen und Konferenzen, Artikeln und Büchern, in einer breiten Öffentlichkeit Aufmerksamkeit für ein Thema zu erregen, das bis dahin höchstens in bürgerlichen Kreisen auf Interesse stieß.

Noël ist der letzte, der den Kampf gegen die Toros mit Leidenschaft führt; ein Arzt, der eine kranke Seele diagnostiziert und dem Volk moralischen Fortschritt vorschreibt; ein Missionar, der angetreten ist, Spanien zu retten, indem er das Grundübel einer Nation ausmerzt, die sich im Wesen ändern muß, will sie nicht vor die Hunde gehen; ein Märtyrer im Namen Europas.

Alles, was je gegen den Stierkampf vorgebracht wurde, gerät unter Noëls Händen zum Zündstoff für ein Inferno, in dem der innere Feind untergehen soll. *Flamenquismo* nennt er jene Selbstverliebtheit, mit der sich Spanien gerade in dem gefällt, wo es sich von allen anderen zu seinem Nachteil unterscheidet, und es ist gerade der Torero, der noch die übelsten Laster tagtäglich zum Vorbild der Massen erhebt:

«In jedem ‹flamenco› steckt ein verunglückter Torero... Er kopiert den Torero in seinen Verhaltensweisen, jenen abstoßenden Verhaltensweisen, die übersteigert aussehen und nichts als der Ausdruck unendlicher Eitelkeit... sind.»[81]

*Espíritu torero*, das ist der Geist, den die Corridas erzeugen, die Krankheit der Nation, ein Geschwür, eine Pest, bei deren Bekämpfung nicht mit der Hilfe des Staates oder der Kirche zu rechnen ist, sind sie es doch, die letztendlich davon profitieren.

Die Grenzen zwischen Wahrheit und Wahnsinn sind bei Noël fließend. Einmal messerscharf, aufrüttelnd: «Spanien braucht sonst nichts. Es hat Toreros, die es beklatschen kann, und alles andere – was soll's? Es reicht völlig, ein paar Idole zu schaffen, um die zu ersetzen, die im Verschwinden begriffen sind. Keine Universitäten mehr! Wozu denn?»[82] Dann wieder läßt er sich wie ein Fiebernder zu blindwütigen Haßtiraden auf das Volk und seine Toros hinreißen, zu atemlosen Attacken auf die Corridas und die Plazas, diese Tempel des Lasters, wo noch jedes Übel seinen Ursprung hat:

«der größte Teil der Messerstechereien; ...der Mensch, der die eigene Vortrefflichkeit über jede andere Moral stellt; ...die Ungebildetheit; der Paso doble und seine Abarten; der ‹cante hondo› und die Niederträchtigkeiten des Flamenco-Tanzes, der die Gitarre zur Komplizin hat; der Haß auf das Gesetz; das Banditentum; diese seltsame Definition von Mut…, die die Ursache all unseren Ungemach war und ist; … die Vergöttlichung der körperlichen Kraft…; die Pornographie ohne Sinnlichkeit, ohne Kunst, ohne Bewußtsein; das politische Ganoventum; alle, aber auch alle Erscheinungsformen des Bonzentums und der Klüngelwirtschaft; … die Grausamkeit unserer Gefühle; die Kriegslust; unser lächerlicher Donjuanismus…»[83]

– und noch immer ist er nicht am Ende.

Noël führt einen einsamen Kampf. Mögen die Beweggründe noch so lauter sein, seine Argumente vielfach überzeugen – sein enormer Haß auf die Welt der Stiere bleibt suspekt. Dieser Eifer, dieser Genuß, mit dem er sich unermüdlich in die Schlacht stürzt – ist das nicht *torería* mit anderem Vorzeichen? Ist nicht auch er letztlich einer von denen, die nur und immer nur von den Toros reden? Ein verhinderter Torero, im Kampf gegen Gott und die Welt, eine Karikatur der von ihm beschworenen Aufklärung?

Belächelt und beschimpft von den Aficionados, gemieden selbst von vielen Gegnern des Stierkampfs, macht Noël erst recht weiter, trotzig, verbittert, unermüdlich, ohne Gnade. 706 Konferenzen zählt er bis 1925, dazu eine Unzahl von Zeitungsartikeln und Büchern, danach wird es still um ihn.

## Tierschützer

Bei allem Streit um die Stiere, und das erstaunt heute, ging es nie mit auch nur einem Wort um die Leiden oder Qualen des Tiers. Selbst Noël scheint mit einem solchen Gedanken wenig anfangen zu können. Seine Reden sind allein vom Geist der Aufklärung beseelt. Es sind unzeitgemäße Reden. Ihnen fehlt gerade das, woraus nach und nach das schlagkräftigste Argument gegen die Toros werden sollte: die Sensibilität für das Tier. Wie das 16. Jahrhundert die Moral und das 18. Jahrhundert die Vernunft geltend macht, bringt das 20. Jahrhundert die Gefühle von Mensch und Tier als Waffe gegen die Toros ins Spiel.

Daß der Stier in der Arena keinen Heldentod stirbt, daß er in Wirklichkeit kein Krieger, sondern ein unschuldig leidendes Opfer ist – die Identifizierung mit dem Stier als einer hilflos ausgelieferten Kreatur ist den Spaniern so lange fremd, wie ihre Lebens- und Denkweise nicht unter europäischen Einfluß gerät. Erst in der zweiten Hälfte des 19. Jahrhunderts taucht ein den Mitteleuropäern so selbstverständlich und vertraut erscheinender Begriff zum erstenmal auf: Mitleid. Er wird von den Gesellschaften zum Schutz der Tiere und der Natur geäußert, die in dieser Zeit ins Leben gerufen werden. Wie in anderen Ländern auch rekrutiert sich ihre Anhängerschaft im wesentlichen aus den Reihen des Großbürgertums und des Adels. An europäischen Vorbildern orientiert und von dort tatkräftig unterstützt, ist der Hauptfeind von vornherein klar: der Stierkampf.

Doch auch diesen Verfechtern mitteleuropäischer Sitten geht es zunächst nicht so sehr um den Stier selbst. Wieder wird die Verhärtung der Seelen beklagt, die der Anblick solcher Grausamkeiten hervorrufe, wieder geht es um die Zivilisierung des rauhen Spaniervolkes. Und als ob sich da der gesellschaftliche Stand melde, die berittene Herrschaft, die im Roß ihren treuesten Kameraden beklagt, gilt das Mitleid erst mal den Pferden. Deren Qual und Tod, bis dahin unbekümmert hingenommen, rücken sie ins Zentrum ihrer Attacken. Vor allem die *suerte de varas*, das Lanzenmanöver, soll abgeschafft, zumindest modifiziert werden.

Jahrzehntelang hat diese neue Generation der Stierkampfgegner mit solchen Ideen einen schweren Stand. Wenn sie aufrufen, Streitschriften gegen die Fiesta zu verfassen, und das gelungenste Werk prämieren, wenn sie einen Preis für denjenigen Picador ausschreiben, unter dem die wenigsten Pferde sterben, werden sie von den selbstsicheren Aficiónados als Moralapostel belächelt. Es nützt ihnen wenig, daß sie über Beziehungen und Einfluß bis in die Spitzen des Staatsapparats verfügen, denn weder einer gebeutelten Monarchie noch der ersten wackligen Republik steht ernsthaft der Sinn danach, sich an der Fiesta die Finger zu verbrennen. Doch die Pferdeschützer haben die Zeit auf ihrer Seite.

Spanien macht zum Anfang dieses Jahrhunderts eine rapide Wandlung durch, setzt zum unvermeidlichen Sprung in die Moderne an. Europa bedeutet Fortschritt, und auf dem Weg dorthin gehen viele Dinge verloren, die das alte Spanien auszeichneten. Das städtische Bürgertum beginnt, europäisch zu leben und zu fühlen, und sein Beispiel macht Schule.

Der Anblick von heraushängendem Gedärm, von Todeskrämpfen und Kadavern ruft nun bei einem wachsenden Teil des Publikums zwar kein Mitleid, dafür aber Ekel hervor. Die aufgeschlitzten, halbtoten Gäule vertragen sich nicht mit der Wandlung des Stierkampfs zum ästhetischen Ereignis. Die Afición ist gespalten, doch zum erstenmal in der Geschichte des Toreo wird auch unter den Besuchern der Plazas der Ruf nach weniger Blut laut.

1928 ist es dann soweit. Die Tierschützer, die ihr Anliegen durch das Entsetzen der wachsenden Touristenscharen unterstützt wissen, können ihren ersten großen Erfolg verbuchen. Ein königlicher Erlaß macht den Gebrauch von schützenden Baumwollpolstern für die Pferde zur Vorschrift – mit ausdrücklichem Verweis auf die Gefühle der Fremden. Das Massensterben der Pferde – bis dahin ließen mehr Pferde als Stiere ihr Leben in der Arena – ist damit beendet.

Außer bei den Tierschützern herrscht natürlich bei denen eitel Freude, die die Plazas auf eigene Rechnung und eigenes Risiko mit Gäulen versorgen. Ihre Verlustbilanz reduziert sich von etwa 50:50 gegen Null und sorgt für goldene Nasen.

Doch auch viele Aficionados sind nicht unglücklich mit dieser Lösung. Die ersten *petos* sind leicht, hindern die Pferde kaum an der Bewegung. Noch verpackt man sie nicht in schwere Panzerungen, die aus der offenen, dynamischen Konfrontation einen dumpfen Aufeinanderprall machen.

Es bleibt nicht allein bei der Modifizierung der *suerte de varas*. Darüber hinaus werden in den zwanziger Jahren erstmals Reglements erlassen, die für alle Arenen der ersten Kategorie einheitliche Normen etablieren, Normen, die mit dem neuen Reglement von 1930 für alle *Espectáculos Taurinos* verbindlich gemacht werden. Komplettiert durch immer wieder neue Erlässe, macht sich der Staat dabei die Minimalforderungen der Tierschützer in wesentlichen Punkten zu eigen und verleiht ihnen Gesetzeskraft.

Insbesondere die traditionellen Volksfeste werden zum Ziel restriktiver Maßnahmen. Da alle Versuche der Staatsgewalt, sie ganz zu verbieten, am Starrsinn des Volkes scheitern, hagelt es Auflagen. Mit den kleinen Stierfesten, die man keinem Reglement unterwerfen kann, weil sie lokalen Traditionen folgen, geschieht nun das gleiche wie zuvor mit den Corridas: sie werden aus den Straßen der Dörfer verbannt. Selbst die verbreitete Methode, mit einfachsten Mitteln eine Arena zu improvisieren, indem man den Kampfplatz durch einen Ring aus Karren abzirkelt, wird verboten – der Sicherheit der Zuschauer zuliebe.

Diesmal will die Staatsmacht sich nicht blamieren. Unter Androhung der Amtsenthebung werden die Bürgermeister persönlich für jede Mißachtung der Bestimmungen sowie sämtliche Folgeschäden, die sich aus der Verletzung ihrer Sorgfaltspflicht ergeben mögen, verantwortlich gemacht.

Weitere Maßnahmen kommen hinzu: Auflagen an die Gemeinden sollen die Veranstaltung von Stierkämpfen und den Bau neuer Arenen erschweren; Männern unter 18 Jahren und Frauen gleich welchen Alters wird jede Teilnahme an Stierkämpfen verboten; Kinder und Jugendliche unter vierzehn Jahren haben keinen Zutritt mehr zu den Arenen etc. Alles Erdenkliche wird getan, um die Zahl der Stierfeste einzudämmen und die Auftrittsmöglichkeiten des Nachwuchses zu beschneiden; der Staat handelt ganz im Sinn der Tierschützer.

Wie eh und je begründet man den antitauristischen Kurs humanitär. Körperliche und seelische Schäden sollen verhindert werden, und darüber hinaus versteckt man sich hinter Sachzwängen: Es gelte, auf die Meinung des Auslands Rücksicht zu nehmen. Selbst die Tierschützer bedienen sich dieses Argumentationsmusters. Die Stiere als fühlende Wesen sind nach wie vor kein Thema, und daran soll sich lange Zeit nichts ändern.

Von offizieller Seite wird die Gleichgültigkeit gegenüber ihrem Schicksal erst in den sechziger Jahren aufgegeben. Jetzt werden Vorgaben formuliert, die eher zaghaft klingen, wie taktische Konzessionen an eine Moral, von der man bis heute nicht so recht überzeugt scheint. So heißt es 1982 in einem Erlaß des Innenministeriums, der sich den traditionellen Stierfesten widmet, unter Artikel 3, Ziffer 7:

«Die zuständige Behörde wird Regeln erlassen, damit die Tiere von den Teilnehmern des Spektakels nicht unnötig mißhandelt werden, und der Bürgermeister wird die notwendigen Maßnahmen zu ihrer Einhaltung treffen, mit dem Ziel, ungerechtfertigte Leiden derselben und die damit einhergehende Wirkung auf das Empfinden der Zuschauer zu vermeiden.»[84]

«Unnötiges Mißhandeln», «ungerechtfertigte Leiden» – es ist hilfloses Jonglieren, ein wackliger Standort zwischen allen Fronten, angreifbar, wenig überzeugend. Am Schluß geht es letztlich wieder um den Menschen, den man vor den schrecklichen Szenen schützen muß. Noch einmal wird die schädliche Wirkung der Toros auf die Seele beschworen.

Die Forderungen der Tierschützer unterscheiden sich heute nicht wesentlich von dem, wofür man vor fünfzig oder hundert Jahren stritt. Das Ziel bleibt, den Stierkampf ganz abzuschaffen – *abolición* – und ihn in einem ersten Schritt wenigstens auf einen unblutigen, sportlichen Wettkampf zwischen Mensch und Stier zurechtzustutzen. Dabei hat man Teilerfolge erzielt wie z. B. die Restriktionen, die das Lanzenmanöver betreffen. Die wesentlichen Forderungen jedoch stehen nach wie vor im Raum:

die Abschaffung der *suerte de varas*,

die Abschaffung der *suerte de matar*, des – öffentlichen – Todesstoßes,

die Anbringung von Leder- oder Gummikappen auf den Hörnern des Stiers.

Dazu kommen solche Forderungen, die die Restriktion der sogenannten kleinen Stierfeste zum Ziel haben:

völliges Verbot der transportablen Arenen,

keine Stierfeste mehr dort, wo nicht zweifelsfrei nachgewiesen wird, daß sie in den lokalen Traditionen fest verankert sind,

kein Neubau von Arenen, keine Modernisierung oder Reparatur der bereits existierenden.

Wesentlich ist, daß die Gewalt blutig und der Tod öffentlich ist. Es ist bezeichnend, daß der portugiesische Stierkampf kaum für politischen Zündstoff sorgt, obwohl auch dort der Stier getötet wird – sobald er die Arena verlassen hat. Damit aber scheint er einem sportlichen Ereignis, einem Kräftemessen, wie es den Tierschützern vorschwebt, viel näher zu kommen.

Doch vielleicht dienen Qual und Tod auch nur als Vorwand dafür, sich als Richter gegenüber einer Tradition aufzuspielen, die aus einem anderen Grund die Grenzen der Toleranz überschreitet. Auffällig ist jedenfalls, daß die schärfste Kritik am Stierkampf immer aus protestantischen Ländern kommt, aus Kulturen also, deren calvinistische Moral jede ‹unvernünftige› Verausgabung als sinnlose Verschwendung verurteilt. Es mag hinzukommen, daß hier, anders als im Katholizismus, das Tier als beseelte, leidensfähige Kreatur betrachtet wird. Der eigentliche Stein des Anstoßes jedoch scheint nicht die Tatsache zu sein, daß getötet wird. Schließlich wird in unserem Land nicht nur getötet, sondern auch jedes würdige Leben der sogenannten Nutztiere systematisch verhindert. Verdammt wird, sieht man einmal von der Haustierhaltung ab, jeder Umgang mit Leben und Tod des Tiers, der offensichtlich von anderen als bloß pragmatischen Erwägungen bestimmt ist. Man denke nur an die verachtenden, rassistischen Kommentare, die man in Deutschland für die hungernden Inder übrig hatte, weil diese aus fadenscheinigen religiösen Gründen ihre Kühe *nicht* töteten.

Der spanische Stierkampf ist weder ein Sport, noch ist der *toro de lidia* ein Nutztier im gewöhnlichen Sinn. Der Stier wird aus kulturellen Motiven gehalten, um auf bestimmte Weise getötet zu werden, d. h. er wird nicht getötet, um verzehrt zu werden, sondern getötet und zudem verzehrt. Das macht den Stierkampf angreifbar, macht aber auch genau die Kraft aus, mit der er das Publikum anzieht. In der Corrida wird ein Ritual als formalisiertes (und kommerzielles) Schauspiel inszeniert, doch sie bleibt ein authentisches, existentielles Drama, solange der Tod im Zentrum steht.

Daß der Matador den Stier tötet und zur gleichen Zeit achtet oder sogar liebt, scheint nur widersprüchlich, denn die Gewalt, die er seinem Gegenüber antut, entspringt nicht dem Haß und nicht der Wut. Er handelt als Protagonist einer rituellen Ordnung, in der zwischen Gewalt und Liebe kein Widerspruch besteht, eine Ordnung zudem, deren Sinn der Tötende wahrscheinlich ebensowenig zu denken und auszusprechen vermag wie der Zuschauer.

Wem dieser Sinn unzugänglich bleibt, der wird hier vielleicht nur Grausamkeit und ‹so viel unnütz vergossenes Blut› entdecken. Er wird verführt sein zu verurteilen. Daß der Stier ein Held ist und deswegen sterben muß, daß der Tod eine Fiesta ist – nichts ist uns fremder.

Mich bestach die erfrischend einfache Art, mit der der Streit um den Stierkampf dort beigelegt wird, wo die Toros noch immer zum Alltag gehören. Da wird umstandslos und ganz pragmatisch abgehandelt, was für den Europäer eine Gewissensfrage ist: Entweder man geht hin, oder man läßt es bleiben.

**Folgende Doppelseite:
Dem Toro wird kein Haar gekrümmt – beim Encierro von Pamplona 1959**

## Ein Encierro

*Encierro,* zu deutsch etwa Eintreibung, Einschließung, nennt man sowohl die Gruppe der Stiere, die für eine Corrida bestimmt sind, als auch den Vorgang ihrer Eintreibung, der früher jede Corrida eröffnete. In Begleitung von Treibern und Ochsen wurden die Stiere durch die Straßen des Ortes zur Plaza getrieben. Das war schon eine Art Vorspiel, eine Einstimmung auf das große Fest, und vor allem kamen hier die Aficionados einmal zum Zug.

*Correr los toros* – mit den Stieren laufen, sich ihnen im Lauf nähern, sie womöglich berühren, ohne von den Hörnern erwischt zu werden – daraus entwickelten die jungen Männer in vielen Orten einen Sport, der neben Mut vor allem Gewandtheit und Kenntnis der Stiere erfordert. Hochburg dieser Tradition, bei der dem Stier kein Haar gekrümmt wird, ist heute Pamplona. Hier bilden die *corredores* während der *Sanfermines* perfekt eingespielte Gruppen, die nach genau festgelegten Regeln vorgehen und das *correr los toros* als eine Kunst betreiben.

Überall sonst werden die Stiere heutzutage vor der Corrida mit dem Lkw direkt bis zur Plaza gefahren. Die Encierros wurden dennoch in vielen Orten als Volksbelustigung beibehalten, mancherorts hat man sie sogar erst jüngst wieder eingeführt. Man besinnt sich auf lokale Traditionen, die aus politischen oder wirtschaftlichen Gründen und oft nur widerwillig aufgegeben worden

waren, denn Francos wohlwollende Haltung gegenüber den regulären Corridas paarte sich mit vielerlei Repressalien gegenüber nichtkommerziellen Stierfesten. Mit der 1975 einsetzenden Demokratisierung fielen die Entscheidungskompetenzen den Gemeinderäten zu, die heute selbständig darüber befinden können, ob sie einen *toro de aguardiente* oder ein Encierro als Teil der lokalen Kultur betrachten und finanzieren wollen oder nicht.

Encierros werden heute oft als zusätzliche Attraktion oder an Stelle eines regelrechten Stierkampfes veranstaltet, der für die Gemeinde zu kostspielig wäre. Man kauft dafür Jungtiere oder -kühe, die billiger und weniger gefährlich sind. Die Tiere werden auf einer mit Gattern gesicherten Strecke freigelassen, die meist zur Plaza de toros führt. Dort kann dann seinen Mut beweisen, wer will.

Der Ablauf der Encierros variiert von Ort zu Ort, von Gegend zu Gegend, und nicht überall erschöpft sich das Vergnügen im Laufen. Gemeinsam ist allen nur, daß es kein gesetzliches Reglement gibt. So können, wo traditionell keine festen und für alle verbindlichen Regeln festgelegt sind, Probleme auftauchen.

Folgender Bericht aus Móstoles, einer Kleinstadt bei Madrid, die sich innerhalb der letzten Jahre zu einer so gigantischen wie öden Vorstadt ausgewachsen hat, veranschaulicht, wieviel politischer Zündstoff in derlei Festen heute stecken kann.

Unter der Überschrift «Ein Dutzend Verletzte bei den Encierros von Móstoles» berichtet «El País» am 15.9.1988:

«‹Bei den Encierros von Móstoles kommen Wunden durch Stierhörner nicht mehr vor. Der größte Teil der Behandlungen, die wir durchführten, hatte seine Ursache in Steinwürfen.› Das geht aus dem ärztlichen Bericht hervor, den ein Helfer des Roten Kreuzes öffentlich machte, der am vergangenen Dienstag und Mittwoch bei den Encierros von Móstoles eingesetzt war. Die Stiere werden längs der gesamten Strecke mit Steinen beworfen, und die Steine, die ihr Ziel verfehlen, landen für gewöhnlich auf der Stirn oder dem Kinn der Läufer oder Zuschauer. Während drei oder vier Stunden werden zwei Jungkühe und zwei Jungstiere in einem Korridor von dreihundert Meter Länge und maximal zehn Meter Breite eingeschlossen. Auf dem obersten Teil der Gatter postieren sich die jüngsten Burschen. An diesem Aussichtspunkt deponieren sie das Arsenal, mit dem sie die Tiere einschüchtern wollen. Davon zeugt am Ende ein Teppich aus Steinen.

‹Und wenn ich dich mit Steinen bewerfe?› fragte Javier, Liebhaber des traditionellen Encierro, einen mit Steinschleudern bewaffneten Jungen. ‹Was willst du?› antwortete der Junge fast beleidigt. ‹Solange es ein Stier ist...› Javier, 22 Jahre alt, von Beruf Mechaniker und Mitglied einer *peña* (etwa Freundeskreis oder Fanclub, aktiv bei der Vorbereitung und Durchführung der traditionellen Feste, L. R.), fühlt sich zunehmend hilflos, wenn er mit ansehen muß, wie das Schauspiel jedes Jahr weiter herunterkommt.

José Luis Gallego, der zweite Bürgermeister, entdeckt hier das Verhalten von Wilden. ‹Man müßte sich ernsthaft Gedanken darüber machen, ob diese Anzeichen von Barbarei gut für die Kultur eines Landes sind›, sagt er. Der Gemeinderat, der die Encierros organisiert, weil sie in dieser Gegend eine gewisse Tradition haben, dürfte für das nächste Jahr ihre Abschaffung erwägen. Polizeiliche Quellen versichern, daß sich unter den etwa tausend Zuschauern die Creme der lokalen Unterwelt befindet. ‹Hier kommen schon immer die üblichen chorizos zusammen, um ihre Energien abzuladen, irgendwo ein bißchen anzupacken oder sich mit uns anzulegen, wenn wir versuchen, irgendeine Roheit zu unterbinden›, glauben sie.

‹Diese Encierros, die so viele Stunden dauern, haben immer ihre Brutalitäten, obwohl ich noch nie erlebt habe, daß die Stiere gesteinigt worden wären›, kommentiert ein alter Aficionado... ‹Die Liebhaber der klassischen Encierros kommen schon lange nicht mehr hierher...› fügt er hinzu.

Vor zwei Jahren steckte einem Stier während der gesamten Dauer des Encierros ein Pfeil zwischen den Brauen, und vor drei Jahren starb ein weiterer, stranguliert von den Seilen, mit denen man ihn festhielt. Vorher hatte er schon ein Horn verloren. ‹Letztes Jahr erzählte mir einer, der einen Stock dabeihatte, an dem eine Gabel befestigt war, mit der größten Selbstverständlichkeit, daß er die bräuchte, um den Stier zu stechen›, berichtet ein Polizist. Dieses Jahr mußte eines der Tiere innerhalb der Umzäunung vor den Augen des Publikums getötet werden, weil es nicht möglich war, es zurück in die Box zu bringen. Am Montag, als das Encierro kaum begonnen hatte, wurde eine Jungkuh von einem Jungstier angegriffen und getötet.

Seit der Gemeinderat 1983 beschloß, die Encierros außerhalb der Stadt stattfinden zu lassen, verweigern die *peñas* ihre Mitwirkung. ‹Uns gefällt es, mit den Stieren zu laufen, doch dies hier ist etwas für die Wilden. Außerdem ist die neue Strecke viel gefährlicher, es gibt kaum einen Platz, um auf die Gitter zu springen›, kommentiert Alberto, Mitglied der Peña ‹La Barbacana›. Diese Distanzierung der Peñas verstärkte sich, seit vor drei Jahren das Rathaus mit Steinen beworfen und die Plaza de toros von einer unzufriedenen Menge demoliert wurde, weil die Peñas für eine Capea Eintritt nehmen wollten. ‹Dazu hatte uns der Zivilgouverneur verpflichtet›, sagen sie.

Die Forderung, das Encierro wieder in das Ortszentrum zu verlegen, wird seitens der Peñas jedes Jahr wiederholt. Eine Partei nahm diesen Punkt sogar in ihr Wahlprogramm auf. Gleichwohl ging es bei den Encierros in den Straßen nicht weniger roh zu. Luis, ein Anwohner, erinnert sich, daß es damals Stiere gab, die nicht einmal das Ende der Strecke erreichten. ‹Sie starben, lahm von den Schlägen. Die Jungen stiegen auf sie drauf.› In jenem Jahr wurde die Plaza de toros angezündet, weil sich die Gemeinde weigerte, mehr Stiere freizugeben.»

# Zwei ungleiche Gegner

## El Toro

### Die Gesetze des Spiels

*Burlar al toro,* den Stier überlisten, ihn an der Nase herum und in die Irre führen – im *toreo a pie* dreht sich alles um die Täuschung. Die Bewunderung für diese Art, sich aus einer schwierigen Lage zu befreien, mochte Eugenio Noël nicht mit seinen Landsleuten teilen. Sich einem Problem nicht zu stellen, sich aus einer Situation mit Hilfe von Trick und Geschick herauszuwinden – im Torero sah er nur das schlechte Beispiel, den Anti-Helden einer fatalen Moral, die den Mangel an Charakter zur Tugend verklärt, Feigheit als Mut verkauft…

Oberflächlich scheinen diese Einwände zuzutreffen. Wohin der Stier sich auch wendet, er findet kein Gegenüber, die Konfrontation bleibt aus, seine Angriffe führen in täuschende Tücher, führen ins Leere. Nur ein Gegner entzieht sich ihm nicht, nur einen trifft er an: das Pferd. An diesem Feind verausgabt er sich, entlädt er seinen Groll, doch auch der noch betrügt ihn – der Leib des Pferdes ist rundum gepanzert, und die peinigende Lanze führt der Reiter.

Der Stier versteht die Welt nicht mehr, für ihn ist das alles ein böser Spuk. Kaum senkt er den Kopf zum Stoß, sind die Figuren schon wieder woanders, flüchtige Schemen, die ihm immerfort ein Schnippchen schlagen. Er merkt, daß er getäuscht wird, doch er merkt es immer zu spät. Weil er die Regeln des Spiels nicht begreift, schöpft er wieder und wieder Hoffnung, um wieder und wieder enttäuscht zu werden, und genau das ist sein Part. Der Stier ist der Dumme.

Vom Toro sagt niemand, daß er dumm sei. Wenn er, dem Schmerz zum Trotz, seine wütenden Attacken gegen das Pferd wiederholt, nennt man ihn *bravo,* was bedeutet, daß er offenherzig, vorbehaltlos und beharrlich angreift; daß er sich nicht einschüchtern läßt, sondern die Flucht nach vorn antritt; daß er fortfährt zu kämpfen, selbst wenn die Aussichten gegen Null gehen, und der Zuschauer meint, der Toro müsse das Unheil schon längst begriffen haben; daß er, kurz gesagt, bis zum Tod nicht aufgibt.

Gerade dafür, daß er vergeblich drauflosstürmt, bewundert man ihn. Doch wenn er zögert, sich verschanzt und verteidigt und damit das Spiel verdirbt, trifft ihn Verachtung; *manso,* sanft, mild schimpft man den Stier, der den Kampf scheut. Sein Tod soll ein glänzendes Schauspiel sein, da soll er alles geben. Vom Toro wird viel verlangt.

Bis dahin führt er ein beschauliches Leben. Er wächst in Abgeschiedenheit auf, nur unter seinesgleichen. Friedlich grast er auf den Weiden, liegt träge im Schatten der Bäume. Nichts bringt ihn so schnell aus der Ruhe. Ungemütlich wird er nur zu Zeiten der Brunst oder wenn es gilt, um Rang und Stellung in der Herde zu streiten.

Menschen interessieren ihn nicht, solange sie ihn in Ruhe lassen. Von Neugier und Rauflust, wie sie bei deutschen Bullen gefürchtet sind, ist beim Kampfstier wenig zu spüren. In aller Regel weicht er aus, wenn sich ein Mensch zu weit nähert. Hemingway führt, um den Unterschied zwischen Kampfstieren und anderen Rinderrassen zu verdeutlichen, ganz treffend den Vergleich zwischen Wolf und Hund an. Nur wenn der Toro allein ist und sich, ohne die schützende Nähe der anderen, bedroht fühlt, greift er an. Dann wehrt er sich ohne abzuwägen. Angst ist ihm fremd.

Daß er einer Gefahr mit Angriff begegnet, ein Held aus Instinkt ist, zeichnet ihn aus und soll ihm zum Verhängnis werden, wenn er in der Arena steht. Zu spät wird ihm dämmern, daß die Jagd auf das Tuch ihn nicht rettet, nur tiefer ins Unglück treibt. In seiner Wut ist er blind.

Die Täuschung trifft ihn unvorbereitet. Seine ‹Dummheit› ist eigentlich ‹Unschuld›, Mangel an Erfahrung. Zum erstenmal ist er weg von der Weide und ganz auf sich allein gestellt. Er ist fremd, kennt sich nicht aus, weiß nicht, was gespielt wird. Wäre das anders, käme das Spiel nicht zustande.

*Pregonadós* nennt man die Stiere, die schon einmal bekämpft und getäuscht wurden. Die wissen genau, wie der Hase läuft. Kein Tuch lockt sie mehr, sie suchen den Mann dahinter. Früher gab es solche, die von Capea zu Capea reisten. Ihre Besitzer stellten sie gegen Geld zur Verfügung, wenn zur Fiesta geblasen wurde. Man tötete sie nicht, das machte die Sache billiger, vor allem aber gefährlicher. Jedesmal lernten sie dazu. Ihre *bravura* endete in schierer Bösartigkeit. Aus Opfern wurden selbstsichere und profitable Mörder, die den Spieß umdrehten. Unbedarfte kleine Toreros stiegen jetzt ahnungslos gegen gerissene Kämpfer in den Ring.

Kein professioneller Torero läßt sich mit solchen Stieren ein. Rafael «El Gallo» ging lieber in den Knast, als gegen einen Stier anzutreten, der ihm zu wissend schien. Den Augen glaubte er anzusehen, mit wem er es zu tun hatte.

Naturbelassen muß der Kampfstier sein, das ist die erste Bedingung. Dann scheint er einfach gestrickt. «Der ‹toro bravo› greift immer den Gegenstand oder die Gestalt an, die ihm am nächsten ist, und was sich bewegt eher als das, was bewegungslos ist»[85], formulierte Amós Salvador 1908 in seiner «Teoría del Toreo» die Grundregel des Stierkampfs.

Wesentliche Bedingung dafür, daß der Stier sich täuschen, sich von der Bewegung des Tuchs am schmaleren, weniger bewegten Körper des Toreros vorbeiführen läßt, ist ein intaktes Sehvermögen. Augenfehler machen den Stier völlig unberechenbar und können für den Torero tödliche Folgen haben. Daher ist die Prüfung des Sehvermögens unerläßlich, die die Veterinäre vor jeder Corrida vorzunehmen haben. Von dem Stier, der Joselito tötete, heißt es, er sei kurzsichtig oder auf einem Auge blind gewesen: kurz vor dem Tuch änderte er abrupt und unvorhersehbar die Richtung seines Angriffs.

Noch aus anderen Gründen taugt die von Amós Salvador formulierte Regel in der Praxis allenfalls als Leitlinie. Sie abstrahiert von der Wirklichkeit der Plaza wie von der Eigenart des Stiers, abstrahiert vom Schrei, auf den der Toro reagiert, vom Geruch, der ihn zu einer Stelle hinzieht, von seiner Neigung, die Sicherheit der Bretter dem offenen Kampf vorzuziehen. Nur der ideale Stier hält sich an das Gesetz, auf dem die Macht seines Gegners beruht.

Als Grundsatz jedoch gilt, daß die Bevorzugung des bewegten Objekts beim Stier bis zur Blindheit gegenüber dem unbewegten geht. Was sich im Verlauf einer Corrida unschwer erkennen läßt, wurde um die Jahrhundertwende von Tancredo López publikumswirksam ausgeschlachtet. Die nach ihm benannte *suerte de Don Tancredo* bestand darin, sich in der Mitte der Arena auf ein Piedestal zu stellen und dort den hereinstürmenden Stier regungslos zu erwarten. Wenn Don Tancredo sich urplötzlich aus seiner Erstarrung löste, war die Überraschung des Stiers perfekt, der Beifall des Publikums sicher...

Genauso essentiell und nur scheinbar banal ist eine weitere Voraussetzung des Toreo: Der Stier hat, im Gegensatz zu seinem menschlichen Widersacher, vier Beine. Will er die Richtung ändern, wendet er in der Horizontalen und braucht dafür mehr Zeit und Raum als sein Kontrahent. Nur deshalb kann der Torero den Stier ein ums andere Mal passieren lassen, ohne seinen Standort zu verändern, nur deshalb kann er zum ruhenden Pol werden, der den Ansturm des Stiers einer geometrisch anmutenden Dynamik unterwirft.

*No tenía pies* – er war schlecht zu Fuß, heißt es von Belmonte. Sein Handicap wurde zur Tugend, als er das Spiel von vertikaler und horizontaler Bewegung zum Tanz läuterte, bei dem aus den Feinden Partner zu werden schienen, Komplemente einer Sequenz von Figuren, gebannt von einem magnetischen Tuch, in dessen weichen Schwüngen alle Gewalt verschwand.

Die Harmonie des Spiels setzt voraus, daß der Torero den Stier zu führen versteht, ihn mit dem Tuch dominiert. Vor allem aber braucht es dazu einen Stier, der mitspielt, der sich führen läßt, sich hergibt für die Manöver, sich hingibt. Ein Stier, der sich nur verteidigt, nicht kommt, nicht angreift, sondern dasteht und nur mit dem Kopf stößt, macht die Kunst des Toreros unmöglich. Ohne offenen, einigermaßen berechenbaren Angriff gibt es weder Täuschung noch Ästhetik.

Daher taugte der wilde Stier, auf gut Glück von der Weide geholt, in dem Moment nicht mehr, wo die Tauromaquia sich anschickte, zur Kunst zu werden. Es brauchte einen verläßlicheren Mitspieler. Nur ein Zuchtprodukt, der *toro de lidia*, der ausgesprochene Kampfstier, konnte die wachsenden Ansprüche von Akteuren wie Zuschauern zufriedenstellen.

## Ein adliger Kämpfer

Schritt für Schritt hatten die wilden Stiere des frühen Spanien ihre unbegrenzte Freiheit verloren. Mit dem Land, auf dem sie grasten, waren auch sie selbst in das Eigentum von Fürsten und Grafen, Klerus und Klöstern übergegangen.

Hatte man sich zunächst damit begnügt, ihre Weiden zu Jagdgründen mit verbrieftem Recht zu erklären, entdeckten ihre mächtigen Herren später die wirtschaftlichen Vorteile der Viehhaltung gegenüber der Jagd. Mit der großen Freiheit der Herden war es vorbei. Rinder und Stiere fanden sich auf ausgedehnten, doch begrenzten Weideflächen wieder, aus Großwild war Fleischvieh geworden. Da man die Tiere ansonsten in Ruhe ließ, blieben sie wild, mußten sich aber allmählich an die Nähe der Menschen gewöhnen, die sie instinktiv gemieden hatten.

So entschieden bis vor etwa dreihundert Jahren Kampflust und Temperament, die er unter seinesgleichen zeigte, oder auch seine Erscheinung allein darüber, ob ein Stier direkt oder auf dem Umweg über ein letztes Gefecht in die Hände des Schlachters gelangte. Toro war Toro, und Kenntnis und eine glückliche Hand waren vonnöten, um die besten Tiere für die Corridas auszuwählen.

Bei einem solchen Verfahren war die Quote der Stiere, die sich für das *toreo a pie* nicht eigneten, zwangsläufig hoch. Was auf irgendwelchen Dorffesten noch angehen mochte, mußte dort stören, wo es um die glanzvolle Inszenierung repräsentativer Schauspiele ging. Als Ausweg aus diesem Dilemma bot sich nur an, auf Vererbung zu setzen.

Schon im 17. Jahrhundert erlangten einige Herden besonderes Renommee, weil diese Stiere sich bei den Corridas besonders kämpferisch zeigten, eine Eigenschaft, von der man annahm, daß sie ihnen im Blut liege. So schrieb 1678 die Gräfin D'Aulnoy, eine Französin auf Spanienreise, daß

«die Söhne und Brüder derjenigen Stiere bevorzugt werden, die bei den vorangegangenen Festen das größte Unheil angerichtet haben... Wenn ein Vorfahre der Bestie diese oder jene Männer getötet hat, glaubt man, daß die Nachkommenschaft sich nicht weniger wild zeigen wird.»[86]

Als sich der Kampf mit dem Stier anschickt, zur Kunst zu werden, können derlei vage Annahmen nicht länger zufriedenstellen. Vor allem aber beginnen sich auch die Kriterien zu wandeln, die einen Stier zum guten Stier machen. Es genügt nicht, daß er wild und erbarmungslos ist, sich bis zum letzten Augenblick verteidigt. Was zählt, ist seine Art, sich dem Kampf zu stellen: Er soll und muß offen angreifen und dabei wieder und wieder auf das täuschende Tuch hereinfallen. Kooperation ist verlangt und dazu die Gewißheit, daß dieser Stier noch kein Tuch gesehen hat.

Während bis dahin Kartäuser- und Dominikanermönche, Jesuiten und adlige Großgrundbesitzer die wachsende Nachfrage nach Kampfstieren befriedigten, verlegen sich in Andalusien im 18. Jahrhundert die ersten *ganaderos*, gelockt von steigenden Preisen und dem ebenso wachsenden Prestige, ganz auf die Kampfstierzucht. Den Blick auf die erhöhte Rentabilität gerichtet, die eine Spezialisierung verspricht, hält der bürgerliche Unternehmergeist seinen Einzug in die landwirtschaftliche Produktion.

In der Tat entstammen die ersten beiden berühmten Kampfstierzüchter dem Bürgertum. Mit ihren Tieren und Methoden schaffen sie die Basis, auf der die gesamte Zucht des *toro de lidia* bis heute beruht.

Eine neue Rasse entsteht. Anders als die, die ihm ihr Zeichen einbrennen, trägt dieser Toro jedoch ganz und gar adlige Züge, er ist kein gewöhnliches Tier. Aus der wilden Bestie wird ein edler Held und Krieger mit blaublütigem Stammbaum. Der Stier tritt damit an die Stelle des Pferdes, mausert sich zum favorisierten Objekt züchterischer Leidenschaft.

Es sind die alten Ideale der spanischen Caballeros, die bei der Umwandlung des wilden Stiers in ein kulturell geformtes Wesen Anwendung finden. Nicht zufällig heißen die entscheidenden Qualitäten des Kampfstiers *bravura*, Tapferkeit, und *nobleza*, Adel oder Edelmut. Das ständische Weltbild, demzufolge erst die Reinheit des Bluts den Mann zum Ehrenmann macht, wird auf das veredelte Produkt übertragen. Rasse soll der Toro zeigen, und Kaste, von prächtiger Gestalt hat er zu sein und von tugendhaftem Charakter. Gerade in dem Augenblick, als die ritterlichen Ideale historisch unterzugehen drohen, wird der Stier zu ihrem wahren Exponenten erkoren.

Es mag erstaunen, daß gerade die, die in Stand und Besitz kein gottgegebenes Gut, sondern den Lohn einer Leistung sehen müssen, den *toro de lidia* in die Arena schicken. Doch die nichtadeligen Landeigner hadern mit den gesellschaftlichen Strukturen nur insofern, als sie selbst Teil der Aristokratie werden wollen. Jedenfalls läßt sich anhand der Verwandtschaftsverhältnisse und erworbener Adelstitel heute feststellen, daß es den ‹neureichen› Investoren mittels des Besitzes von Land und Vieh bald gelingt, zur traditionellen Elite aufzusteigen, sich mit ihr zu vermischen, Privilegien und Stand der Aristokratie zu erobern und ihre bürgerliche Herkunft vergessen zu machen.

Beim *toro de lidia* scheint alles eine Frage der Rasse und des Bluts, denn das Prinzip der ‹Unschuld› verbietet jede Korrektur, macht Erziehung und Schulung in Sachen Kampf und Moral unmöglich. Die guten Manieren, die man von ihm erwartet, muß dieser ungehobelte Bursche schon mit auf die Welt bringen. Kein Dompteur kann sie ihm beibringen, bevor er seinen großen Auftritt hat, der einzige Dompteur, auf den der *toro de lidia* jemals trifft, ist der Torero. Doch ohne ein Mindestmaß an bereitwilligem Entgegenkommen des Stiers ist alles Bemühen vergebens. Die Schande des Stiers, der weder Manieren noch Willen noch Tapferkeit zeigt, fällt auf seine Sippe zurück, bringt sie in Verruf und damit den Züchter.

Stierzucht ist ein Glücksspiel, bei dem der Züchter ins Schwitzen gerät, denn obwohl niemand daran zweifelt, daß die Bravura vererblich ist, ist auf die Gene doch kein hundertprozentiger Verlaß. Der Gebrauchswert eines Stiers ist nie garantiert, der Verkauf erfolgt ohne Gewähr. Um die Ungewißheit zu mindern und die mangelnde Erziehung des Sprößlings wenigstens teilweise auszugleichen, bleibt nur die Systematisierung der Auslese: die Steuerung der Fortpflanzung mittels ausgewählter und geprüfter Zuchttiere.

Mit den gleichen Methoden, die die englischen Viehzüchter anwandten, um ihre Milch- und Fleischerträge zu erhöhen, gingen die ersten Kampfstierzüchter daran, die Bravura im Erbgut zu verankern. Bis heute hat sich an diesem Verfahren kaum etwas geändert. Jede Kuh wird, bevor man sie als Zuchtkuh einsetzt, im Alter von zwei Jahren von den anderen isoliert und in der Plaza des Züchters einer Prüfung unterzogen, dem *tentadero*. Hier wird sie mit einem Picador konfrontiert und offenbart sich dabei dem kritischen Blick des Züchters. Greift sie sofort an und hört damit auch nicht auf, obwohl sie die Lanze im Nacken spürt? Wie oft wiederholt sie ihren Angriff? Und: Greift sie gerade, vorbehaltlos, mit ganzer Kraft und Hingabe an? Das sind die Fragen, die darüber entscheiden, ob sie als Mutterkuh taugt oder direkt zum Schlachthof wandert.

Früher ließ man es bei dieser Prozedur bewenden. Der Stier wurde auch vom Publikum allein auf Grund seiner Bravura beurteilt, und die Züchter stellten an ihre Kühe entsprechend hohe Anforderungen. Mindestens zehnmal mußten sie ans Pferd gehen, um den Test zu bestehen, und es gab Tiere, die über zwanzigmal und zum Schluß nur noch kriechend ihre Attacken wiederholten.

Heute folgt diesem ersten Teil der Prüfung ein zweiter, der mit der Zeit immer mehr Bedeutung erlangt hat: Ein Torero oder Aficionado erscheint mit der Muleta in der kleinen Plaza und zitiert die Kuh. Folgt sie dem *engaño* sofort, oder zögert sie? Wirft sie sich mit ganzer Kraft in den

Angriff? Und wie lange vor allem spielt sie dieses Spiel mit, ohne ihre Attacken auf den Mann selbst zu richten? *Noble* ist eine Kuh, die dem Tuch wie ein Hündchen folgt, ohne dabei mit dem Kopf zu stoßen, und ohne *nobleza* kommt sie für die Zucht nicht in Frage.

Derselben Prozedur werden die männlichen Jungtiere unterzogen, die sich durch Stammbaum und Verhalten als Zuchtbullen empfehlen. Die zukünftigen Väter von bis zu 60 Kälbern pro Jahr erwartet ein privilegiertes Leben als Träger wertvollen Erbguts, das sie Jahr für Jahr auf ihre breite Nachkommenschaft übertragen sollen. Vom Tod in der Arena freigesprochen, werden sie gefüttert und umsorgt, solange sie hochwertigen Nachwuchs zustande bringen.

Die *sementales* sind respektable Erscheinungen, der Stolz der Züchter, und viele leben, bis sie eines natürlichen Todes sterben. Mit den sexuellen Privilegien gegenüber ihren Söhnen, die zu strenger Enthaltsamkeit verurteilt sind, ist es allerdings heute auf den meisten Farmen vorbei, auch hier hat die künstliche Besamung Einzug gehalten.

Stiere, die für die Plaza bestimmt sind, werden in jeder Hinsicht ‹unberührt› gelassen. Nur einige andalusische Züchter halten an der – umstrittenen – Prüfung der *machos* auf freiem Feld fest. Dafür werden alle Jungstiere im Alter von etwa zwei Jahren von den gewohnten Weideplätzen weg in eine Einfriedung getrieben. Nun wird ein Kalb nach dem anderen freigelassen. Während es instinktiv

**Tentadero**

Stierprüfung auf freiem Feld

gen ‹Heimat› flüchtet, wird es von zwei geübten Reitern verfolgt, die es an einer bestimmten Stelle mit Hilfe ihrer Lanzen in vollem Lauf niederwerfen. Wenn sich der kleine Stier wieder aufrichtet, hat schon ein Picador Position bezogen. Wieder die Frage: Greift er an, oder flüchtet er, wie und wie beharrlich stürmt er gegen den Feind an etc. ...?

Wegen der ganz unterschiedlichen Bedingungen ist der Aussagewert dieser *tienta a campo abierto* für das spätere Verhalten in der Plaza fragwürdig. Von vielen Kennern wird gegen diese Prüfung angeführt, daß damit die ‹Unschuld› nicht mehr gegeben sei: Die Erinnerung an diese erste, schmerzhafte Begegnung mit dem Picador kann das spätere Angriffsverhalten im ersten Teil der Lidia nachteilig beeinflussen. Die meisten Züchter vertrauen deshalb unbesehen darauf, daß die geprüften Qualitäten ihrer Zuchttiere sich auch in deren Nachkommenschaft wiederfinden.

## Der unterworfene Stier

Das Gesicht des Stierkampfs hat sich mit der Einführung der Auslesemethoden völlig verändert. Der rückläufige Anteil von *toros mansos*, von kampfunwilligen Stieren, machte es möglich, die Anzahl der Stiere zu senken, die für jede Corrida gekauft wurden, und dabei gleichzeitig die ästhetische Qualität des Schauspiels zu erhöhen. Ökonomischer und ‹zivilisatorischer› Gewinn gingen Hand in Hand. Martialische Prozeduren, die mit der Tauromaquia im eigentlichen Sinn nichts zu tun hatten, in früheren Epochen jedoch unumgänglich schienen, wurden überflüssig: Die Reißhunde verschwanden im Laufe des 19. Jahrhunderts ebenso aus der Plaza wie die berüchtigte *media luna*. Mit dieser an einer Stange befestigten Sichel trennte man dem Stier hinterrücks und aus sicherem Abstand die Sehnen der Hinterläufe durch, wenn er sich nicht dazu hergab, nach den Regeln der Kunst getötet zu werden.

Doch den Züchtern geht es schon bald um mehr als das Aussondern von *toros mansos*. Der *toro de lidia* ist das Ergebnis einer offensiven Steuerung, gezielter Zucht. Mit der Möglichkeit, bestimmte Merkmale und Wesenszüge einer Rasse im Laufe weniger Generationen zu akzentuieren, andere hingegen verschwinden zu lassen, erwacht der Traum von der perfekten Kampfmaschine, vom Stier nach Maß. Dem menschlichen Einfluß scheinen keine Grenzen gesetzt.

In dem Moment aber, wo die Qualitäten des Produkts zu Variablen werden, die dem menschlichen Willen unterliegen, ist ein Konflikt vorprogrammiert. Während das zahlende Publikum ein schönes, vor allem aber authentisches Schauspiel verlangt, sind die Künstler natürlich daran interessiert, ihr Risiko zu mindern.

Auf den Verkauf ihrer Stiere angewiesen, sind die Züchter von Anfang an versucht, den Forderungen der Toreros und ihrer Interessenvertreter nachzukommen, ihre Zuchtkriterien dem Markt anzupassen und letztlich ‹bequemere› Stiere zu liefern. Schon im 19. Jahrhundert wird bisweilen laut polemisiert, in den ersten Dekaden dieses Jahrhunderts jedoch kommt es zum offenen Streit: Aficionados sprechen von Betrug, von der Degeneration des Stiers, der Dekadenz der Fiesta. Die Züchter dagegen verweisen auf Erfolge, auf die hohe Quote an *toros bravos*. Sie machen geltend, daß die verfeinerten Künste, die das Publikum sehen will, mit den Stieren früherer Zeiten nicht möglich gewesen wären. Die Entwicklung vom rüden Kampf zu einem Schauspiel gehobenen Niveaus verbuchen sie als positives Resultat ihres Bemühens, die Stiere den steigenden Ansprüchen des Publikums anzupassen. Und daß es von diesem Weg kein Zurück mehr gab, sollte Fernando Villalón am eigenen Leib erfahren, als er seinen Versuch, sich gegen den Lauf der Dinge aufzulehnen und Stiere des klassischen, wilderen Typs zu züchten, mit dem finanziellen Ruin bezahlte: Niemand wollte diese Toros haben.

An der Kontroverse hat sich seither nichts verändert. Die Fronten haben sich nur verhärtet. Heute stehen die anspruchsvollen Aficionados auf verlorenem Posten, wenn sie nach dem *toro de verdad* verlangen.

Der wahre Verlierer in diesem Machtkampf divergierender Interessen aber ist der Stier. Er ist zum Objekt menschlicher Manipulationstechniken geworden, hat seine ‹Persönlichkeit› eingebüßt, wurde zum Accessoire eines Spektakels, das ganz auf den Matador zugeschnitten ist. Statt *toros de verdad* sind *toros de ga-*

**Fürs Grobe und die häßlichen Tricks hat der Matador seine Helfer**

*rantía* erwünscht: Stiere, denen man die Wildheit und Widerspenstigkeit weggezüchtet hat, die ihre Niederlage in der Arena womöglich schon einprogrammiert haben, die den Erfolg ihres Widersachers garantieren – einfache Stiere eben.

Natürlich gibt es keine wirklichen Garantien. Jeder Stier kann verletzen, töten. Weil die Zuchttechniken notwendig unvollkommen sind, ist für Unwägbarkeiten und Überraschungen aller Art gesorgt. Dennoch läßt sich von einer genetischen Unterwerfung des Stiers sprechen. Sie vollzieht sich ohne sichtbare Gewalt, mit Hilfe eines Systems strenger Geburtenkontrolle und beharrlicher Auslese, das mit der Zeit zu den gewünschten Ergebnissen führt.

Der genetische Formungsprozeß gilt sowohl der äußeren Erscheinung: Größe, Gestalt, Färbung des Fells, Stellung der Hörner etc., wie auch dem Wesen des Toro. Ging es ursprünglich allein um größere Verläßlichkeit hinsichtlich der Bravura, mußten später *suavidad*, die Geschmeidigkeit, Weichheit der Bewegung und die Folgsamkeit gegenüber dem Tuch hinzukommen. Im Garantiestier soll sich *bondad*, Gutmütigkeit, Güte, mit Bravura paaren und zu labilem Gleichgewicht finden.

Kein Aficionado hat etwas dagegen einzuwenden, daß die Chancen für eine gute Corrida durch Auslese und Steuerung der Zucht erhöht werden. Der heutige Stierkampf wäre mit den wilden Stieren von anno dazumal undenkbar. Doch die hehren, ritterlichen Prinzipien der *ganaderos* wurden der banalen Macht des Geldes geopfert. Freiwillig oder unfreiwillig haben sich die Züchter den Interessen derer gebeugt, die in der Welt der Stiere das Sagen haben. Das Ergebnis ist fatal: Der Stier krankt, die Kaste ist dahin. Aus dem stolzen Krieger ist ein Krüppel geworden. Der kräftige, gesunde Toro ist eine Rarität und überfordert die meisten Toreros. *Toritos* werden bevorzugt, und selbst wo die Erscheinung imponiert, erweist sie sich meist als Verpackungsschwindel: Der Stier ist im Herzen kein Krieger mehr. *Vaco* oder *tora* haben böse Zungen diesen Mutanten genannt, der in sich gebrochen scheint, weil er weder die Lust noch die Kraft hat, den Kampf bedingungslos aufzunehmen.

Zuviel hat man vom Stier verlangt, zuviel Widersprüchliches sollte er leisten. Nicht zu groß, doch auch nicht zu klein sollte er ausfallen, wild und stark wirken, doch nicht zuviel Kraft haben, angreifen sollte er, nur nicht zu ungestüm, dumm sein und schön brav dem Tuch folgen, doch ohne dabei wie ein zahmes Hündchen zu wirken – dem Stier ist das alles zuviel. Er fällt, er legt sich lieber hin, gibt auf, schon bevor es richtig losgeht.

Kaum eine Corrida, wo die Toros nicht nach wenigen Minuten am Ende sind. Und kein traurigerer Anblick als diese erschöpften Invaliden, die in den Sand stürzen und sich nur mit Mühe und häßlichen Tricks wieder auf die Beine bringen lassen. Es beschämt, erweckt Mitleid, ist grotesk. Aller Glanz der Fiesta ist dahin, wenn der Heldentod an einem Todkranken inszeniert wird, einem hilflosen Opfer, das die Vollstreckung des Urteils fast widerstandslos über sich ergehen läßt.

# Toros célebres

*Toros célebres,* berühmte Stiere – unter dieser Überschrift erstellt Cossío in den dreißiger Jahren eine Liste von insgesamt 1427 Stieren, die auf die eine oder andere Weise in die Geschichte des Toreo eingingen. Die weitaus meisten stachen durch ihre Bravura hervor, waren unermüdliche Angreifer, die vor den Augen eines enthusiastischen Publikums die Picadores zur Verzweiflung oder auf die Krankenstation trieben und gleich reihenweise Pferde ins Jenseits beförderten. Manche machten sich auf ganz andere Weise einen Namen.

Cossío beschreibt, wodurch sich jeder dieser Stiere hervortat, und zeichnet damit zugleich ein Bild des ungleich raueren Ambiente, in dem die Corridas stattfanden, bevor man das Publikum an den *medio toro* gewöhnt hatte.

### Jaquetón

Jaquetón war der Name eines Stiers aus der Ganadería des Don Agustín Solís aus Trujillo, ein Stier, der nach Cossío noch lange Zeit als Inbegriff der Bravura des *toro de lidia* galt.

Die dritte Corrida des regulären Madrider Zyklus des Jahres 1887 – sechs Stiere der besagten Zucht, als Espadas Francisco Arjona Reyes «Currito», Salvador Sánchez «Frascuelo» und Angel Pastor – erweist sich als außerordentlich. Die Stiere nehmen zusammen achtundvierzigmal die Lanze, verursachen zwanzig Stürze und töten zwanzig Pferde. Unter allen sticht Jaquetón hervor, der an vierter Stelle kämpft. Schwarzweiß gefleckt, mit kurzen Hörnern und eher schmal gebaut, stürmt er, sobald er aus dem Toril hervorgeschossen ist, auf den Picador «Sastre» zu, bringt ihn zu Fall und tötet dabei das Pferd. Mit dem gleichen Resultat greift er den Picador Fuentes an. Erneut stürzt er sich auf Sastre, reißt ihn nieder und tötet das Pferd. Dann empfängt er eine gewaltige Vara vom Picador «Canales», um anschließend den Picador «Manitas» anzugreifen, ihn zu Fall zu bringen und dem Pferd ein Ende zu machen. Es folgen noch zwei Varas von Fuentes unter erneutem Verlust eines Pferdes. Wieder eine Vara von Canales, den er vom Pferd holt. Jaquetón verfolgt das Pferd, bringt es zu Fall und hinterläßt es sterbend. Manitas verpaßt ihm die letzte Lanze.

Angel Pastor will Jaquetón vom Pferd locken, stürzt jedoch dabei hin. Der Stier stößt wütend in den Leib des Gauls. Der aber schlägt aus und trifft den Angreifer an der Stirn. Als man Jaquetón mit dem Tuch wegholen will, geht er zu Boden. Er erhebt sich wieder, tut einige Schritte und steckt dann den Kopf zwischen die vorderen Läufe, von heftigen Krämpfen geschüttelt.

Das Publikum, begeistert angesichts eines derart bewunderungswürdigen Kampfes, jubelnd bei jeder Vara, erhebt Einspruch, als die Banderillas gesetzt werden sollen, und bittet den Präsidenten der Corrida um die Begnadigung des Stiers. Der Präsident willigt ein, doch auf Grund der Krämpfe ist es unmöglich, den Stier, der sich nur mit Mühe auf den Beinen hält, in den Stall zurückzubringen. Woraufhin Currito angewiesen wird, Jaquetón zu töten...

Im Schlachtraum untersucht der Veterinär das Tier eingehend und stellt einen Lungenriß fest, der zweifellos auf die Anstrengung bei der *suerte de varas* zurückzuführen ist. Ebenso findet sich eine schwere Prellung auf der Stirn, die eine Gehirnerschütterung und den Krampf verursacht haben dürfte, der den Stier lähmte.

«Jaquetón», sagt Cossío, «ist in unserem Sprachgebrauch zum Symbol für Bravura und Wildheit geworden... Oft sagen wir: ‹Er ist ein Jaquetón›, oder auch: ‹Er ist nicht gerade ein Jaquetón›, wenn wir von der geringen Bravura eines Stiers sprechen...»

**Gordito**
Dieser Stier stammte aus der Zucht des José Lopez Cordero. Er war schwarz, klein, aber kräftig. Am 26. Juli 1869 stand er in El Puerto de Santa María in einer Corrida mit Antonio Carmona und Lagartijo im Kampf. Er nahm 30 Varas, tötete achtzehn Pferde, drei weitere starben anschließend in den Ställen. Als zu den Banderillas geblasen wurde, verlangte das Publikum, bewegt von der unglaublichen Tapferkeit, seine Begnadigung. Der Präsident willigte ein, Gordito wurde mit Hilfe der Ochsen in den Stall zurückgebracht, starb dort jedoch infolge der Verletzungen durch die Lanzen.

**Caramelo**
Stier der Ganadería Manuel Suárez Jiménez aus Coria del Rio. Zum erstenmal tritt er am 15. August 1848 in Madrid auf, um gegen einen Löwen und einen Tiger zu kämpfen, ein zu jener Zeit beliebtes Spektakel. Dafür wird in der Mitte der Arena ein eiserner Käfig aufgestellt, von dem aus ein Gang zum *chicero* führt, jener engen und dunklen Box, wo der Stier seinen Auftritt erwartet.

Als Caramelo herauskommt, geht ein ehrfürchtiges Raunen durchs Publikum: Was für ein Toro! Der Löwe hat sich im Käfig zusammengekauert. Caramelo stürzt sich auf ihn, schleudert ihn in die Luft und stößt dann wütend auf ihn ein. Ohne daß der Löwe auch nur die Chance zur Gegenwehr gehabt hätte, ist er außer Gefecht gesetzt. Alles geht so schnell, daß sich das Publikum um sein Spektakel betrogen sieht.

Anschließend läßt man den Tiger herein. Der versteht den Stößen zunächst auszuweichen, bleibt jedoch bald ebenso malträtiert und verletzt liegen wie sein Vorgänger. Caramelo, die beiden erledigten Gegner vor sich, schaut siegessicher umher. Eine gewaltige Ovation zu seinen Ehren bricht los.

Wie es sich für einen richtigen *toro bravo* gehört, weicht Caramelo nicht von der Seite seiner Gegner und ist um keinen Preis dazu zu bewegen, den Käfig zu verlassen, bis ein Peón, Angel Lopez, ganz allein mit der Capa den Käfig betritt und den Stier mit geschickten Schwüngen unter tosendem Beifall in den Stall führt.

Ein paar Tage später schon – die Debatten um das Ereignis sind noch nicht verstummt – kündigt man Caramelo für eine reguläre Corrida an. Wie erwartet, füllt sich die Arena bis auf den letzten Platz. Caramelo wird von Beifallsstürmen empfangen. Er nimmt zwölf Varas und tötet drei Pferde. Auf einhelligen Wunsch des Publikums wird er begnadigt.

Noch im selben Jahr kündigt man ihn ein weiteres Mal an. Diesmal schmückt man seinen Hals mit Girlanden, und nach ein paar Capa-Schwüngen wird er wiederum begnadigt.

Seine letzte Stunde schlägt im Jahr darauf in Bilbao. Angel Lopez, berühmt durch seine mutige Tat, tötet Caramelo schnell und gut, wie die Chroniken berichten. Für lange Zeit kann kein anderer Stier Caramelo das Wasser reichen, was die Popularität angeht…

**Noch ein Caramelo**
Stier aus der Zucht des Marquis von Saltillo, der am 17. Juni 1867 in Cádiz kämpfte. Mit seinen über acht Jahren nahm er 27 Varas, zerbrach vier davon, verursachte sieben Stürze der Picadores, wovon einer bewußtlos liegenblieb und ein anderer sich eine schwere Armverletzung zuzog. Nachdem er neun Pferde getötet und jeden, der sich mit dem Tuch nur zu nähern versuchte, zur Flucht über die Barrera getrieben hatte, war er der alleinige Herrscher im Rund. Die Chroniken erzählen, daß er wie schlafend über den toten Pferden verharrte, doch sobald auch nur ein Mensch es wagte, in seiner Nähe aufzutauchen, er diesen so schnell verfolgte, daß er als erster die bretterne Umzäunung erreichte.

Der Präsident willigte nicht ein, als das Publikum Caramelos Begnadigung forderte, was den Espada in Verlegenheit brachte, war an sauberes Töten doch schließlich nicht zu denken. Alles endete damit, daß der Stier, tödlich verwundet, dem Espada sein Horn in den Arm stieß und ihn noch viel schwerer verletzt hätte, wäre er nicht im selben Augenblick zu Füßen seines Töters gestorben.

**Pamado**
Dieser große schwarze Stier mit ganz geraden Hörnern kam aus der Zucht des Don Ildefonso Sánchez Tabernero und war in der Corrida vom 12. Oktober 1882 in Madrid zu sehen. Auf Grund seiner außerordentlichen Leichtfüßigkeit und Beweglichkeit gelang es ihm, vierzehnmal die Barrera zu überspringen, zweimal davon bei der Verfolgung des Banderillero Galindo, der sich nur wie durch ein Wunder vor den zähen Angriffen zu retten vermochte. Neun weitere Male versuchte Pamado den Sprung über die Barrera vergeblich.

Doch Pamado war nicht nur ein ausgezeichneter Springer, sondern hielt darüber hinaus nicht einen Moment inne, während er in der Arena war. Er lief und sprang fortwährend, was seine Lidia selbstverständlich äußerst schwierig machte. Lagartijo vermochte ihn nicht unter Kontrolle zu bringen, und als die drei Verweise erklungen waren und die Ochsen hereinkamen, um Pamado in den Stall zurückzugeleiten, wo er mit dem Messer getötet werden sollte, machte der Espada dem unruhigen Leben des akrobatischen Stiers mit einem hinterhältigen Stich in die Rippen ein Ende.

**Estrellaíto**
Dieser Stier des Marquis von Saltillo empfing 1882 in Valencia sechzehn Varas, verursachte unter den Picadores acht Stürze und tötete alle Pferde, über die die Empresa verfügte. Estrellaíto machte sich zum Herrscher des Runds, empfing aus Mangel an Pferden keine weiteren Varas, woraufhin das Publikum, um das Spektakel betrogen, einen gewaltigen Tumult anzettelte…

**Churrero**
Dieser Stier entkam am Gründonnerstag des Jahres 1877 auf dem Madrider Nordbahnhof seinem Käfig, in dem man ihn nach Zaragoza transportierte. Auf seinem Weg durch die Straßen verwundete er sechs Personen und überrannte viele andere, bis er vom Pförtner des Schiffahrtsministeriums mit Pistolenschüssen erledigt wurde.

**Cucharero**
Dieser Stier von Anastasio Martín ging am 3. Juni 1877 in Málaga in den Kampf. Er war dermaßen groß, daß er sein Kinn auf dem oberen Rand der Barrera reiben konnte, ohne auch nur den Kopf dafür zu heben. Die Hörner waren entsprechend groß und darüber hinaus messerscharf…

Er nimmt zehn Varas, und die Picadores vermögen ihn damit nicht zum Bluten zu bringen. Einer von ihnen erleidet beim Sturz einen Schlüsselbeinbruch, ein anderer kommt kopfüber im Callejón zu liegen, während sich Cucharero ohne jede Mühe dabei vergnügt, das Pferd auf seinen Hörnern zu tragen und wie eine Feder zu balancieren.

Weil auch die Banderilleros nicht mit ihm zurechtkommen, verfügt der schreckliche Cucharero noch über völlig ungebrochene Kräfte, als Lagartijo schließlich Muleta und Degen nimmt.

Schon während des ganzen ersten Teils wußte der berühmte Cordobeser seine Angst kaum zu beherrschen. Als nun zum letzten Tercio geblasen wird, geht er nicht allein, sondern in Begleitung seiner Helfer auf den Stier zu, ohne jedoch auch nur ein einziges Manöver zustande zu bringen. Er läuft von hier nach dort, sichtlich ratlos und immer in sicherer Entfernung. Das geht eine halbe Stunde lang so weiter, bis er seinen Gegner endlich irgendwie zur Strecke bringt.

Lagartijo ließ den Kopf des Tiers, der allein hundert Kilo wog, präparieren

Fluchtversuche

und verwahrte ihn in seinem Haus. Wenn er dann bisweilen frühmorgens nach einer langen Nacht angesäuselt vom Wein nach Hause kam, entlud er seinen trunkenen Zorn, bewaffnet mit seinem Stock, am stillen Kopf Cuchareros und erinnerte sich an die Panik, die er an jenem Nachmittag in Málaga durchgestanden hatte, unvergeßlich für den Maestro wie für die Aficionados.

## Civilón

Dieser Stier wird einige Monate vor Beginn des Bürgerkriegs zum Mittelpunkt einer sentimentalen Kampagne mit antitaurinistischem Beigeschmack.

Alles fängt damit an, daß die Zeitschrift «Estampa» eine Reportage veröffentlicht, in der ausführlich über diesen ungewöhnlichen Stier berichtet wird, der auf der Weide den Kindern wie ein zahmes Reh aus der Hand frißt, sich anfassen und sogar besteigen läßt und überhaupt nicht die Spur von Argwohn oder Kampflust zeigt.

Der Artikel verfehlt nicht seine Wirkung. Das ganze Land und insbesondere die Frauen werden von einer Woge des Mitleids ergriffen, in Briefen und Petitionen an den Züchter wird inständig die Begnadigung des lieben Civilón verlangt.

Der Züchter allerdings hat Civilón schon nach Barcelona verkauft, und der Empresario der dortigen Plaza sieht keinen Grund, von seinen Plänen Abstand zu nehmen. Statt dessen verweist er darauf, daß es letztlich in der Macht des Publikums stehe, in der Corrida die Begnadigung von Civilón zu verlangen. Indem er ankündigen läßt, daß der Mayoral der Ganadería den Stier vor Beginn der Lidia mit der Hand füttern werde, versteht er die ganze Situation werbewirksam auszunutzen.

Als sich der Tag der Corrida nähert, tauchen überall in Barcelona Fotografien von Civilón auf, Mauern und Wände sind mit Inschriften geschmückt wie: «Die Frauen von Salamanca bitten die Aficionados von Barcelona um die Begnadigung von Civilón!»

Am Tag der Corrida ist die Plaza mit Spruchbändern übersät: «Wir fordern die Begnadigung des Freundes der Menschen!» oder, an den Espada «El Estudiante» persönlich gerichtet: «Estudiante, du bist gut. Töte nicht Civilón!»

Cossio weiß von der Lidia des Civilón nur zu berichten, daß er sich bei der *suerte de varas* als durchschnittlich tapfer zeigte. Dann rief ihn der Mayoral der Ganadería herbei, woraufhin Civilón brav herantrottete, sich streicheln ließ und das Publikum überschwenglich und einhellig seine Begnadigung forderte und auch erreichte. «Die Frauen haben ihn gerettet», war am nächsten Tag in den Zeitungen zu lesen.

Die Monate bis zum Bürgerkrieg verbrachte Civilón im Stall der Plaza von Barcelona. Sein weiteres Schicksal läßt sich angesichts der dann ausbrechenden Notzeiten unschwer ausmalen…

# Toreros

## Karriereträume

Jerez de la Frontera, Plaza de toros, 18 Uhr an einem beliebigen Wochentag. Trainingszeit der *Escuela Municipal de Tauromaquia*, der örtlichen Stierkampf-Schule. Auf dem sandigen Rund der Arena versuchen sich etwa 50 Schüler, darunter zwei Mädchen, im Umgang mit Capa und Muleta. Sie haben Paare gebildet, und während sich einer der beiden ein Paar Stierhörner vor den Kopf hält und in gebeugter Haltung wieder und wieder Kurs auf seinen Partner nimmt, übt sich dieser in den klassischen Posen des Matadors, der die Gefahr mit elegantem Schwung in sein Tuch zu lenken weiß.

Was für manche der Jüngsten, keine zehn Jahre alt, noch ein Spiel sein mag, bedeutet für die Älteren schon ernsthaftes Training, tägliche Routine, Arbeit. Die einen konnten ihr Talent bisher allenfalls an Jungkühen im Rahmen eines Tentadero ausprobieren, andere dagegen sind schon Novilleros, werdende Matadores, und blicken auf eine Reihe regelrechter Kämpfe vor Publikum zurück. Sie setzen alles daran, ihren Kindertraum wahr zu machen, diesen Traum von Ruhm und großem Geld und einem abenteuerlichen Leben.

*Porque me gustan los toros* – weil mir die Stiere gefallen, weil ich die Stiere mag, sagt einer, und ein anderer: aus Afición. Es gibt keine vernünftige Erklärung. Die Welt der Stiere hat es ihnen angetan, und sie meinen es ernst mit der Herausforderung.

Einer von tausend wird wirklich ein Star, schätzt man, setzt nüchterne Gesetze der Statistik gegen Schwärmerei und blinden Ehrgeiz von Kindern, die sich davon ihre Illusionen noch lange nicht nehmen lassen. Lange bevor sie überhaupt Gelegenheit haben, einem Stier im Kopf gegenüberzutreten, sind sie dem Zauber der Bilder und Vorbilder erlegen, und das ist kein Wunder, denn die Corrida erzählt ein Märchen, wie geschaffen für kindliche Gemüter.

Magie der bunten Bilder: In der Mitte der Arena erscheint der Torero, angetan mit seinem herrlichen goldbestickten Anzug, ein Prinz aus dem Märchen, allein auf dem goldgelben Sand im gleißenden Licht einer Sonne, die sich schon zum Abend neigt. Es ist ein mutiger Prinz, Angst scheint er nicht zu ken-

**Ein Torero muß wissen,
wie der Stier angreift**

nen. Seine Bewegungen bleiben sicher und leicht, während er die Bestie, wild und schwarz, in die Irre führt, sich gefügig macht mit dem grellen Rot seines Tuchs. Aus einem Bild läßt er das nächste entstehen, bis dieser Tanz zum Höhepunkt gelangt, dorthin, wo Schwarz, Rot und Gold im Tod für einen atemlosen Augenblick ganz miteinander verschmelzen, nur um sich gleich wieder voneinander zu lösen. Der Held wendet sich ab vom Tod, dem Jubel der Menge zu, unversehrt, stolz, ein strahlender Erlöser…

Die spröde Wirklichkeit: ein grau verhangener Himmel, kein Stier weit und breit, kein Prinz, keine Helden, keine *trajes de luz*. Trainingsanzüge beherrschen die Szene und ganz gewöhnliche junge Leute. Das Abenteuer ist Alltag geworden, der große Traum führt auf profane Wege.

Seit 1985 gibt es in Jerez diese Schule, in der die Kunst des Toreo gelehrt wird. Als die Initiatoren ihr Projekt vorstellten, war der Zeitpunkt dafür günstig. Die Stadt war für die Förderung ihrer kulturellen Traditionen zu gewinnen und übernahm mit der Schirmherrschaft auch die Finanzierung der Schule. Dabei konnte man auf die Erfahrungen in anderen Städten zurückgreifen: Aus der städtischen Stierkampf-Schule von Madrid z. B. waren schon die ersten Nachwuchsstars hervorgegangen. Während derartige Einrichtungen bislang immer von privater Förderung abhängig gewesen waren und viele von ihnen noch heute nicht über ausreichende Mittel verfügen, entschloß man sich in Jerez, die Schule auf eine gesicherte materielle und organisatorische Basis zu stellen. Dadurch ist ein umfassender Unterricht möglich, der grundsätzlich jedem offensteht, die Einwilligung der Eltern vorausgesetzt. Schulgeld muß nicht bezahlt werden.

Man ist bemüht, all das zu vermitteln, was ein Matador wissen sollte. Über den praktischen Teil hinaus, an dem alle zusammen teilnehmen, werden die Älteren mit der Geschichte des Toreo vertraut gemacht, mit der Physiologie des Stiers bis hin zu den geschäftlichen Aspekten der Welt der Toros. Im Lehrplan ist sogar das Fach Allgemeinbildung vorgesehen. Der Unterricht findet gegen Abend statt, um Kollisionen mit anderweitigen Pflichten der Schüler zu vermeiden.

Durch gute Kontakte mit einigen Züchtern haben die fortgeschrittenen Schüler Gelegenheit, bei den Tentaderos erste wichtige Erfahrungen mit Jungstieren

**Kleine Helden –
Stierkampfschüler
in Jerez**

oder Kühen zu sammeln. Der Unterricht liegt in der Hand von Fachleuten, für die Leitung der praktischen Ausbildung ist ein Matador verantwortlich. Geordnete Verhältnisse.

Bis vor nicht allzu langer Zeit begann der Lehrweg für die meisten sehr viel abenteuerlicher und vor allem härter. Wer nicht in die Welt der Toros hineingeboren wurde und dennoch glaubte, das Zeug zum Torero zu haben, hatte keine andere Wahl: Er ließ alles stehen und liegen und folgte der Spur der Stiere, um sein Glück zu versuchen. Die Muleta war sein einziges Gepäck.

Der Maletilla (der, der sein Bündelchen geschnürt hat) schlich sich nachts auf die Weiden der Ganaderos, um bei Mondlicht seine Künste zu üben, heftete sich an die Fersen seiner Vorbilder, um von ihnen zu lernen, tauchte bei den Tentaderos in der Hoffnung auf, eine Chance zu bekommen, und ließ vor allem keines der kleinen und größeren Feste aus, wo jedermann zeigen darf, was er kann. Sein ganzes Hoffen richtete sich darauf, eines Tages entdeckt zu werden, und dann, endlich allein mit einem richtigen Stier in einer richtigen Arena, der Menge beweisen zu können, daß er ein wahrer Künstler ist.

Tausende waren es, die früher auf diese Weise ihr Glück zu machen suchten und ein Vagabundenleben voller Illusionen der ausweglosen Misere zu Hause vorzogen. Sie hatten nichts, und sie hatten nichts zu verlieren. Ihr Leben und ihre Träume lieferten den Stoff für romantische Geschichten, für Bilder und Filme, die aus dem Maletilla einen Mythos machten.

*Porque me gustan los toros,* sagt einer heute und ist ein Kind der Stadt, der neuen Zeit. Ihn treiben nicht Hunger und Not, doch der Traum ist geblieben. Nur: Der Weg ist jetzt nicht mehr derselbe. Aus dem Maletilla ist ein Schüler geworden. Er lebt bei seinen Eltern, er geht zur Schule, vielleicht erlernt er einen Beruf. Er führt das Leben eines ganz gewöhnlichen Jungen, der in der Freizeit seiner nicht ganz so gewöhnlichen Leidenschaft nachgeht.

Die Schule macht ihm das leicht. Sie räumt ihm die ersten Steine aus dem Weg. Seine Leidenschaft kostet ihn nichts. Im Hintergrund erst stapeln sich die Hürden, die gleichen wie eh und je.

Doch ist auch dieses Lernen schon

**Der Carrito**

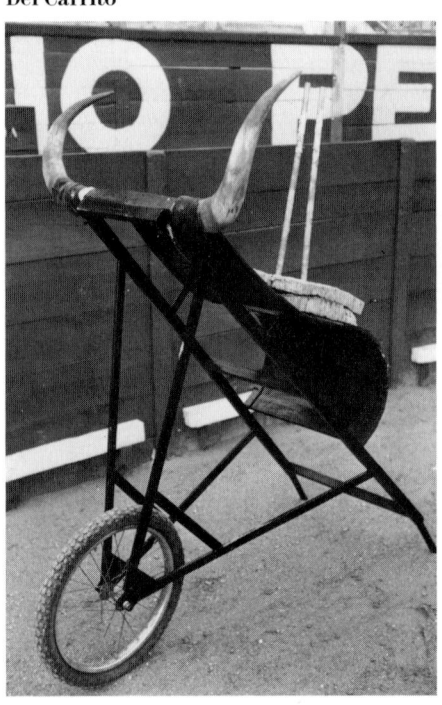

bald mehr als nur ein beliebiges Hobby. Wenn er beim kurzen Tändel mit der Kuh die ersten klassischen Figuren probiert, steht bereits die Ehre auf dem Spiel. Obwohl man ihm dabei hilft, und die Regeln der Vorsicht mehr gelten als der Wagemut kleiner Möchtegernhelden, ist hier zum erstenmal das Bekenntnis gefordert, der erste Kampf mit sich selbst. Es ist nur eine Kuh, doch auch eine Chance: Jetzt zeig, wie ernst du es meinst! Es ist geordnetes, behütetes Lernen, ungefährlich noch, aber für eine Ahnung von dem, was kommen wird, mag es reichen.

Die Tentaderos sind Proben für den nächsten Schritt, denn im Rahmen ihrer Möglichkeiten organisieren die Schulen sogenannte Becerradas bzw. Novilladas ohne Picadores, bei denen sich die fortgeschrittensten Schüler öffentlich mit Jungstieren messen. Hier werden sie zum erstenmal töten, und für den Jung-Torero ist damit die Stunde der Wahrheit gekommen.

Der Becerro, der ihm gegenübersteht, ist um die zwei Jahre alt und versteht keinen Spaß. Der Züchter hat ihn aufgrund irgendwelcher Defekte, die ihn für eine reguläre Corrida untauglich machen, vorzeitig von der Weide genommen und weit unter Preis verkauft. Doch es ist ein richtiger Stier für einen richtigen kleinen Espada in einer echten Arena vor echtem Publikum, und geht es auch noch nicht um Leben und Tod, so doch ums Ganze, denn schließlich will sich noch jeder Torero dieser Ehre würdig zeigen.

Für den Zuschauer sind derlei Feste nicht unbedingt leichte Kost. Nur wer wissen will, wie schwer in Wirklichkeit ist, was sonst so leicht und elegant wirken mag, ist hier genau richtig, zwischen all den Vätern und Müttern, Geschwistern, Onkeln und Tanten, die die ersten Triumphe ihres Sprößlings mitfeiern wollen.

**Allein in der Arena**

Meine erste Becerrada werde ich nie vergessen. Während die ersten drei Toreros ihre Aufgabe mit einiger Bravour und erstaunlicher Sicherheit absolvierten, ist dem vierten das Glück nicht hold. Sein Becerro ist schwierig, läßt sich vom Tuch kaum täuschen, zögert, fixiert den Körper seines Gegners, der nach drei Pases bereits am Ende seines Lateins ist und das Blatt nicht zu wenden weiß. Mit der Ratlosigkeit kommt die Angst, und dafür hat jeder Toro ein feines Gespür.

Mut und Macht besitzt jetzt allein der Stier, zur Rettung bleiben dem Jungen panische Manöver, flüchtende Schritte vor dem drohenden Horn, von Tanz keine Spur. Zum Glück geht es glimpflich ab. Er erntet Knuffe und Puffe, mehr nicht, doch es ist verloren, verdorben. Die Ehre schwimmt dahin, kein Halten mehr: Tränen, Zorn und pure Verzweiflung, nichts als Entblößung. Das Publikum schwitzt mit, schwankt zwischen Schrecken und Mitleid.

Doch die Regel ist hart wie in einer Corrida: Solange der Torero auf den Beinen steht, kommt ihm keiner zu Hilfe. Allein muß er das Angefangene zu Ende bringen. Was dann Töten sein müßte, gerade und kurz, kann so nur ein häßliches Abschlachten werden. Mit zitternder Hand stößt der Junge den Degen ins Fleisch, vergebliche Stiche in den Leib des eigentlichen Siegers, noch mal und noch mal, bis es endlich vorbei ist. Das Töten ist nur noch schreckliche Pflicht.

Jeder, der einmal mit richtigen Toros kämpfen will, muß eine Anzahl dieser Becerradas absolvieren, bis er in Novilladas mit Picadores auftreten darf. Und erst damit erreicht er einen anerkannten, professionellen Status, er ist Novillero, Jung-Matador. Doch die letzte und schwierigste Hürde hat er noch vor sich, denn mit diesem Schritt betritt er zugleich die Welt, in der nur besteht, wer Erfolge vorweisen kann. Und die Konkurrenz ist hart.

Als Novillero muß er mindestens 20, wenn möglich aber 50 oder 100 Kämpfe bestreiten, um seine Anerkennung als Matador, die Alternativa, zu erlangen. Er braucht diese Erfahrung, will er auch nur eine Chance haben, in richtigen Corridas mit ausgewachsenen vier- oder fünfjährigen Stieren zu bestehen.

Doch Becerradas und Novilladas sind nicht lukrativ für die Veranstalter. Nur wer das seltene Glück hat, als großes Talent oder Star der Zukunft gehandelt zu werden, findet ohne Mühe Engagements. Ein solcher Status setzt wiederum die Unterstützung von Leuten voraus, die in diesem Geschäft über Einfluß verfügen und die Macht haben, Stars zu produzieren.

Daß immer mehr Gemeinden bereit sind, mit Geldern aus dem Kulturetat Novilladas für den lokalen Nachwuchs zu fördern, ändert nur wenig daran, daß der Novillero, will er weiterkommen, nicht nur Erfolg, sondern auch Geld braucht. Denn er kann noch so gut sein, die Gagen sind gleich Null, und soll ihn diese brotlose Lehrzeit weiterbringen, muß er wahrscheinlich zu seinem eigenen Investor werden. Während ihm offiziell wenigstens eine – lächerliche – Mindestgage von umgerechnet knapp 300 DM dafür zusteht, daß er an einem Nachmittag zweimal seinen Kopf risiert, hat sich unter der Hand eine ganz andere Praxis durchgesetzt. Auftreten darf, wer 33 Prozent der Kosten des Spektakels übernimmt. Einen vielversprechenden Novillero zu lancieren, kann auf diese Weise mehrere hunderttausend Mark kosten.

Bei nur zwei oder auch zehn Angeboten pro Saison kann man es keinem Novillero verübeln, daß er sich die Engagements zu erkaufen oder selbst zum Veranstalter zu avancieren versucht. Und fehlt der reiche Papa, wird er sich dabei notgedrungen in Abhängigkeiten begeben und zum Objekt von Investoren werden, gleich einem Rennpferd, das nun beweisen muß, daß sich der Einsatz lohnt. Kein Wunder jedenfalls, daß die meisten Novilleros bei diesem Auslesesystem früher oder später auf der Strecke bleiben.

Die Schüler wissen, was ihnen bevorsteht, doch einstweilen scheint sie das wenig zu schrecken. Den Wunsch, sich einen Platz unter den *figuras* zu erobern, haben die meisten schon, seit sie sieben oder acht Jahre alt sind. Manche sind in die Welt der Toros hineingeboren worden, sie sagen, daß sie es im Blut haben. Der Vater war Torero, oder es gab einen Onkel, der mit den Toros zu tun hatte. Andere waren einfach vom Zuschauen fasziniert, wie ein Kind vom Zirkus fasziniert sein kann. Den Glauben an ihre Berufung geben sie nicht so schnell auf.

Es ist müßig, nach einer vernünftigen Erklärung zu suchen. Was sie treibt, ist der *gusanillo*, das Würmchen der Afición, eben das, wovon die ganze Welt des Toreo lebt, ein Verlangen, das der Zuschauer mit dem Matador teilt. Daß sie selbst in der Mitte stehen wollen, kann man den Jungen kaum verdenken. Die Welt der Stiere ist voll von denen, die denselben Traum träumten und damit an der Wirklichkeit gescheitert sind. Und schließlich ist noch jeder Aficionado im Herzen ein verhinderter Torero.

Skepsis und Zweifel bleiben den Erwachsenen vorbehalten. Der Direktor der *Escuela Municipal de Tauromaquia* in Jerez jedenfalls macht sich keine Illusionen; zufrieden sei er schon, wenn aus den Schülern am Ende gute Aficionados würden.

## Cogidas und Cornadas

«Verwundung durch Stierhorn an der medialen (inneren) Seite der rechten Leiste mit zwei Wundkanälen. Einer nach distal, ca. 12 cm lang, der die Fasern des Adductor magnus und Adductor longus auseinandertreibt, mit Durchtrennung der Vena saphena magna und Quetschung der Arteria femoralis sowie Durchtrennung der kollateralen Arterien. Ein weiterer Kanal, ca. 20 cm lang, in Richtung der lateralen Seite des Oberschenkels, der die Vasa femuris profundae berührt, Fasern des Rectus femuris zerreißt und den Musculus tensor fasciae latae erreicht. Der Patient wurde unter Vollnarkose operiert. Prognose: ernst.» Soweit der ärztliche Bericht, dem der behandelnde Chirurg hinzufügt: «Die muskuläre Zerstörung ist erheblich. Das Horn hat den Muskel fast vollständig durchquert, so daß bis zur rückseitigen Haut nur wenige Zentimeter fehlten. Weil die Cornada keine Arterie in Mitleidenschaft gezogen hat, war die Wunde sauber. Andernfalls wäre die Verletzung lebensgefährlich gewesen.»[87]

Im Handumdrehen wird
aus dem Töter ein Opfer...

Der ärztliche Bericht reduziert die dramatischen Augenblicke in der Arena auf einen medizinischen Befund. Zweimal schon hatte der Espada beim Todesstoß die entscheidende Stelle zwischen den Schulterblättern des Stiers verfehlt und auf Knochen gestoßen. Beim dritten Versuch erst konnte er den Degen ganz versenken.

Es war genau ein Versuch zuviel. Der Stier hatte begriffen, was vor sich ging, und nun ging alles sehr schnell. Eine geringe Kopfbewegung genügte ihm, um seinen Gegner zu erwischen. Sekundenlang ließ er seine Beute in der Luft zappeln, dann warf er sie nieder. Allein die Geistesgegenwart der Peones verhinderte Schlimmeres.

Als sie den Stier von seinem Opfer abgelenkt hatten, erhob sich der Espada mühsam. Er mußte gestützt werden, und man sah, wie sich die Hose in der Leistengegend rot zu färben begann. Zu viert trugen sie ihn eilig hinaus.

Schon wenige Wochen danach steht dieser Torero erneut in der Maestranza von Sevilla und erringt einen großen Erfolg.

**Wären da nicht die Peones**

Sie sind Stehaufmännchen, allesamt. Die Ärzte können es oft kaum fassen, wie schnell die Wunden der Toreros heilen. Keinen hält es im Krankenbett auch nur einen Tag länger als unbedingt nötig. Und solange sie nach einer Cogida noch irgendwie auf den Beinen stehen können, bringen sie den Kampf um jeden Preis zu Ende. Das gehört zur Berufsehre.

Nicht immer ist es mit ein paar Wochen oder Monaten der Rekonvaleszenz getan. Amputation, Lähmung, der Verlust eines Auges können vielversprechende Karrieren abrupt beenden. Und der Tod: Pepe Hillo, Pepete, El Espartero, Joselito, Manolete, Paquirri – das sind nur die berühmtesten all derer, die in der Arena starben, Märtyrer des Toreo, die zu Legenden wurden.

Es starb sich schnell in der Plaza, früher, bevor Sir Fleming das Penicillin erfand. Heute hat es der Tod nicht mehr so leicht, jedenfalls nicht in den wichtigen Plazas, wo ärztliche Spezialisten und eine gut ausgerüstete Krankenstation bereitstehen, um das Schlimmste zu verhüten. In vielen kleinen Arenen dagegen sind die Verhältnisse weniger beruhigend. Da lehren einen die vorgeschriebenen Erste-Hilfe-Räume noch immer das Grausen.

Trotz aller Fortschritte der Medizin gibt es in den Arenen weiterhin Tote. Paquirri, 1984, ein Jahr später El Yiyo, 1988 der Banderillero El Campeño. Der

**El Yiyo ist tot!**

Stier hatte ihm das Horn direkt durch den Hals gebohrt, nach über einer Woche im Koma setzte das Herz aus.

Erst der Tod sorgt für Schlagzeilen und bewegte Gemüter. Als ihm Ortega Cano 1987 mit knapper Not noch einmal von der Schippe springt, schließen ihn die Massen – dafür sorgt die Regenbogenpresse – so richtig ins Herz.

Die Journaille drängelt sich am Krankenbett. Brandheiße Bilder des Schwerverletzten, erste Worte, mit Mühe hervorgebracht, ärztliche Stellungnahmen, Diagnosen, Prognosen, die zunehmend beruhigend sind, die Schmerzen des Helden, garniert mit den Sorgen der Mutter, der Frau, und ein großes Danke für die vielen Telegramme und Briefe…

Wenn es keinen der Großen trifft oder die Cornada, die Hornverletzung, nicht lebensbedrohlich ist, sind die Mitteilungen darüber dürftiger und vor allem ungleich sachlicher gefaßt. Die Cornada – sie ist Alltag, Berufsrisiko, keiner entgeht ihr.

El Espartero, der sich in den neunziger Jahren des letzten Jahrhunderts mit Stieren des alten Typs an einem Toreo neuen Stiles versuchte, aufregender und dichter am Gegner, hat dafür bezahlt wie kein anderer. Nur um zu illustrieren, daß nicht gutgehen konnte, was erst viel später Belmonte mit einer sanfteren Sorte von Stieren zu realisieren vermochte, zählt Villalón sämtliche Stiere auf, von denen El Espartero in nur wenigen Jahren seine Wunden empfing:

«Veleto, Novillero, Grullito, Arriero, Morito, Tintorero, Jaqueta, Avellano, Zapatero, Monacillo, Castillejo, Veneno, Volandero, Tortolillo, Finito, Montefrío, Cacheta, Montenegro, Lobito, Perchero, Cristalino, Boticario, Flor de Jara, León, Conejito, Abutardo, Aguardientero, Bienvenido, Carnicero, Gitanito, Castañito, Cocinero, Curioso, Corsario, Flamenco, Carlanco, Melero, Buscón, Saltador, Provinciano, Beato, Artillero, Morito, Vizcaíno, Sevillano, Asesino, Galguito, Galeote, Abutardo, Avellanito, Albondiguito, Gatito, Jardinero, Salinero, Relojero, Navarro, Verdugo, Sanguijuelo, Fandanguero, Herrador, Paquete, Gordito, Rumboso, Palillero, Tesorero, Peluquero, Milagroso, Jardinero, Tesorero, Panadero und Perdigón»[88], der letzte, der ihn erwischte, diesmal tödlich.

Stiere stoßen zu, doch sie treffen nicht immer ins Fleisch. Meistens bleibt es, wenn sie den Gegner überlistet haben, bei der *voltereta*: Der Torero wird angehoben, fliegt durch die Luft und kommt mit Prellungen, das Publikum mit dem Schrecken davon. Fällt er unglücklich, sind Arm- oder Knöchelbrüche oder sogar Verletzungen bis hin zu Frakturen der Halswirbelsäule die Folge.

Unerfahrenheit und vor allem Leistungsdruck sorgen dafür, daß mehr oder minder schwere Verletzungen in dichter Folge den Fortgang jeder Saison überschatten, Verletzungen, die ihre Opfer für Wochen oder Monate außer Gefecht setzen, Hoffnungen zunichte machen und nicht immer nur Narben zurücklassen.

# Ein Matador erzählt

«Antonio Lozano, Matador de Toros, sehr erfreut!» so stellt er sich vor, als wir ihn kennenlernen. Er trägt Jeans, eine Parka, auf dem Kopf eine hellgraue Schirmmütze. Er ist Lehrer. Dreimal pro Woche unterrichtet er in der Praxis des Toreo. Während die Schüler üben, schaut er zu, wird um Rat gefragt, korrigiert, hilft, geht weiter zum nächsten Paar, aufmerksam, geduldig, konzentriert.

Anschließend sitzen wir mit ihm beim Kaffee in der kleinen Bar neben der Plaza. Er erzählt von seiner Arbeit in der Schule, beantwortet unsere Fragen, weiß zuzuhören. Um Deutlichkeit bemüht, wählt er seine Worte mit Bedacht, wägt ab, achtet auf Form. Unsere Neugier scheint ihm nicht lästig. Später erzählt er von sich, von seiner Geschichte, seinem Leben.

Schon als kleiner Junge wollte er zu den Toros. So hat er sich durchgekämpft bis dahin, wo er heute steht – prekäre Situation eines Matadors, der sich noch keinen Namen machen konnte; der den Durchbruch sucht, den Erfolg, den seine Kunst nicht ernährt.

Heute ist er 29. Seit fünfzehn Jahren, sagt er, hat er nicht mehr wirklich ruhig geschlafen. Es ist dieser enorme Druck, der auszuhalten ist, will man weiterkommen, hochkommen. Ein Kämpfen ohne Ende. Und in diesen Tagen steht ihm ein ganz besonderes Ereignis bevor: Aus eigenen Kräften hat er eine Corrida organisiert, in der er allein nacheinander alle sechs Stiere töten wird. Für ihn soll es ein entscheidender Tag werden, vom Erfolg oder Mißerfolg dieser Corrida will er seine Zukunft als Matador abhängig machen. Er hat Zweifel, vor allem aber einen starken Willen. Und er glaubt an sich. Jeder Torero, sagt er, muß ein Verrückter sein.

**Wie es anfing...**

«Ich wollte immer Torero sein. Seit ich klein war, habe ich es immer versucht. Wann es genau anfing, kann ich nicht sagen. Es hätte vielleicht auch Fußball sein können, aber ich habe immer Torero gespielt. Und zum Fest der Heiligen Drei Könige habe ich mir gewünscht, daß sie mir einen Stier bringen möchten. Mir gefiel das Tier, ich faßte es gerne an. Es waren Stiere auf vier Rädern, sehr groß und aus Karton. Ich kam mir unheimlich mutig vor, wenn ich mit ihnen kämpfte.

Später, in der Schule, versammelte ich die anderen um mich. Sobald Pause war, mußten sie sich im Kreis aufstellen, und einer mußte angreifen, wie es die Stiere tun. Ich selbst griff nie an, ich war immer der Torero. Ich kämpfte in der Mitte des Kreises, und die anderen applaudierten mir. Wenn einer Ball spielen wollte, habe ich den Ball weggenommen und versteckt.

Na ja, damals war es eben so, daß ich alle von der Corrida abhängig machen wollte. Meine Stunde war die Pause. Das Lernen interessierte mich nicht. Ich wartete immer nur auf diese halbe Stunde Pause, wenn ich mit den Stieren kämpfen würde.

Und später – ich erinnere mich an den Tag, als ich zum erstenmal ernsthaft mit Stieren zu tun hatte. Es gibt hier in Jerez einen Schlachthof und darin einen Raum, den man *manga* nennt. Dieser Raum war in fünf Abteile unterteilt, und die Toreros gingen dahin, um das *desca-*

*bello* zu üben. Es gibt hier zwei Arten, ein Tier zu töten. Bei der einen läßt man es ausbluten, um sein Fleisch hinterher essen zu können. Das ist nicht ungewöhnlich, das gibt es auf der ganzen Welt. Aber es gibt auch eine sehr schnelle Art des Tötens, das *descabello*, bei der das Tier überhaupt nicht leidet, weil alles sofort vorbei ist.

Ich war überrascht, als ich in der *manga* den Stier von so nahem sah. Rafael de Paula, der ja heute noch kämpft, war auch da. Mein Vater hatte mir einiges von ihm erzählt. Ich ging zu ihm hin – ich war ja noch sehr klein, und Paula war für mich ganz groß –, und er fragte mich: ‹Du willst also Torero werden?› Ich war völlig durcheinander und wußte überhaupt nicht, was ich antworten sollte. Das war mein erster Kontakt mit einem Torero.

Mein Vater war Wildhändler. Er reiste auf der *ruta de toros*, der Straße der Stiere, in Richtung Medina Sidonia und kaufte Kaninchen und Rebhühner, um sie in unserem Laden weiterzuverkaufen. Dadurch kam er auf die Höfe der Stierzüchter. So bekam auch ich allmählich Kontakt zu ihnen und lernte dabei eine ganze Reihe Toreros kennen.

Mit Entsetzen erinnere ich mich daran, als ich zum erstenmal in der Plaza von Jerez war, um zu trainieren. Ich wollte Torero werden, aber ich wußte nicht wie. Ich dachte mir Möglichkeiten aus, wie ich mit Toreros in Kontakt kommen könne, um etwas zu lernen. Es gab da einen Jungen, der heute Banderillero ist. Er war der Sohn des Hausmeisters der Plaza. Doch da der Vater mich nicht kannte, setzte er mich als erstes vor die Tür. Bei meinem ersten Anlauf haben sie

Antonio Lozano, Matador de toros, April 1989

mich rausgeschmissen, das war schrecklich. Ich war neun Jahre alt und wußte nicht, was ich tun sollte. Ich weinte, weil ich nicht kämpfen durfte.

Aber dann kam einer, der schon mit richtigen Jungstieren gekämpft hatte. Der schmuggelte mich rein. Ich schaute von den Bodegas aus zu, die unten in der Plaza sind, bis ich von diesem Jungen Capa und Muleta bekam. Dieses Erlebnis werde ich nie vergessen! Ich kam mir vor wie der Allergrößte!

Nachdem ich einmal Kontakt mit der Plaza hatte, begann ich, regelmäßig zu trainieren. Ich lernte, mit Capa und Muleta umzugehen. Und ich lernte anzugreifen. Es mag sich komisch anhören, doch um gutes Toreo zu lernen, muß man wissen, wie der Stier angreift. Deshalb üben wir das Angreifen. Dadurch wissen wir genau, wie der Stier ist. Obwohl natürlich jeder Stier unvorhersehbar bleibt, jedesmal. Er macht immer Sachen, die du nicht erwartest. Wenn der

Stier dich auf die Hörner nimmt, geschieht es in dem Moment, in dem du es am wenigsten erwartest.

Die Jungen, die etwas lernen wollten, hängten sich immer an die, die schon weiter waren. Wir klebten förmlich an den Toreros wie Saugfische an den Haien. Weil wir nicht über eigene Mittel verfügten, mußten wir die Ohren offenhalten und mitkriegen, wenn sie auf den Höfen der Züchter übten. Wir mußten per Autostop oder wie auch immer dorthin gelangen, um sie kämpfen zu sehen. Und dann baten wir um Erlaubnis, nach ihnen kämpfen zu dürfen.

Wir hatten kein eigenes Werkzeug, und so mußten wir in ihrer Nähe bleiben, um mit ihrer Capa und Muleta kämpfen zu dürfen. Es war ein Austausch. Was konnte dem Matador helfen? Daß ich seinen *carrito* spielte, immer und immer wieder angriff, damit er üben konnte. Er griff natürlich nie für mich an. Aber ich war schon stolz, wenn ich einmal seine Muleta bekam. Klar, die Muleta eines Toreros zu bekommen war eine Ehre für mich.

Ich habe damals viel gelernt. Es war ganz anders als heute, es gab eine ausgeprägte Hierarchie: erst der Matador, dann der Novillero und danach erst der *maletilla*, der Affe, der unterste Komparse. Der Maletilla mußte alles tun, er war sozusagen der Laufbursche. Er mußte putzen, um nur irgendwas zu lernen.

Doch natürlich war es auch sehr schön, einen Torero zu kennen. Und es war gut, einen Torero zur Seite zu haben, wenn du eines Tages Hilfe brauchtest.

Dabei förderten sie dich nicht direkt. Einen Torero als richtigen Förderer zu finden war sehr schwer. Aber allein die Tatsache, daß ein Torero von dir sprach, gab dir eine gewisse Wichtigkeit. Die Leute begannen dich ernst zu nehmen.

So verbrachte ich ab etwa neun Jahren zwei Jahre fast nur mit Training. Ich wußte ja nicht, wie das alles vor sich ging, und lernte in diesen zwei Jahren zunächst die Grundbegriffe des Toreo. Mit etwa zwölf Jahren begann ich, als Maletilla aufs Land zu fahren. Damals waren wir Maletillas eine große Gruppe, die mehr zusammenhing als heute die Jungen. Wir hatten nichts anderes im Kopf, als Torero zu werden, und waren immer dabei, wenn in der Finca irgendeines Ganadero die jungen Stiere oder Kühe auf ihre Tauglichkeit für die Zucht geprüft wurden. Kaum erfuhren wir etwas von einem Tentadero – schwupps! waren wir schon dort.

Manchmal gab es Oberschlaue, die uns verheimlichten, wenn sie allein gingen. Und oft passierte es mir, daß mir welche sagten: Hör mal, da und da findet etwas statt, und es war gelogen. Es war in Wirklichkeit ganz woanders. Sie führten mich in die Irre, während sie selbst an den richtigen Ort fuhren und kämpften. So begann da schon die Konkurrenz.

Ich will auch erklären, weshalb. Unten im Tentadero gibt es fünf oder sechs Kälber, und oben sitzen die Maletillas und warten darauf, an die Reihe zu kommen und kämpfen zu dürfen. Damals waren es sehr viel mehr als heute, zehn, zwölf, vierzehn, jedenfalls immer zu viele für die Anzahl von Kälbern, die zur Verfügung stand. Man kam also oft nicht dran.

Mir selbst lag häufig nicht soviel daran, kämpfen zu dürfen, denn ich lernte ja auch durchs Zusehen. Klar, lieber stand ich selber unten, doch das Zuschauen war für mich der Anfang von allem. Für die anderen aber war das nicht so. Sie wollten immer kämpfen und mich ausbooten. Auch deshalb, weil ich immer Glück hatte. Ich war der Kleinste, der Jüngste, ein Kind, und deshalb hatte ich immer alle für mich. Man förderte mich mehr, und das fanden die anderen nicht gut. Sie behandelten mich schlecht, und das war anfangs sehr schwer für mich. Das waren die ersten Schwierigkeiten, doch im Lauf meiner Zeit als Maletilla wurden es mehr.

Mein Glück war es, hier in Jerez aufzuwachsen. Denn wenn einer zum Beispiel in Zaragoza Torero werden will, hat er keine andere Möglichkeit, als nach Salamanca oder Andalusien zu fahren, wenn er zu einem Tentadero will. Ich aber mußte nie weiter als zweihundert Kilometer fahren, und so war ich höchstens zwei, drei Tage draußen.

Du kannst dir nicht vorstellen, wie sie zu Hause tobten, wenn ich eine Nacht nicht zu Hause schlief. Meine Eltern waren vollkommen dagegen. Meinem Vater gefiel zwar der Stierkampf, das hieß aber nicht, daß ich tun konnte, wozu ich Lust hatte. Aufs Land durfte ich zwar fahren – ich ging ja damals noch zur Schule –, aber mein Vater sagte: Wenn du Torero werden willst, gut, aber deine Schule machst du auf irgendeine Art zu Ende!

Doch genau das war für mich oft nicht miteinander vereinbar. Es kam vor, daß ein Tentadero an einem Schultag stattfand. Und ich hatte vierzehn Tage oder einen Monat an einem Torero gehangen und nur darauf gewartet, daß er mich auffordern würde, an diesem Tag mit aufs Land zu kommen. Für nichts in der Welt

Antonio Lozano als *maletilla*

wäre ich an einem solchen Tag zur Schule gegangen! Statt dessen nahm ich mein Bündel und sah zu, wie ich rauskam, im Auto oder im Lastwagen, wie auch immer!

Damals genossen die Maletillas ein gewisses Wohlwollen von seiten der Lastwagenfahrer. Es gab ja nicht diese Unsicherheit auf den Straßen wie heute, und als Maletilla vertrauten dir die Leute. Sie hielten immer sofort an, sie gaben dir zu essen, manchmal sogar Geld. Doch Geld wies ich immer zurück. Ich wollte lieber etwas zu essen, schließlich gab es damals nicht an jeder Ecke einen Kiosk oder eine Bar wie heute, so daß mir Geld gar nichts nützte. Außerdem konnte ich natürlich von zu Hause nichts zu essen mitnehmen, denn dann hätte mein Vater sofort gefragt: He, wo willst du denn hin?

Bei all dem ging es gar nicht um Entscheidungen. Man sagt nicht: Jetzt werde ich Torero, oder: Jetzt werde ich Maletilla, oder: Heute nehme ich die Alternativa, um endlich ein richtiger Matador zu sein. Es sind Etappen, die man durchläuft, alles entwickelt sich ganz allmählich. In dem Moment, als ich die Plaza zu meinem Wohnzimmer machte, war ich schon ein Maletilla geworden, ein Anfänger eben. Und dann geht man irgendwann zu einem Tentadero. Man sagt nicht: Ab heute gehe ich aufs Land. Nein, du erfährst, daß es da einen Tentadero gibt, und zack! bist du da.

Als ich dann die Tiere sah, war ich ziemlich perplex, denn vorher kannte ich sie nur aus dem Fernsehen oder von der einen oder anderen Corrida. Aber einen Kampf auf dem Land hatte ich noch nie gesehen. Und jetzt hatte ich die Tiere plötzlich ganz nah vor mir, ich spürte ihren Atem und sah die Toreros so ruhig und ganz nah am Stier. Ich sah, wie sie kämpften, wie sie alles mit gemessener Sorgfalt taten, ganz in der Stille, ohne den Lärm der Plaza, der einen ablenkt. Hier gab es nur den Torero, das Tier, die Arbeiter, die Maletillas, den Herrn der Finca.

Und nach diesem ersten Mal auf dem Land ging ich wieder und wieder hin… So war das. Es war keine Entscheidung.

Eines Tages wurde ich ‹entdeckt›, als ich auf einer Finca kämpfte. Ein Mann gab mir die Gelegenheit, den *traje de luz* zu tragen. Und natürlich sagte ich nicht nein. Schließlich suchte ich ja Gelegenheiten zum Kämpfen.

So geht es ganz langsam, wie von selbst, ohne daß man Entscheidungen fällt.»

**Schritte nach oben**

«Zuerst ist man Aficionado, dann Maletilla, später wird man zum Novillero, der ohne Picadores kämpft. Hier bekommt man ein Dokument des Verbandes, in dem sämtliche Toreros zusammengeschlossen sind, alle Matadores, Novilleros, Banderilleros usw. sind da mit drin. Es ist ein Ausweis, eine Genehmigung. Um in einer ernsthaften Vorstellung kämpfen zu dürfen, brauchst du diese Karte. Du bekommst sie erst mit sechzehn Jahren, doch ich hatte meinen ersten öffentlichen Kampf mit einem Jungstier schon mit dreizehn Jahren. Wir führten die Behörde hinters Licht, indem wir den Namen eines anderen Torero aufs Papier schrieben. Doch wer kämpfte, war ich selbst.

Wenn du zehn solcher Novilladas ohne Picadores hinter dir hast, kannst du mit

Picadores debütieren. Dafür schickst du deine Karte an den Verband, und sie geben dir eine andere, mit der du schon Professioneller bist. Und danach beginnst du, dich auf die Alternativa vorzubereiten, und damit bekommst du deine Karte als Matador de toros.

Ich hatte zu Beginn mit den Novilladas viel Glück, doch nach einiger Zeit liefen die Dinge nicht mehr so gut. Wenn einer als Novillero sehr erfolgreich ist, kann es sein, daß sein Manager glaubt, er sei jetzt weit genug, und entscheidet, daß er die Alternativa nehmen soll. Ein anderer aber hat wenig Erfolg und sieht keine Möglichkeit, mit den Novilladas hochzukommen. So war das bei mir. Irgendwann sagte mir einer hier aus Jerez: Warum nimmst du nicht die Alternativa, vielleicht hast du damit mehr Glück und kriegst den Kopf wieder hoch... Und so war alles etwas erzwungen, die Dinge standen ja nicht so gut. Es war sicher verfrüht, aber klar, ich hatte keine Wahl, ich war durch die Umstände dazu gezwungen.

Normalerweise nimmt ein Novillero die Alternativa, wenn er 60, 70 oder auch 100 dieser Novilladas mit Picadores hinter sich hat. Bei mir waren es nur 21, und das ist ein himmelweiter Unterschied. Da fehlen 50 Kämpfe, um die nötige Übung und Erfahrung für einen Matador zu erlangen.

Schon zwischen einem dreijährigen Novillo und einem Stierkalb von zwei Jahren gibt es einen deutlichen Unterschied. Doch zwischen einem Novillo und einem richtigen Stier von vier oder fünf Jahren ist der Unterschied irrsinnig groß. Ein Stier tut völlig andere Dinge, und er verzeiht zum Beispiel niemals.

Beim Novillo kannst du dich täuschen, etwas falsch machen, und nichts passiert. Wenn du beim Stier etwas falsch machst, hat er dich sofort unter den Hufen, ganz sicher.

Im allgemeinen ist es so, daß der Stier mehr und schneller begreift und daher viel weniger Manöver mitmacht. Deshalb mußt du deinen Beruf mit den Novillos erlernen. Wenn du es nicht tust, mußt du es hinterher mit den Stieren nachholen, und es kostet dich sehr viel mehr, weil Stiere viel schwieriger sind. So war das bei mir.

Und jetzt – ich habe seit meiner Alternativa, die nun acht Jahre her ist, 20 Corridas gehabt. Jeder beliebige Torero hat allein im ersten Jahr 50 oder wenigstens 30. Ich dagegen nur 20 in acht Jahren.

Ich bin ein hartnäckiger Mensch. Ich weiß, daß man es mir schwerer macht als manchem anderen. Weil ich weniger Glück habe oder wie auch immer. Ich suche das Glück, aber es entflieht mir, ich erreiche es nicht. Doch ich bin zäh, und irgendwann fragen sich die Leute, wie ich es fertigbringe, mit der gleichen Ruhe wie früher vor den Stier zu treten.»

**Mein Ausstellungssaal ist die Corrida**
«Die Corrida ist für mich, was für einen Maler die Ausstellung ist. Wenn er gearbeitet und etwas vollbracht hat, stellt er sein Werk aus und hofft, daß alle dieses Werk sehen und anerkennen. Mein Ausstellungssaal ist die Corrida. Ich stelle dort meine ganze Arbeit aus, all die Stunden, die ich in meinem Leben dem Stier gewidmet habe. Dazu kommt natürlich, daß ich mein Leben riskiere. Und eine weitere Erschwernis, die der Maler nicht hat: Ich muß all das, was ich in meinem

Leben gelernt habe, in einer Viertelstunde umsetzen. Es gibt Gelegenheiten, wo ich das erreiche, und andere, wo es mir nicht gelingt. Für mich ist der Tag der Corrida ein sehr zwiespältiger Tag. Ein sehr glücklicher Tag, weil ich kämpfen darf, aber auch ein schrecklich harter Tag voller Anspannung, weil ich den ganzen Tag mit der Angst zu kämpfen habe.

Man hat Angst, sein Leben zu verlieren, und ich glaube, es ist niemandem egal, ob er es verliert. In diesen zehn Minuten muß das Gehirn auf vollen Touren funktionieren. Wenn man das nicht schafft, kann man auf viele Weisen sterben. Umkommen und Schluß. Sterben in der Niederlage muß etwas Schreckliches sein. Scheitern mit etwas...

Ich glaube, das Erleben einer Niederlage ist immer schrecklich, in jeder Sache. Wenn man etwas versucht und damit scheitert, ist es einfach schrecklich.

Der Tag der Corrida ist ein Tag wie eine Münze: Kopf oder Zahl, Anerkennung oder Nichtanerkennung dessen, was man ist...»

**Leben als Torero**

«Man ist Torero, weil man es fühlt, von Anfang an. Man spielt Torero, man sieht natürlich auch, daß Toreros wichtige Männer sind. Man fühlt das. Später entdeckt man außerdem noch, daß man damit reich werden kann, daß man in kurzer Zeit viel Geld verdienen kann. Man sieht das alles, und vielleicht ist man niedriger Herkunft und muß schnell nach oben kommen, um nicht noch mehr Probleme zu kriegen. Doch zu Beginn und grundsätzlich ist man Torero, weil man es fühlt. Man fühlt etwas sehr Spezielles, wenn man Stierkämpfer ist.

Der Torero ist jemand, der Werte wiederzubeleben versucht, die verlorengegangen sind, oder, besser gesagt, die sich verschoben haben. Heutzutage z. B. sind wirkliche Helden rar. Mein Gott, wie die Welt sonst wäre!

Insgeheim halte ich mich für den wichtigsten Mann der Welt. Aber, Vorsicht, ich will damit nicht angeben: Ich möchte der wichtigste Mann der Welt sein – für mich! Auf persönlicher Ebene versuche ich mir selbst zu beweisen, daß ich anders bin als die anderen. Daß ich auf besondere Art fühle, daß ich besondere Sensibilität besitze. Viele Toreros erreichen das nicht, sie sind wie Maschinen.

Für mich ist der Stierkampf etwas sehr Besonderes. Er stellt eine eigene Welt in mir dar, die Welt meiner Träume. Ich kämpfe jeden Tag, auch wenn ich nicht in der Arena kämpfe. Ich bin jeden Tag bei den Stieren, auch wenn man das nicht sehen kann.

Ich bin ein bißchen verrückt, das gebe ich zu. Aber um Torero zu sein, um all diese Dinge zu tun und dabei sein Leben aufs Spiel zu setzen, muß man verrückt sein. Und bei all dem bemühe ich mich, den Leuten zu zeigen, daß ich ein normaler Mensch bin. Damit sie nicht denken, ich sei reif für die Irrenanstalt.

Es würde mir gefallen, etwas abseits zu leben. Nicht, daß ich kein geselliger Mensch wäre. Doch ich weiß, daß viele Leute nicht erkennen, daß die Welt der Stiere immer noch in einer anderen Epoche lebt, daß in ihr die Zeit gewissermaßen angehalten wurde. Sie lebt in einer Zeit der Gefühle, der Leidenschaften und des Genusses, vor einen Stier zu treten.

Natürlich muß ich in diesem 20. Jahrhundert leben. Gegen den Strom kann ich nicht schwimmen. Doch deshalb kann ich weder die eine noch die andere Welt richtig auskosten und von keiner für die jeweils andere profitieren. Mir bleibt nichts, als in beiden zu leben. Ich ziehe mit fliegenden Fahnen von einer zur andern. Nur wenn ich allein bin, wenn ich trainiere, das Kämpfen genieße, dann bin ich ganz in meiner Welt.

Ein Torero fühlt sich dabei immer als solcher, egal ob in der Plaza oder woanders. Und es gibt immer noch viele Leute, die spüren, was ein Torero ist: daß er ungewöhnlichen Mut besitzt, daß er ein Mann ist, der aus besonderem Holz geschnitzt ist.

Für andere wiederum ist der Torero ein überkommenes, altmodisches Wesen, das keinen Sinn erfüllt. Klar, welchen Sinn hat schon ein Torero im 20. Jahrhundert? Er zieht sich ja immer noch an wie vor 300 Jahren, mein Gott! Natürlich gibt es Leute, die davon nichts verstehen, ganz zu schweigen von denen, die gegen Stierkampf eingestellt sind. Es sind Leute, die gleichgültig sind oder uns sogar mit Geringschätzung behandeln. Wenn jemandem der Stierkampf gefällt, behandelt er uns wie Helden, wenn er ihm nicht gefällt, schaut er von oben auf uns herab.

Doch ebenso gibt es immer noch Leute, die überrascht sind, wenn sie mich zum erstenmal sehen: Antonio Lozano, Torero, aha! Sie sind verblüfft, wenn sie erfahren, daß man Torero ist und trotzdem ganz normal. Manche allerdings kapieren das nicht und glauben weiterhin, man müsse dumm und unterentwickelt sein.

Ich denke, daß wir Toreros schon einfach deshalb anders sind, weil wir auf andere Weise leben. Ich spreche ja mit meinen Kollegen und merke, daß sie anders leben und denken. Vielleicht, weil sie mit dem Tod zu tun haben und mit einem intelligenten Tier. Das will irgendwie verdaut sein.

Beim Stierkampf wissen die Leute, daß der Torero zu etwas fähig ist und daß er ein Risiko auf sich nimmt. Sie gehen zu einer Corrida, um sich zu amüsieren, und auch, weil sie wissen, daß dieses Risiko besteht, daß der Stier dich auf die Hörner nimmt.

Nun, all diese Dinge, die es woanders, beim Fußball zum Beispiel, nicht gibt, führen dazu, daß die Leute den Torero bewundern. Besonders seinen Mut, sich in eine Situation zu begeben, die zu seinem Tod führen kann. Das ist es, was die Leute noch immer an einem Torero respektieren, glaube ich.

Zuweilen gehen Leute in den Stierkampf, denen er eigentlich nichts bedeutet. Wenn aber der Torero verletzt wird, verändert sie das. Es entstellt sie. Eine Cornada ist sehr heftig. Plötzlich herrscht Beklemmung. Da ist die Arena, die Verletzung, das Blut, die Menschen, die zur Krankenstation rennen – was eine Panik! Und alle haben Angst. Das gibt dem Stierkampf noch heute Aktualität und Kraft.

Ein Zuschauer setzt sich auf seinen Platz im Tendido, er schaut sich den Stier an und den Torero. Und er gibt seine Kommentare ab: Uh, ist der schlecht, ja, warum läuft denn hier nichts! Doch in dem Moment, wo der Stier den Mann aufs Horn nimmt, fühlt er sich plötzlich schuldig dafür. Mir ist das auch schon so gegangen. Ich schaute nach oben ins Publikum und sah, daß es unzufrieden war, und als ich versuchte, es besser zu machen, meine Angst besser zu beherrschen, verletzte mich der Stier. Die Leute haben sich furchtbar erschrocken.

Aus diesem Grund respektieren einen die Leute. Weil sie diejenigen sind, die mich in gewissen Momenten zwingen, noch einen Schritt nach vorn zu tun, wodurch ich das Risiko einer Verletzung eingehe. Wenn dann etwas passiert, fühlen sie sich verantwortlich, weil sie mich in den Tod geschickt haben.

Doch diese Spannung allein ist es nicht, worum es im Stierkampf geht. Damit daraus Kunst wird, muß Schönheit hinzukommen. In vielen Corridas gibt es keine Schönheit. Es gibt viel Spannung, starke Eindrücke, aber es gibt keine Kunst, keine Ästhetik. Was geschieht, ist, daß ein Gefecht gegen den Stier ausgetragen wird.

Ich denke, daß ein Stierkampf erst dann gut ist, wenn Kunst entsteht, wenn man etwas erschafft, das Schönheit besitzt. Das ist immer noch gültig.

Obwohl diese zwei Positionen, Kämpfen und Kunst, genau entgegengesetzt sind, treffen sie doch im Tod zusammen. Selbst wenn einer nur Angst und Unvermögen zeigt, ist der Tod doch präsent, denn der Stier kann ihn in zwei Stücke reißen. Wenn dagegen einer sehr mutig ist und ganz nah am Stier arbeitet, hat das nicht unbedingt mit Kunst zu tun, doch auch hier ist natürlich der Tod gegenwärtig.

Bei einem außerordentlichen, sensationellen Kampf kann der Stier dich leichter kriegen, denn er erwischt dich, weil du in Ekstase bist. Du merkst, es geht gut, du genießt das, verlierst den Verstand, alle Sinne, und der Stier erwischt dich. Man kann tun, was man will, sei es Kunst oder auch gar nichts – der Tod ist immer präsent.»

**Ein Rendezvous mit dem Tod**
«Es ist etwas anderes, einfach vor sich hin zu leben, als morgens aufzuwachen und zu wissen: Am Nachmittag habe ich ein Rendezvous mit dem Tod. Das vergißt man in keinem Moment. Man weiß einfach, daß man dieses Treffen hat, und zwar nicht nur mit dem Tod, sondern auch mit den Hörnern. Wir Toreros sprechen nie vom Tod, immer nur von der Cogida. Wir sprechen nicht vom Tod, weil..., weil wir nicht von ihm sprechen möchten. Aber ich würde mir wünschen, daß die Menschen sich seine ständige Gegenwart klarmachen. Es gibt viele Leute, die das vergessen, doch kein Torero vergißt es. Schließlich kann dich jeder Stier in Stücke reißen, noch der harmloseste bringt das fertig, in jedem Moment. Das vergessen viele Leute und fordern vom Torero Dinge, die sie nicht fordern dürften, während sie andere Dinge nicht verlangen, die sie gerade verlangen sollten. Der Grund für all das ist Unwissenheit, weiter nichts.

Ich versuche, sowenig Freundschaft wie möglich mit dem Tod zu schließen. Ich spreche nie mit ihm, denn sonst wäre es für mich sehr schwierig, dem Stier gegenüberzutreten. Ich habe einen Pakt mit dem Tod geschlossen; er läßt mich in Ruhe, und ich kämpfe, ohne an ihn zu denken. Ich ersetze das Wort Tod durch das Wort Niederlage. Wenn ich nicht unterliege, dann deshalb, weil ich ihn besiegt habe. Ich habe meinen Pakt mit ihm, und das einzige, was ich will, ist

Triumph. Wenn ich scheitere, gewinnt er, denn es kann mir passieren, daß ich mein Gleichgewicht verliere. Wenn das in einer Corrida geschieht, wenn die Dinge schlecht laufen, werden die Zuschauer unzufrieden. Sie verlangen mehr, und daraufhin gibt man mehr, als man eigentlich darf, und genau da kriegt einen der Tod.

Wegen dieses Paktes spreche ich immer nur von Niederlage oder Erfolg. Doch in manchen Momenten kann man den Tod nicht vergessen. Und genau das macht das Heldentum des Toreros aus. Daß er sagt: Dagegen komme ich an, obwohl er weiß, was ihm passieren kann. Es ist wie ein Tausch, ich zahle den Preis des Risikos, und dafür habe ich Erfolg.

Manchmal erschreckt mich die Vorstellung, daß ein Stier mich töten könnte, doch das muß ich unterdrücken. Es ist die einzige Mölichkeit, keine Angst vor dem Stier zu haben.

Es gibt nur einen einzigen Gedanken, den ein Torero hat, wenn er auf dem Operationstisch erwacht. Sein einziger besessener Wunsch ist es, erneut vor den Stier zu treten. Darin sind wir alle gleich. Man wird wach und merkt, daß es einem bessergeht, und will so schnell wie möglich gesund werden, um wieder in die Arena zu können. Denn je länger sich das verzögert, desto mehr zweifelt man. Man will wissen, wie man auf den Stier reagiert, wenn man verletzt worden ist, das ist das erste, was uns interessiert, alle gleichermaßen. So ist auch die Angst ein stimulierender Faktor.»

**Zwang zum Erfolg**
«Zur Zeit habe ich als Torero keinen Erfolg. Ab morgen oder ab irgendeinem anderen Tag werde ich vielleicht nie wieder den *traje de luz* tragen. Aus Gründen... – weil die Umstände es so wollen, weil es einfach nicht mehr geht. Und trotzdem werde ich als Torero sterben, auch wenn ich unter ganz anderen Umständen sterbe, das ist sicher. Und lassen wir den Tod beiseite, ich werde immer als Torero leben, auch wenn ich eines Tages mit ganz anderen Dingen beschäftigt sein sollte.

Ich hatte als Kind, was meine körperliche Konstitution angeht, wenig Chancen. Wenn Fußball gespielt wurde, spielte ich am schlechtesten. Beim Basketball kriegte ich nie einen Ball in den Korb. Nie holte mich einer zum Spielen, weil ich so schlecht war.

Inzwischen aber habe ich mehr Kraft als all diese Freunde von damals. Ich lernte, besser zu sein als sie alle. Von klein auf war das eine Herausforderung für mich. Ich dachte mir, ich müsse etwas erreichen. Nicht besser zu werden als sie, sondern einfach, daß sie merken, daß ich besser bin.

Als Torero habe ich einige Fähigkeiten, doch was mir fehlt, ist der Durchbruch, der Start. Und der ist schwer. Wie gesagt, in acht Jahren zwanzig Corridas! Ich habe gute Fähigkeiten, ich weiß das, doch niemand glaubt an sie. Und so geschieht es wie damals beim Fußball: Ich werde es dahin bringen, daß die Leute an mich glauben. Und auch dahin, daß ich mir selbst vertraue.

Jetzt habe ich manchmal noch Zweifel, weil Dinge, die ich versuche, mir nicht gelingen. Aber ich habe auch schon einiges erreicht, was ich anders nicht erreicht hätte. Ich habe es z. B. geschafft, Erfolg mit großen Stieren zu haben. Aber

**155**

klar, jetzt habe ich den Erfolg einmal kennengelernt, und da reicht mir einmal nicht. Ich will ihn wieder und wieder haben.

Wenn man mir das nehmen würde, bliebe ich trotzdem Torero. Ich wäre ein Pechvogel. Ich müßte in meiner Welt leben, allein und ohne weiterhin etwas zu erschaffen, nur für mich allein und ohne es den anderen zeigen zu dürfen.

Allerdings glaube ich, daß ich auch in einem solchen Fall vernünftig genug wäre, mich aufs neue zurechtzufinden. Schon weil ich kein Recht habe, mein Leben zu zerstören oder gar dasjenige derer, die mich umgeben. Und zumindest bliebe mir der Trost, es versucht und darum gekämpft zu haben, keine Stunde ungenutzt gelassen, keine Anstrengung gescheut zu haben. Ich wäre ein unglücklicher Mann, wenn es mir nicht gelänge, meine Pläne zu verwirklichen. Und doch bliebe mir ganz tief drinnen die Befriedigung, es zumindest versucht zu haben.

In der Welt der Stiere ist von größter Wichtigkeit, was die anderen sagen, möchten, denken. Wenn ich von den ‹anderen› spreche, meine ich nicht nur das Publikum. Ich meine die Leute, die im Stierkampf das Sagen haben, die ihn manipulieren.

Sie manipulieren nicht den Torero und nicht den Stier, sondern das, was diese repräsentieren. Für sie ist der Torero ein Markenzeichen, das sich gut verkauft, sehr gut sogar. Und manchmal arbeiten sie nur noch mit Markenzeichen. Nur: Mit mir arbeiten sie nicht, ich arbeite allein. Wenn sie nicht wollen... – ich weiß, daß ich es versucht habe und nur gegen Wände gerannt bin...

Im allgemeinen verspüre ich keine Reue, daß ich diesen Weg eingeschlagen habe. Ich war niemand, ein Nichts, und ich habe so vieles erreicht und erlebt mit den Toros. Das würde jeden Menschen prägen.

Es gibt immer noch Menschen mit etwas Sensibilität, die wissen, was es heißt, eine Blume zu betrachten. Andere gehen durchs Leben und kriegen das nie mit. Sie leben so vor sich hin, weil... – weil die Regierung sagt, daß sie studieren sollen, studieren, um zu arbeiten, arbeiten, um Geld zu verdienen, Geld verdienen, um ein Auto zu kaufen, ein Auto kaufen, um zum Strand zu fahren, vom Strand nach Hause, heiraten, einen Sohn bekommen, der studiert, arbeitet... – mein Gott, bloß das nicht! Stop, stop, schauen, was schön ist...

Klar, ich sage nicht, daß alles schlecht ist, schließlich muß man leben. Und wenn die Welt ist, wie sie ist, muß man sich auf eine Weise arrangieren. Doch einmal muß man innehalten, muß man aus dem Auto steigen, das Auto vergessen und die Augen aufmachen, um zu sehen, was da ist.

Das ist, was ich durch meinen Kontakt mit der Kunst erfahren habe. Mit den Stieren, aber auch mit der Kunst. Im Stierkampf gibt es Leute, die dich zum Sehen bringen. Stierkampf heißt ja nicht nur, die Muleta in die Hand zu nehmen. Es heißt auch, daß du Empfindungen in dir hast. Und es gibt Leute, die dir helfen, sie zu entdecken und: dich zu entdecken.

All das verdanke ich dem Stier. Das kann mir keiner nehmen. Vielleicht nimmt man mir morgen die Gnade, den *traje de luz* tragen zu dürfen, doch was in mir drin ist, nimmt mir keiner. Niemand kann mir nehmen, was ich schon habe.

Man kann jemandem die Zunge abschneiden, doch seine Träume kann man ihm nicht nehmen.

Obwohl ich in der letzten Corrida keinen Erfolg hatte, kann mir keiner den Genuß nehmen, den ich beim Kampf verspürte und den ich jetzt noch verspüre, wenn ich daran zurückdenke. Noch jetzt kann ich mir jeden Moment mit dem Stier vorstellen und was ich Gutes und Schlechtes mit ihm gemacht habe. All diese Dinge sind für andere unzugänglich. Manche erleben sie beim Schreiben, beim Meditieren, durch die Philosophie und das Denken, durch ein Gemälde, jeder auf seine eigene Art. Die übrigen tragen nicht die Schuld, daß sie nicht so sind. Keiner war an ihrer Seite, um ihnen etwas anderes zu zeigen.

Das habe ich durch die Toros erfahren, und es ist ein großes Glück. Ich bin sicher, jedem, der fähig ist, eine solche Gefühlswelt zu verstehen, wird der Stierkampf gefallen. Wie kann man nur glauben, wir seien eine Horde von Mördern, wo wir doch fähig sind, solche Gefühle zu entwickeln, zu weinen, in jedem Augenblick zu weinen!»

**Berufung**

«Was den Torero angeht, würde ich das Wort Afición ersetzen oder vielmehr vervollständigen wollen durch das Wort *vocación*, Berufung. Das Wort Afición ist schlecht gewählt. In Wirklichkeit muß ein Torero Berufung besitzen, um all das auszuhalten, die völlige Isolation, das bedingungslose Opfern all seiner Zeit. Es gibt angenehme Zeiten, aber auch viel unangenehme. Wegen der Leute, die uns wie den letzten Dreck behandeln, die uns benutzen: du ja, du nein usw.

Lohn der Angst, Symbol des Erfolgs. *La oreja*, das Ohr: Im Sog des Ruhms und der Peseten wird Stierkampf zum Leistungssport. Die Menge allein macht's: Erfolg mißt sich an der Plazierung im «escalofón», der Rangliste der Matadores, wo die Zahl der in einer Saison bestrittenen Corridas und der dabei ergatterten Trophäen verzeichnet sind

Einer, der das erträgt und obendrein fähig ist, an diesem Leben Freude zu haben, ohne daß er einen Ausgleich für sein Leid erhielte, muß schon Berufung verspüren.

Alle Toreros, vom Geringsten bis zu dem, der alles erreicht hat, verspüren diese Berufung. Denn paradoxerweise werden die Probleme um so größer, je weiter man nach oben kommt. Im Augenblick bin ich noch niemandem gefährlich, doch sobald ich drin bin, werden alle versuchen, mir meinen Platz streitig zu machen. Es wird sofort schwierig werden. Im ersten und zweiten Jahr helfen einem noch alle. Doch wenn man erst mal groß ist, hat man plötzlich Feinde. Die einem vorher geholfen haben, versuchen jetzt alles, einen zu Fall zu bringen. Das ist eine finstere, häßliche Welt.

Doch die Berufung steht über all dem. Sie verhilft zum Gelingen und dazu, etwas zu erschaffen. Gelingen bedeutet auch, materiell eine gewisse Sicherheit zu erreichen, um sich jederzeit zurückziehen zu können. Und auf diesem Weg geht der Torero ein großes Risiko ein, in den Sog des Geldes, der Peseten, des Ruhms, des puren Erfolgs zu geraten, lauter Dinge ohne Fundament. Aber es ist der Weg zur Unabhängigkeit, dahin, tun zu können, was er will, der zu sein, der er will.

Ich habe schon viel durchgemacht, aber es wird noch einiges kommen. In so einer Hierarchie hat man es schwer. Man darf nicht um Hilfe bitten, es gelten nur Taten und Beweise, Beweise vor dem Stier. Doch wie beweist man sich, wenn man keine Chance zum Kämpfen hat?

Tja, so läuft das. Man wird ständig erniedrigt, bis man eines Tages seine Chance kriegt. Dann kann man froh sein, wenn man einigermaßen damit zurechtkommt, denn auch mit noch soviel Ehrgeiz hat man doch die Erfahrung nicht. Gleitet es einem aus der Hand, kann man nichts wiedergutmachen. Und die anderen werden sagen: Siehst du, du schaffst es nicht!

Ohne wirkliche Berufung hält man es nicht aus. Wenn jemand arbeitet, hat er oft unter seiner Arbeit oder seinem Chef zu leiden, aber zum Ausgleich bekommt er Geld. Ich verdiene seit fünfzehn Jahren keine Pesete mit dem Stierkampf, im Gegenteil, ich muß oft noch draufzahlen. Ohne Berufung hält man das nicht aus. Und als Torero kann man nicht seinen Arbeitsplatz wechseln...

Mit mir zusammen haben zwölf oder dreizehn Jungen angefangen. Ich bin als einziger meiner Generation übriggeblieben. Die anderen hatten nicht genügend Kraft, es auszuhalten. Es reichte nicht, um hochzukommen. Das Problem ist eben, daß es nicht nur von uns abhängt, sondern auch von denen, die mit Markenzeichen handeln.

In der Finca eines verstorbenen Matador steht ein Spruch geschrieben: Lerne Eisen zu sein, damit du der Schmiedehammer werden kannst. Wir sind das Eisen, der Amboß, der immer hinnimmt, und so lernen wir für die Zeit, wenn wir berühmt sind. Das ist der Stierkampf.

Ich habe sehr viele Momente erlebt, wo ich keine Lust mehr hatte weiterzumachen. Das ist das Schlimmste. Doch ich verfüge über eine innere Kraft, von der ich weiß, daß sie mir nur die Toros geben können. Es ist nicht so, daß ich Angst davor hätte, mein Leben zu verändern. Doch meine Lebensweise gefällt mir nun einmal so gut, daß ich sie eigentlich um keinen Preis verändern möchte.

Und das ist nicht alles. Es verschafft mir große Befriedigung, mit Stieren zu kämpfen, und zwar auf dem Land eigentlich mehr als in der Arena. Ich hatte große Erfolge in der Arena, und das war sehr schön, aber im Vergleich zu den Tagen auf dem Land ist es etwas sehr anderes. Auf dem Land bekomme ich eine innere Kraft, die mich weiterbringt und am Leben hält. Es ist schwer zu erklären... Ich fühle mich lebendig...

Es gab eine Zeit in meinem Leben, vor etwa fünf oder sechs Jahren, da nahm ich meine Studien wieder auf, um meinen Abschluß nachzuholen. Das beschloß ich eines Tages, weil ich dachte, ich bräuchte noch etwas anderes, falls das mit dem Stierkampf zu kompliziert würde.

Auf diese Art kam ich mit einer anderen Sorte junger Menschen in Kontakt, einer Jugend, die sehr unruhig war. Ich kannte bis dahin nur die Unruhe meiner Stiere und lernte nun plötzlich eine Jugend kennen, die in Bewegung war und nachdachte, eine Jugend, die sagte: Dies ist gut, und das ist schlecht... Ich dachte, daß ich Glück hätte, neben dem Stierkampf noch ein anderes Leben kennenzulernen, vor allem auch andere Gefühle, indem ich die Stiere etwas beiseite ließ. Ich begann, andere Aktivitäten zu entwickeln, ich sang, spielte Gitarre, war in christlichen und politischen Jugendgruppen. Und eines Tages merkte ich, daß all das genauso manipuliert wurde wie der Stierkampf. Alles war manipuliert – mit dem einen Unterschied: Sobald die Leute etwas reifer wurden, verloren sie ihren Idealismus.

Bei mir war das anders. Ich bin heilfroh, daß ich mir meinen Idealismus nicht habe nehmen lassen. Ich habe mir meinen ewigen Traum nicht nehmen lassen, der mich zu einem glücklichen Mann machen kann.

Glücklich zu sein ist nur ein Moment, es ist eine Frage der Umstände, doch die innere Kraft, die man hat, wenn man kämpft und etwas erreicht, ist etwas anderes. Das erreicht man nicht mit einer anderen Art zu leben. Die Liebe z. B. ist ein wunderbarer Zustand, doch irgendwann beginnt sie, sich zu stabilisieren, zu erstarren. Mit den Stieren ist das anders. Es erstarrt nicht, es ist immer wie am ersten Tag.»

**Ein Recht zu töten gibt es nicht**
«Niemand glaubt, daß er das Recht habe zu töten, nicht einmal ein Torero. Es ist eine andere Denkweise.

Ich gehe zur Corrida und versuche, aus dem Stier das Beste herauszuholen. Ich will, daß er glänzt, damit ich glänzen kann. Und den gleichen Mut, den er mir gibt, versuche ich ihm zu geben. Es ist eine Konfrontation, ein Krieg: entweder er oder ich. Fast immer gewinnen wir diesen Kampf. Doch immer gibt es das Risiko, daß er es ist, der gewinnt.

Wenn die Faena großartig war und der Stier stirbt, wird man sich ewig an ihn erinnern. Kein anderes Tier erlangt diese Unsterblichkeit in der Erinnerung.

Ich versuche, dem Stier soviel Wert wie möglich zu geben. Zugleich verteidige ich mich gegen ihn, doch ich schaffe dabei ein Kunstwerk und Emotionen. Was mich lebendig macht, ist, daß er mich töten möchte. Ich versuche mich zu verteidigen, aber mit Anstand und Mut.

Ein Recht zu töten gibt es nicht. Im Gegenteil dachte ich oft, daß man dem Stier das Leben schenken müsse. Auf welche Weise kämpfen wir überhaupt? Ich habe mein Werkzeug, und er hat seine zwei Hörner. Ich habe meine Intelligenez, habe viel über das Toreo nachgedacht, während er nur diese zehn Minuten hat. Er ist ein Tier, ja, gut, aber ich bin auch ein Tier, das darüber hinaus eben Vernunft besitzt.

Ich bin nicht aggressiv, aber *das* tue ich trotzdem. Und ich fühle mich deswegen nicht als Mörder. Mag sein, daß ich mich einfach daran gewöhnt habe, weil ich es schon so oft gesehen habe. Vielleicht habe ich daher für diesen einen Moment meine Sensibilität verloren, aber nur für diesen Moment und keinen anderen.

Wenn du jeden Tag Wasser trinkst, findest du es irgendwann normal. So ist es auch mit den Stieren. Das Töten ist eben die Krönung der Faena. Wenn am Ende der Faena keine große Estocada steht, hat man nicht alles erreicht. Dann hat der Stier den Kampf gewonnen.

Merkwürdigerweise ist es so, daß ich manchmal mit einem Stier kämpfe und ihn töte, und doch weiß ich, daß er den Kampf gewonnen hat. Und eigentlich ist es fast immer so, denn ich bin ja im Vorteil. Kaum jemand versteht es, aber der Stier gewinnt meistens.»

**Der große Tag**

«Es ist eine besondere Geste, eine Corrida allein zu bestreiten. Und die Leute halten es für besonders heldenhaft. Man kann so etwas aus zwei Gründen tun: einmal, weil man im Vollbesitz seiner Kraft ist und weiß, daß man gut ist und die Leute das auch sehen. Oder, und so ist es bei mir, weil man ganz unten ist und den Kopf hochkriegen will, eben weil einem niemand hilft oder ein Engagement gibt.

Deshalb habe ich mir aus eigener Kraft meine Corrida organisiert. Die Leute, die sie finanzieren, habe ich mir ebenso wie die Stiere in mühsamer Arbeit gesucht. Daher muß dieser Tag eine Entscheidung bringen.

Ich muß an jenem Tag um Leben und Tod kämpfen, damit die Unkenrufer nicht recht behalten und sagen können: Siehst du, wie du scheiterst, wir wußten schon, warum wir nicht auf dich gesetzt haben! Sie beurteilen mich nicht nach meiner inneren Kraft, sondern nach Taten und Ergebnissen allein. Und es ist, wie gesagt, schwer, es gut zu machen, wenn die Praxis fehlt. Wenn es gut wird, spielt auch der Zufall mit, wird es aber schlecht, werde ich wahrscheinlich nicht weitermachen. Es wird mir nichts bleiben, als aufzuhören. So kann dieser Tag für mich als Größe des Toreo die Geburt so gut bedeuten wie den Tod. Doch im Herzen werde ich immer Torero bleiben.

Eigentlich möchte ich mir über all das erst nach der Corrida Gedanken machen. Ich glaube, daß ich mir für diesen Tag schlecht etwas vornehmen kann. Zuviel hängt dabei von den Stieren ab. Wenn der erste nicht angreift und der zweite auch nicht, kann es sehr schwer werden, nicht den Mut zu verlieren. Doch wenn ich mit viel Optimismus und mit der vollen Überzeugung darangehe, daß ich es schon schaffen werde, wird es mir sicher gelingen. In der Tat bin ich ja schon fünfzehn Jahre dabei, es zu versuchen, da werde ich nicht im letzten Moment so dumm sein zu versagen.

Ich habe beschlossen, daß, falls es kein Erfolg werden sollte, auf keinen Fall die totale Niederlage dabei herauskommen darf. Ich will das erklären: Die Leute, die mit den Toros zu tun haben, und auch das Publikum, sie alle halten mehr auf dich, wenn du dir innerhalb des Mißerfolgs wenigstens selbst treu bleibst.

Ich bin bereit, mich vom Stier auf die Hörner nehmen zu lassen, nur damit sie nicht sagen können: Der war aber nicht gut. Es verhindert ein Stück weit, daß die Leute schlecht von einem reden.

Wenn die Stiere nicht angreifen und mir nicht helfen, will ich die Arena wenigstens nicht zu Fuß verlassen. Denn es wäre sehr hart für mich, allein in meinem Badezimmer zu sein, das mir oft als Zufluchtsort dient, mit geschlossener Tür und allein. Ich ziehe es vor, in einem anderen Zimmer und nicht allein zu sein. Das ist alles, was ich verlange.

Es bleibt mir nichts, als diesen Preis zu zahlen: Wenn es kein Erfolg wird, soll mich der Stier auf die Hörner nehmen.

Gott ist gerecht, doch meiner Meinung nach macht er vieles falsch, indem er den Menschen die Entscheidungen überläßt. Ich gehe zu dieser Corrida, weil ich den Traum meines Lebens wahr machen will. Wenn es also kein Erfolg wird, soll der Stier mich ruhig auf die Hörner nehmen, nur scheitern lassen soll er mich nicht. Denn der innere Schmerz ist viel größer als der körperliche. Der ist nicht von besonderer Bedeutung, er ist einfach da...»

Der große Tag hielt genau das für ihn bereit, wovor er sich am meisten gefürchtet hatte: Enttäuschung. Weder Glanz und Gloria, kein Himmelbett und auch kein Krankenbett, einfach: kein Gelingen. Und kein Tag jedenfalls, der es leichtgemacht hätte, seinen Abschied von den Toros zu nehmen. Bleibt das Warten auf eine neue Chance...

# Mehr als ein Duell

## Tauromaquia

### Eine tödliche Strategie

*El toro pide la muerte* – der Stier verlangt den Tod, heißt es in der Sprache der Tauromaquia, wenn sein Zustand den tödlichen Degenstoß notwendig macht, die Vollendung des Kampfes. Er steht da, mit hängendem Kopf, schwer atmend, entkräftet, wie geschlagen. Ein Verlierer, der nichts mehr mit dem stolzen Toro gemein hat, der vor kaum einer Viertelstunde erhobenen Hauptes in die Arena stürmte. So sehr hat er verloren, daß jedes weitere Manöver überflüssig oder gar unmöglich ist. Von seiner Gefährlichkeit hat er dabei nichts eingebüßt, und dennoch erweckt er jetzt, am Ende, den Eindruck, sich in die Niederlage zu fügen. *Pedir la muerte* heißt auch: um den Tod bitten.

Die Doppeldeutigkeit ist kein Zufall, denn die Logik der Tauromaquia vollendet sich dort, wo sie die Konfrontation bis zum Äußersten treibt: Für einen letzten, dramatischen Augenblick stellt sie Stier und Matador einander gegenüber, Gefährten eines unerbittlichen Schicksals, das nur noch den einen finalen Akt als Ausweg läßt. Die Musik bricht ab, alles wird still im *Augenblick der Wahrheit*, der für den Stier den Tod, für den Espada dagegen den letzten und riskantesten Teil seiner Aufgabe vorsieht.

Ritus, Tragödie, Tanz – die Tauromaquia schweigt sich aus, was die Interpretation des Spektakels angeht. Sie hält sich streng an das unmittelbar Faktische. Sie erstellt ein Kompendium von Regeln und Praktiken, formuliert Gesetze, gibt Anweisungen, erteilt Rat, legt nahe, erlaubt, verbietet. Die Tauromaquia strukturiert eine Begegnung: die *lidia*.

Lidia bedeutet Kampf, Gefecht. In der Tauromaquia beginnt die Lidia in dem Moment, in dem der Stier das Rund betritt, um mit seinem Tod zu enden. In dieser Zeitspanne gibt sie dem Matador eine Aufgabe zu lösen. Sie stellt ihn vor den Stier, läßt Publikum erst mal Publikum sein, legt Rahmen und Dynamik einer Beziehung fest, die er nach ihren Vorgaben zu gestalten hat. Sie setzt das Ziel, definiert die Schritte, die dahin führen, beschreibt mögliche Zustände und Situationen, die wiederum bestimmte Reaktionen notwendig machen. Für die gesamte Dauer der Lidia stellt sie dem Espada Helfer zur Verfügung, die *peones* oder *subalternos*, die in gewissen Momenten genau umschriebene Funktionen zu erfüllen haben.

Die Rezeptur der Tauromaquia ist verbindlich, soweit sie das Skelett der Lidia betrifft. Sie unterwirft das Drama einer funktionalen Ordnung und gibt Akteuren wie Zuschauern ein begriffliches Instrumentarium an die Hand, auf dessen Grundlage Sinn und Ausführung eines jeden Manövers zu beurteilen sind. Zwi-

**163**

schen richtig und falsch bleibt da wenig Raum für Drittes.

In der Essenz ist die Tauromaquia furchtbar nüchtern. Wie die ersten beiden Teile oder *tercios* der Lidia den Zweck verfolgen, den Stier für die *faena* des Matadors, die Arbeit mit der Muleta, herzurichten, erschöpft sich auch der Sinn dieser Faena nicht darin, ein aufregendes oder schönes Schauspiel zu sein. Ihre eigentliche und essentielle Funktion besteht darin, den Stier auf den Todesstoß vorzubereiten. Anders ausgedrückt: Die Lidia als Ganzes ist ein Schritt für Schritt vollzogenes Töten.

«Das Tötungsmanöver beginnt mit dem ersten Capa-Schwung», sagt Gregorio Corrochano, einer der großen Stierkampfkritiker dieses Jahrhunderts, und präzisiert dann:

«Wir könnten sagen, daß man ihn (den Stier, L. R.) mit jedem Manöver ein bißchen tötet, damit er mit der nötigen und richtigen Bravura, Kraft und Beweglichkeit, nicht mehr und nicht weniger, zum letzten Augenblick gelangt, so daß man ihm den Todesstoß versetzen kann.»[89]

Die Lidia ist eine Schwächung nach Maß, sie betreibt die systematische Entkräftung des Stiers. Das ist unschwer zu erkennen, zeigt sich jedoch am deutlichsten bei der *suerte de varas*. Seit man die Pferde gepanzert hat, sind die Folgen des Lanzenmanövers unübersehbar: Wenn der Stier, Momente zuvor noch im Vollbesitz seiner Kräfte, blutend vom Pferd weggelockt wird, hat er meist eine radikale Wandlung durchgemacht. Selbst wenn das Manöver nicht, wie heute üblich, regelwidrig ausgeführt wird, ist es danach mit den ungestümen Angriffen vorbei.

Weniger offensichtlich ist, daß auch die *lances* und *pases* mit Capa und Muleta die Kräfte des Stiers mindern. Einmal auf den *engaño* gepolt, kann man ihm damit bestimmte Bewegungsmuster aufzwingen, die ihn physisch wie psychisch erschöpfen. Das gilt vor allem für die sogenannten *pases de castigo*, ‹strafende› Manöver, die insbesondere dazu dienen, die Nackenmuskulatur des Stiers zu schwächen, so daß er seinen Kopf beim Angriff tiefer und ruhiger trägt. Doch weil der Stier in jede Attacke seine ungeteilte Kraft einbringt, ist die mögliche Anzahl der Manöver mit Capa und Muleta auch unabhängig von solchen korrigierenden Pases immer begrenzt.

Gegenüber der Lanze scheint die Wirkung der Tücher subtiler. Falsch ausgeführt, können sie jedoch fatale Folgen haben, denn indem man ihn zu abrupten Kehrtwendungen veranlaßt, kann man den Stier im wahrsten Sinn des Wortes brechen.

Mit einer guten Lidia wird die Schwächung des Stiers so präzise dosiert, daß er sich in jeweils genau dem Zustand befindet, der eine optimale Ausführung des folgenden Manövers zuläßt. Doch mit einer Kadenz vernichtender Prozeduren ist es nicht getan. *El toro pide la muerte* – die Aussage läßt sich auch als Anspielung auf ein Paradox lesen: das Einverständnis des Stiers, seine Rolle als Partner in diesem Kampf zu spielen, der es auf ein Kunstwerk abgesehen hat.

Um dahin zu gelangen, ist eine tiefgreifende innere Wandlung des Stiers notwendig. Die Lidia ist als Prozeß der Machtergreifung konzipiert, als ausgeklügelte Strategie der Unterwerfung, die sich im Tötungsakt vollendet. Die Ent-

Die Faena ist mehr als bloß
ein aufregendes Schauspiel.
Hier ein makelloser *derechazo*,
bei dem der Torero die Muleta in der
rechten Hand hält und mit Hilfe
des Degens aufspreizt

kräftung des Stiers ist dabei nichts als ein Mittel zum Zweck. «Toreo», definiert Federico M. Alcázar 1936 in seiner «Tauromaquia Moderna», «ist und soll nichts anderes sein als die Kunst, Stiere zu beherrschen.»[90]

Es sind die Instinkte des Stiers selbst, die diese Beherrschung erst ermöglichen, und der Matador muß sie auszunutzen und in die von ihm gewünschte Richtung zu lenken wissen. Er darf nicht nur nehmen und zerstören, er muß auch bewahren und fördern, soll der Stier seinen Part zu spielen lernen. Die Arbeit des Töters ist zunächst die eines Dompteurs und Lehrers: Will er sein Ziel erreichen, muß er sich den Stier gefügig machen, ihm Gehorsam beibringen. Bändigung und Manipulation – die Lidia ist ein Akt der Dressur.

Gerade zu Beginn des Kampfes ist das oft einfach zu erkennen: Der Stier prescht herein, schaut irritiert umher, sucht einen Ausweg. Wenn er die Capa entdeckt, rennt er darauf zu, um sogleich wieder davon abzulassen, weil er nicht auf Widerstand stößt. Sein Angriff ist fahrig, unentschlossen, er stürmt ungeduldig weiter, ohne Orientierung oder festes Ziel. Noch fügt er sich nicht in sein neues Gefängnis. Wenn er dann das Tuch noch einmal vor sich sieht, nimmt er in der Regel den Kampf auf, wendet scharf nach

**Mit jedem Angriff wächst seine Konzentration auf das täuschende Tuch**

**Eine Cornada ist sehr heftig** ▶

jedem Angriff, läßt sein Ziel nicht mehr aus den Augen. Mit jedem Passieren wächst seine Konzentration auf den vermeintlichen Widersacher, bis er nach der *media verónica*, die den Abschluß dieser ersten Serie von Capa-Schwüngen bildet, verdutzt dasteht, weil ihm plötzlich die Angriffsfläche entzogen wurde. Jetzt schaut er dem Matador nach, er ist fixiert, hat Selbstbewußtsein und Kräfte eingebüßt und zugleich begonnen, die Regeln des Spiels zu akzeptieren. Schlug er vorher wild um sich und stürzte sich wahllos auf alles, was ihm in die Quere kam, greift er nach dieser Lektion gezielter an, gefährlicher, doch auch berechenbarer.

Mit jedem Manöver verändert sich der Stier, lernt er etwas dazu, verschieben sich auch die Machtverhältnisse zur einen oder anderen Seite. Damit der Stier nicht beginnt, das Spiel zu zerstören, muß ihn der Torero ‹anzusprechen› verstehen. Diejenigen Qualitäten, die aus dem Stier einen Mitspieler machen können, müssen zunächst aufgedeckt und dann entwickelt werden. Ob der Toro lernt, was er lernen soll: freimütig, berechenbar und ausdauernd anzugreifen, oder dagegen mißtrauisch wird und auf den Mann zu gehen beginnt, den er hinter dem Engaño vermutet – die Lidia ist eine Gratwanderung auf dem Rücken des Stiers. Er soll lernen, doch begreifen soll er nicht.

Wie dieser Balanceakt verläuft, hängt also wesentlich von den Fähigkeiten des Matadors ab, von der Art und der Ausführung der Manöver, von der Beherrschung des Gegners, die sich darin manifestiert, von der Genauigkeit seiner Einschätzung und natürlich von seinem Mut.

Dabei ist die Fähigkeit, das Spiel zu durchschauen, bei jedem Stier unterschiedlich ausgeprägt. *Toros de sentido* nennt man die Stiere, die schon beim Betreten der Arena den Eindruck machen, Bescheid zu wissen. Solchen Stieren muß man jedes Manöver unter unmittelbarer Lebensgefahr abringen. Sie zögern vor dem Angriff, schauen auf den Körper des Gegners, folgen dem Engaño nur halbherzig, um mitten im Manöver davon abzulassen und die Gestalt dahinter zu suchen. Früher oder später jedoch entwickelt jeder Stier *sentido*, Verstand. Die Fähigkeit dazu ist in ihm angelegt und entfaltet sich zwangsläufig aufgrund der während des Kampfes gesammelten Erfahrungen. Als Faustregel kann demnach gelten, daß der Stier an Wissen gewinnt, was er an Kräften verliert. Die Dauer der Lidia und insbesondere der Faena ist somit notwendig begrenzt.

*El toro pide la muerte* bedeutet, daß der Stier sich in einem Zustand befindet, der den Todesstoß nach den Regeln der Kunst erlaubt, meint aber auch, daß keine Zeit mehr zu verlieren ist, weil jedes weitere Hinauszögern des Finales die Gefahr für den Matador unnötig erhöht. Nicht umsonst setzt das Reglement dem Töter eine zeitliche Grenze. Dauert die Faena länger als zehn Minuten, erfolgt ein Verweis in Form eines Trompetensignals. Ist der Stier nach weiteren drei Minuten noch immer nicht tot, ertönt ein zweites Signal, sind insgesamt 15 Minuten verstrichen, ein drittes und letztes: Zur Schande des Matadors wird nun der Stier mit Hilfe der Ochsen in den Stall zurückgeleitet, wo ihn durch einen Genickstoß mit dem Messer ein schnelles Ende erwartet.

Da kein Stier wie der andere ist, muß, wer die Arbeit des Matadors beurteilen will, zuerst und immer auf den Stier schauen. *A cada toro su lidia* lautet eine Grundregel der Tauromaquia. D. h., mit allem, was er tut, muß sich der Espada an Eigenart und Zustand des Stiers orientieren.

Innerhalb der gegebenen Struktur (die drei Teile der Lidia und die dabei jeweils zulässigen und geforderten Manöver) ist Stierkampf daher Improvisation. Doch der Espada ist dabei nicht frei in der Wahl seiner Mittel; er muß auf seinen Gegner eingehen, will er sich seiner bemächtigen, muß sich einfühlen, in ihn hineinhorchen, seine Intentionen erahnen, kurz: ihn verstehen.

Sehvermögen und Kräfte des Stiers geben vor, welches die optimale Distanz ist, um ein Manöver einzuleiten. Sein Zustand mag eine Schwächung oder auch die Wahrung seiner Kräfte verlangen; seine Neigung, mit dem einen Horn zuzustoßen, fordert den Matador auf, diese Neigung gezielt zu korrigieren oder aber die Seite zu wechseln und die geringere Gefährlichkeit des anderen Horns für einen glänzenden Pase zu nutzen. Und zeigt der Stier eine Vorliebe für bestimmte Stellen im Rund, die sogenannten *querencias*, an denen er sich sicher fühlt, sich in die Defensive zurückzieht und kaum noch zum Angriff zu bewegen ist, muß der Espada den Kampf beizeiten in einen anderen Bereich der Arena verlagern. Der Stier bestimmt die richtige Geschwindigkeit der Manöver, den Rhythmus ihrer Folge, damit eine harmonische Bewegung entstehen kann. Der Stier bestimmt selbst noch den Augenblick des Tötens.

Die Grenzen, aber auch die Möglichkeiten der Lidia – alles hängt vom Stier ab. Und alles, was der Matador erreicht, mißt sich am Toro. Sein Verdienst ist immer relativ. Hat er den Stier verstanden, ihm zukommen lassen, was er brauchte, die Möglichkeiten ganz ausgeschöpft? Hat er nicht nur versucht, selbst gute Figur zu machen, sondern auch enthüllt, was in diesem Tier steckte?

Zwei einigermaßen gelungene Pases können daher weit mehr *torería* verlangen als zehn ebensolche Pases bei einem anderen Stier, die belanglos bleiben, weil ihnen die Schönheit und Tiefe fehlte, die der Stier verlangte: *el toro pide*...

«Erst muß er ihm etwas beibringen», sagte einmal ganz trocken ein älterer Mann neben uns, als sich unter den Zuschauern Beklemmung verbreitete, weil der Toro mit keinem Mittel zum Angriff zu bewegen schien, so daß jedes weitere Insistieren des Espada wie ein überflüssiges Spielen mit dem Tod aussah. *Mátalo*, töte ihn, riefen einige, doch der Mann behielt schließlich recht. Einmal die richtige Distanz gefunden, ließ sich der Stier aus der Reserve locken und akzeptierte immerhin für einige Pases die Spielregeln. Diese kurze Faena war ein Erfolg.

## Der Teufel sitzt im Detail

Wenn es um Vorschriften für die genaue Ausführung der Manöver mit Capa und Muleta geht, scheinen die Regeln der Tauromaquia kompliziert. Als praktische Anleitung zur Machtergreifung gelesen, sind sie jedoch einfach logisch. Sie übersetzen die schweißtreibende Kunst der

Bändigung in die kühle Sachlichkeit technischer Termini.

Wie die Tauromaquia nach dem Zweck eines jeden Manövers innerhalb der gesamten Lidia fragt, stellt sie auch bei der Ausführung des einzelnen Manövers die Frage der Macht ins Zentrum: Wer bestimmt hier, was geschieht?

*Torear no es torear*, stellt Corrochano trocken fest, denn strenggenommen beginnt Toreo erst dort, wo das Tuch nicht einfach als Werkzeug der Täuschung, sondern als Instrument der Bändigung gebraucht wird. Der Torero, der den Stier mit Hilfe des Engaño an sich vorbeilaufen läßt, täuscht Toreo nur vor, er foppt seinen Gegner, beherrscht ihn aber nicht. Seine eigentliche Aufgabe ist es, den Stier zum Angriff zu veranlassen, den Verlauf des Angriffs als Bewegungslinie vorzuzeichnen und den Weg des Stiers von Anfang bis Ende zu kontrollieren. Um das zu erreichen, muß sich der Torero stellen, angreifbar machen. Tut er das nicht, verkommt die Täuschung zum Mätzchen, statt Konfrontation bleibt es bei Bluff und Trick.

Das *parar, mandar, templar* ist zur goldenen Trias der Tauromaquia geworden; stillstehen soll der Torero zuerst und nicht mehr von der Stelle weichen, bis das Manöver beendet ist: *parar*. Er soll den Tier auf das Tuch fixieren und sicher an sich vorbeiführen: *mandar*. Und er muß den Stier in Tuchfühlung halten; indem er zunächst die Bewegung des Tuchs dem Angriffstempo des Stiers anpaßt, kann er selbst allmählich dieses Angriffstempo beeinflussen und bestimmen: *templar*.

*Temple* läßt sich mit Temperierung, Abstimmung, Mäßigung übersetzen. Im Toreo ist damit die Syncnhronisation der Bewegung von Mann und Stier gemeint, die durch das Tuch miteinander verbunden sind. Vom Einklang zwischen der Drehung der Hüfte, dem Schwenk der Arme und dem Spiel der Handgelenke hängt die Führung des Tuchs ab, von der Präzision und Sanftheit des Schwungs wiederum die Macht, durch die es zum Magneten wird, der den Stier unwiderstehlich hinter sich herzieht. Erst mit der Temperierung des Manövers kommt der Machtwechsel zustande, durch den die Initiative ganz auf den Torero übergeht.

Wird das Tuch hastig oder zu schnell bewegt, verliert der Stier den Kontakt. Die Führung kommt abhanden, und das Manöver wird vorzeitig enden, weil der Stier dem Engaño nicht bis ans Ende folgen kann. Er wird stehenbleiben, zumindest vorzeitig wenden, so daß der Torero das folgende Manöver nicht anschließen kann, ohne seinen eigenen Standort zu verändern.

Wird das Tuch dagegen zu langsam geführt, erreicht es der Stier mit den Hörnern. Er wird hineinstoßen, anstatt seinen Kopf gesenkt zu halten. Sein Lauf erfährt damit eine Unterbrechung, und er wird herauskriegen, wo der eigentliche Feind zu suchen ist. Mit der Funktion ist zugleich auch die Ästhetik des Manövers zerstört.

Die Temperierung ist die Voraussetzung für den Eindruck von Harmonie, ihr Fehlen ein Ausdruck mangelnder Beherrschung des Geschehens durch den Torero: Beherrschung des Stiers so gut wie seiner selbst.

*Temple*, als zeitliche Kategorie verstanden, hat ein räumliches Komplement:

*cargar la suerte* bedeutet, das Manöver zu akzentuieren, indem der Torero einen Schritt nach vorn tritt, in die Angriffslinie des Stiers hinein, dorthin also, wo der Stier ihn wirklich antrifft. Es ist diese subtile Bewegung, mit der der Torero das Gebiet des Stiers betritt, ihn herausfordert. Indem er ihm das *terreno* streitig macht, stellt er unmittelbar die Machtfrage. In diesem umkämpften Gebiet kann es überhaupt erst zur Begegnung kommen, denn bloßes Aneinandervorbeilaufen ist jetzt unmöglich. Der Torero verpflichtet sich mit diesem Schritt, den Gegner am eigenen Körper vorbei und um sich herumzuführen, will er nicht zwischen die Hörner geraten. *Cargar la*

Erst mit der Temperierung kommt der Machtwechsel zustande. Hier ein sehr schöner *pase natural*. Bei dieser Grundfigur der Muleta-Arbeit hängt das Tuch vom Stock herab, der mit der Linken geführt wird

*suerte* ist ein entschlossener Schritt in die Gefahr und zugleich die Weise, sie zu bannen: Nur indem er sich stellt, kann der Torero seine Herrschaft etablieren.

Die Perfektionierung der Techniken hat hier neue Maßstäbe gesetzt. In dem Maß, wie die Tauromaquia sich von einer Verteidigungsstrategie zu einer Kunst der Bemächtigung entwickelte, wurde die

Verlagerung des Kampfes in das Gebiet des Stiers unabdingbar. Der Kampf gewinnt an Überzeugungskraft und Eleganz, je mehr die Anwendung von Gewalt durch subtilere Methoden ersetzt wird, die den Eindruck erwecken, daß sich der Torero nicht nur den Körper, sondern den Willen des Stiers zu unterwerfen weiß.

Wie die Temperierung drückt die Hinwendung zum Gegner Souveränität, Präsenz, Sicherheit aus. Sie erlöst den Zuschauer von der Angst und verschont ihn von Langeweile. Was im Sinn der Lidia von funktionaler Bedeutung ist, übersetzt sich unmittelbar in ästhetische Qualität. Doch auch umgekehrt gilt: Die Schönheit eines Manövers ist von seiner Zweckmäßigkeit sowenig zu lösen wie von der Emotion, die es hervorruft.

## Eine Sache des Herzens

Aus Gründen der Deutlichkeit habe ich vereinfacht. Von der Tauromaquia als einer fest umrissenen, homogenen Lehre zu sprechen geht an der Wirklichkeit des Toreo vorbei und ignoriert die verschiedenen Auffassungen davon, worum es in der Arena wesentlich geht.

Der Begriff Tauromaquia bezeichnet eine Sammlung von Kenntnissen, eine Art kollektives Wissen, das so anonym und vielgestaltig ist wie die Erfahrung, aus der es hervorging. Gleich einem Vermächtnis wird es von Generation zu Generation weitergegeben und absorbiert dabei die Fortschritte und Veränderungen aus der Praxis. Immer wieder hat man dieses Wissen unter dem Eindruck neuer Tendenzen oder herausragender Toreros zu einer geschlossenen und endgültigen Lehre zu formen versucht, deren Verbindlichkeit dann doch meistens umstritten blieb.

So gibt es bis heute keinen Katechismus des Stierkampfs, nicht den einen, großen Gesetzestext, in dem alles klipp und klar geschrieben stünde. Selbst die Tauromaquia Paquiros, der für lange Zeit noch am ehesten ein solcher Status zukam, gilt heute als unvollständig und in weiten Teilen überholt, eine angejahrte Autorität.

An den Grundprinzipien des Kampfes allerdings hat sich nichts geändert. Nach wie vor folgt er dem Muster des Duells, das dem Torero nur bestimmte Mittel und Methoden zugesteht, um den Stier zu bezwingen. Ein offener Kampf: Im Toreo gibt es kein Manöver, bei dem der Mann dem Stier nicht von vorn gegenübertritt.

Als *el arte de torear* noch in den Kinderschuhen steckte, gab sie sich als Wissenschaft, Handwerk und Kunst zugleich. Man wähnte sich im Besitz einer Erfahrung, die zu erlauben schien, für das Drama in der Arena unumstößliche Regeln und Gesetze zu erlassen. Doch die postulierte Objektivität, durch die man die Tauromaquia in den Rang einer wissenschaftlichen Disziplin erheben wollte, war immer eine Fiktion. In der Praxis reduzierte sich die erhabene Eindeutigkeit der Lehre auf das Regelgerüst, das man zur Norm erklärte, um die Struktur der Lidia zu vereinheitlichen. Alles andere war eine Frage der Fähigkeiten und der Interpretation. Angesichts der Unwägbarkeiten des Kampfes mußte die Einlösung des Kanons ein Ideal bleiben, dem sich die Wirklichkeit immer nur annähern konnte: die perfekte Lidia im funktionalen, ästhetischen und moralischen Sinn.

Wirkliche Verbindlichkeit besitzen die *regulae artis* folgerichtig für die Praxis auch nur, soweit sie im «Reglamento de Espectáculos Taurinos» als Vorschriften formuliert sind, und hier kommt ihnen tatsächliche Gesetzeskraft zu. Vergleicht man die Tauromaquia mit einer Sprache, ist juristisch verankert, was man ihre grammatikalische Basis nennen könnte. Mit dem Reglement wird versucht, eine Kampfsituation zwischen zwei ungleichen Gegnern so zu gestalten, daß die Unterlegenheit des Stiers mit Fairness von seiten des Torero beantwortet wird.

Man beschränkt die Möglichkeiten des Torero, um dem Stier eine Chance zu geben. Der direkten Gewaltanwendung setzt man strenge Grenzen, die Macht soll dem Toro Schritt für Schritt abgerungen werden. In umgekehrter Proportion zu diesem Machtverlust steigert sich das Risiko des Menschen – am Schluß steht der Matador allein dem Stier gegenüber.

Um den Zuschauer vor Betrug zu bewahren, schützt das Reglement den Stier und verbietet dem Matador, sich billigen Vorteil zu verschaffen. Es ist der Versuch, den Matador per Strafandrohung auf den

**Von vorne und ohne Hilfsmittel: maßgerecht plazierte Banderillas**

moralischen Gehalt der Tauromaquia zu verpflichten, der ein relatives Gleichgewicht der Kräfte verlangt. Was über das Reglement hinausgeht, ist ein ideeller Körper, eine Übereinkunft, der Versuch einer gemeinsamen Sprache.

Die Regeln der Kunst formulieren einen einheitlichen Bewertungsmaßstab, doch der abstrahiert von den Fähigkeiten und Launen des Torero ebenso wie von den Vorlieben des Publikums, Vorlieben, die immer nur bedingt mit einer orthodoxen Auffassung der Tauromaquia konform gehen. Der Erfolg des Torero aber hängt allein vom Publikum ab.

So geht es in der Arena nie darum, die Tauromaquia als stures, schulmäßiges Exerzitium zu betreiben. Sie liefert nur die technische Basis für ein Schauspiel, das allein von der Leidenschaft lebt. Sie verlangt nach Interpretation, nach Spontaneität, nach Inspiration. Ihre Lektionen interessieren nur, soweit sie die Sinne erregen.

Bei der Auslegung des Kanons zeichnen sich von Anfang an zwei Grundtendenzen ab, die seit Pedro Romero auf der einen, Costillares und Pepe Hillo auf der anderen Seite mit zwei Städtenamen identifiziert werden: Ronda steht für die Effizienz der Lidia, Sevilla für Schönheit und Charme des Schauspiels. Zwei Sprechweisen etablieren sich, prosaisch die eine, poetisch die andere. Hier der Zauber der Logik, dort die Delikatesse des Anblicks. Hier der majestätische Ernst des Rituals, dort die Ausgelassenheit der Fiesta. Diese zwei ‹Wahrheiten› der Tauromaquia lassen sich nur im Ideal miteinander vereinen.

Ronda und Sevilla taugen heute nicht mehr zur Charakterisierung der verschiedenen Interpretationen, die Vorlieben haben sich von einer streng funktionalen Auffassung der Lidia abgewandt. Die Zeiten sind lange vorbei, als die Qualität einer Faena an ihrer Effizienz allein gemessen wurde, daran also, mit wie *wenig* Manövern ein Espada den Stier für den Todesstoß vorbereitet hatte. Heute will man etwas sehen für sein Geld, das Spektakel länger auskosten. Die Trockenheit der *escuela rondeña* würde heute geradezu brutal erscheinen.

Diese Vernachlässigung der funktionalen Dimension der Lidia birgt die Gefahr, daß die innere Logik des Dramas verlorengeht und die einzelnen Manöver zu beliebigen Posen werden, schön vielleicht, aber letztlich hohl: Stierkampfvarieté.

Und da genau liegt die Bedeutung der Tauromaquia. Über das streng Reglementarische hinaus unterbinden ihre Vorgaben auch, daß die Ästhetik im luftleeren Raum schwebt. Ihre Autorität besteht darin, daß sich anhand der Kriterien, die sie liefert, ‹wahres› Toreo vom schönen Schein unterscheiden läßt. Die Regeln der Kunst verlangen klare, kontrollierte Manöver vor dem Hintergrund realer Gefahr und Spannung, Manöver, die auf der Konfrontation mit dem Stier beruhen und im wahrsten Sinn des Wortes ausgestanden sind. Ein kundiges Publikum ist da sehr genau. Es verlangt nach Wahrheit, was die Treue zur Tauromaquia angeht, verlangt aber gleichzeitig auch, daß der Torero seine persönliche Wahrheit offenbart, d. h. authentisch ist.

*pase natural* ▶

DELEGADOS

Es will den Stier sehen und will den Torero sehen. Es geht also bei keinem Manöver um die faktische Nähe als solche, noch darum, Lebensgefahr als Show zu inszenieren. Scheut der Torero jedoch beides, entzieht er der Lidia den emotionalen Boden. Mit dem Wichtigsten hält er zurück.

Das bringt ihn nicht unbedingt bei der Masse des Publikums, ganz sicher aber bei den Aficionados in Mißkredit. Sie fühlen sich betrogen, weil zwangsläufig kühl bleibt, was er veranstaltet, mag es auch noch so schön oder spannend aussehen. Wie einem Schauspieler, der seinen Part nur auswendig gelernt hat, wird man ihm Oberflächlichkeit, Mangel an Tiefe vorwerfen, und dabei geht es um mehr als nur um Fragen des Stils oder des Geschmacks. Wer genau hinschaut, kann fast immer entdecken, daß sich ein solcher Torero eben nicht an die Regeln der Tauromaquia hält. Nuancen sind es oft, die hier über Wahrheit, Halbwahrheit oder Lüge entscheiden. Ein kleiner Schritt zurück während des Pases, ein Rest von Hast in der Bewegung des Tuchs können den ganzen Eindruck zerstören.

Natürlich haben die Zuschauer unterschiedliche Vorlieben. Toreros gibt es für jeden Geschmack: die Mutigen, Kämpferischen, die Zuverlässigen, solche, die dick auftragen und auf Showeffekte setzen, und andere, die sich mit sparsamen, subtileren Gesten begnügen, große Techniker und begnadete Künstler. Was aber die Ästhetik des Toreo angeht, sind sich zumindest die Aficionados einig: Schön ist, was natürlich wirkt, was mit dem geringsten Aufwand den größten Effekt erzielt. Ein origineller Capa-Schwung kann aufregend schön sein, verliert aber letztlich jeden Vergleich mit einem *pase natural*, bei dem der Torero, die Muleta in der Linken, den Stier in einer so sanften wie klaren Bewegung langsam um sich herumführt, ein im Grunde wenig spektakuläres Manöver, das doch ungleich schwerer und gefährlicher in dieser Ruhe auszuführen ist.

*La musica callada del toreo* – «Die schweigende, stille Musik des Toreo» hat Bergamín seinen Essay zur Poesie des Toreo genannt, und diese Musik erklingt erst, wenn die Technik vergessen ist und das Nicht-Wiederholbare, Einmalige, die Kunst zum Tragen kommt. Rhythmus, Taktgefühl, der dramatische Aufbau einer Faena, ihr ‹Geschmack›, der dem Zuschauer auf der Zunge zergeht – das ist das Eigentliche, das Wesentliche.

Wie beim *cante hondo*, dem authentischen Flamenco, steht über allem technischen Können immer die Frage: Sagt es etwas? Ist es ‹wahr›? Berührt es? Hat es womöglich *duende*, dieses unbeschreibliche Etwas, das sich nicht ‹machen› läßt, weil es nicht von dieser Welt ist?

Vom guten Torero ist Hingabe ebenso wie vom guten Stier verlangt, und die Tauromaquia versucht, den Weg dahin zu ebnen. Bei aller Nüchternheit der Konzepte geht es um Emotion, Wahrheit, ‹Aroma›, um den Schritt, der die Gewalt vergessen macht und zur Begegnung führt. Erst damit wird Toreo zur Liturgie und das Publikum zum ergriffenen Chor, der die Stille zum Ende jedes Manövers mit einem gewaltigen *¡olé!* durchbricht.

«Die Stiere werden nicht mit dem Degen getötet», doziert Federico M. Alcázar, «sondern mit dem Herzen, das den Degen führt. Und wenn der Degen sich nicht auf das Herz stützt..., kann man nicht mit Fug und Recht behaupten, daß der Todesstoß vollzogen wurde, sondern eine andere Arbeit, näher am Mord als an der Kunst. Ebensowenig führt man die Muleta mit den Armen, sondern mit der Intelligenz und dem Gefühl. Der Arm bewegt sie, doch die Intelligenz führt sie. Und ebenso das Herz... Das Herz bewegt die ganze Geschichte des Toreo... Das Toreo ist ein Fest des Herzens...»[91]

# Geballte Symbolik

«Wie der Stier,
wie der Stier bin ich geboren,
für Trauer und Schmerz.»
*Manuel Hernández*

## Verwandlungen

Er zieht sich an, oder besser gesagt: er wird angezogen. Allein ist es unmöglich. Dieses Binden und Schnüren, Zerren und Zurren – es ist mehr als ein Wechsel der Kleidung. Verpuppung wäre das passende Wort.

Der *traje de luz*, der Lichteranzug, ist wie eine dicke Pelle, in die man den Körper des Matadors zwängt. Diese Pelle dient ihm als Schutz, doch zugleich behindert sie ihn. Schon allein durch ihr Gewicht ist sie alles andere als praktisch.

Über eine faltenlos enge lange Unterhose werden die *medias rosas* gezogen, die rosa Strümpfe, die über dem Knie enden. Dann folgt der schwierigste Akt, denn die *taleguilla*, jene Hose, die vom Knie, wo sie gebunden wird, bis fast unter die Achseln reicht, soll wie eine zweite Haut anliegen. Es ist Knochenarbeit für den, der den Espada anzieht, bis sie am Ende makellos sitzt. Der Rest – Hemd und Schlips, Hosenträger, Schärpe, Weste und Jacke – ist dagegen ein leichtes.

Der *traje de luz* ist die Berufskleidung des Matadors, doch sein Zweck ist kein praktischer. Dieser Anzug soll einen anderen aus diesem Mann machen, ihn entbinden von den Gesetzen der gewöhnlichen Welt. Ein Matador, das zeigt schon sein Aufzug, ist kein gewöhnlicher Mensch.

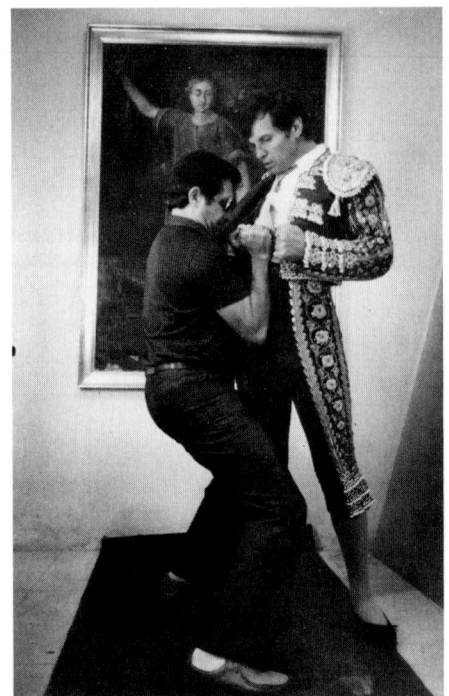

**Herr und Knecht im Zeichen der Jungfrau: El Cordobés macht sich bereit**

Jeder Corrida geht die langwierige, mühsame, unzeitgemäße Prozedur des Anlegens einer Tracht voraus, die sich seit 150 Jahren im wesentlichen nicht verändert hat. Das immergleiche Ritual, drei, vier Männer hinter verschlossener Tür, die immergleiche Aura des Sakralen inmitten der kühlen Sachlichkeit eines beliebigen Hotelzimmers. Tradition eines intimen Verwandlungsritus, der die Zeit rückwärts laufen läßt, um eine barocke Gestalt entstehen zu lassen, grazil, verletzlich, weiblich und männlich zugleich, ein leibhaftiger Anachronismus. Kein Krieger, statt dessen ein *majo*, ausstaffiert bis zum letzten. Wenn man so will: eine Karikatur.

Der *traje de luz* fällt ins Auge. Und genau darauf legt er es an, ist es doch sein ursprünglicher Sinn, den Espada von den anderen Akteuren gebührend zu unterscheiden. Er verdeutlicht den Stand. Der Preis dieser Hervorhebung besteht darin, unter bis zu fünf Kilo Seiden und Gold zu schwitzen. Wer schön sein will, muß leiden...

Breite Schultern, schmale Hüften, das gepolsterte Geschlecht obszön überzeichnet – der *traje* hebt die Gestalt hervor und macht sie doch im selben Moment unkenntlich. Er schafft eine anonyme Figur. Sein maßloser Glanz überstrahlt die Person, läßt sie unter Seiden und Borten, Stickereien und Pailletten verschwinden. In diesem Aufzug sind alle gleich.

Von weitem tut sich das ungeübte Auge schwer, diese schillernden Wesen voneinander zu unterscheiden. Die *montera*, die schwarze Kappe, macht die Verwirrung perfekt. Will man wissen, wer hier wer ist, liefert allein die Farbe des Stoffs Anhaltspunkte.

Aus der Nähe dagegen meint man in der Hülle den Menschen zu entdecken. Das Gesicht, seine Mimik, die Augen geben preis, was dem Matador geschieht vor der *Stunde der Wahrheit*. Doch alles an ihm verrät, daß er nicht mehr der ist, der er war. Er selbst erliegt der Magie des Kostüms:

«Es geschieht etwas sehr Merkwürdiges, wenn ich mich ankleide. Als ob ich mit jedem Kleidungsstück ein Stück meiner Haut wechseln würde... Wenn du mit dem Umziehen fertig bist, bist du kein Vater mehr, kein Sohn, kein Ehemann. Du bist Torero, nur noch Torero», erzählt Antonio Bienvenida.[92]

Gegen seinen Willen widerfährt dem Stier ein ähnliches Los. Man hat ihn ausgesucht, abgesondert, vom Land in die Stadt gebracht, die Natur um ihn herum durch Kultur ersetzt. Für ihn hat die Wandlung schon Tage vor der Corrida begonnen, und er erlebt sie als Unterwerfung.

Die meisten Stiere verweigern, sobald sie von der Weide weg sind, Essen und Trinken. Alles Fremde empfinden sie als bedrohlich. Freiwillig würden sie nie verlassen, was ihnen vertraut ist. Weil man sich ihnen nicht nähern kann, braucht

**Eine barocke Gestalt, weiblich und männlich zugleich**

Die Ochsen sind seine Verräter: beim *apartado*

es eine komplizierte Prozedur, bei der man sich der Ochsen bedient, um den Toro zu täuschen. Sie sind seine Verräter: Zwischen ihnen läßt er sich von der Weide führen, doch plötzlich schließen sich vor und hinter ihm schwere Türen, und er ist allein gefangen. Nun macht man sich seinen Freiheitsdrang, seine Panik zunutze, schleust ihn durch ein ausgeklügeltes System sich verengender Gänge, durch Türen, die immer nur den Weg nach vorn lassen. Es ist ein System gesteigerter Ausweglosigkeit, das vorläufig in der Box auf dem Lkw endet. Gerade genug Platz zum Stehen, mehr nicht.

In der Plaza angekommen, sperrt man die Stiere ein, erst zusammen, dann, Stunden bevor es losgeht, erfolgt das *apartado*: wieder die Ochsen, wieder Schleusen, wieder am Ende allein in einer dunklen Box, dem *chicero*. Wenn der Toro dann in die Arena gelassen wird, geblendet vom gleißenden Licht, um sich herum das irritierende Gewirr von Geräuschen und Stimmen, bebt er vor Erregung. Das Ziel ist erreicht, isoliert von seinen Artgenossen und fern seiner natürlichen Umgebung hat der Toro eine radikale Wandlung durchgemacht. Aus dem trägen Koloß ist eine Furie geworden.

All das sind Vorbereitungen auf einen Kampf und doch mehr als nur das. Wer die Arena als Kampfplatz betrachtet, übersieht, daß sie darüber hinaus ein besonderer Ort ist, wo jedes Ding, jeder Vorgang über sich selbst hinausweist. Nichts begnügt sich damit, seinen banalen, praktischen Zweck zu erfüllen, alles tendiert dazu, bedeutsam zu sein, Ritual zu werden, und das fängt schon vor der Corrida an.

Jeder der Anwesenden hat eine Wandlung erfahren, die ihn in einen außergewöhnlichen Zustand versetzt. Der Alltag bleibt vor den Toren, und findet er dennoch Eingang, ist seine Wirkung zerstörend. Nichts widerspricht dem Wesen des Stierkampfs mehr als Gewöhnlichkeit. Jeder Sinn des Spiels geht damit verloren.

Die Zuschauer waren sich dessen immer bewußt, auch wenn das moderne Leben Etikette und Traditionen, die früher zur Corrida gehörten, verwässert hat. Noch heute aber sind die Stunden vor der Corrida für viele Aficionados Stunden der Vorbereitung, von quasirituellen Handlungen bestimmt, die der äußeren wie inneren Einstimmung dienen. Vor allem die älteren unter ihnen kleiden sich dem Anlaß gemäß. Trotz der Enge auf den Rängen, trotz Hitze und Staub werfen sie sich in Schale, um sich dann in den Bars in der Umgebung der Plaza mit den Freunden zu treffen. Bei Kaffee, Fino oder Brandy stärken sie sich für ihre Rolle als Zeugen eines *acto solemne*, eines feierlichen Aktes.

## Vom Scheitern des Macho

Was ist der Grund dieser Feierlichkeit, mit dem man dem Ereignis begegnet? Was ist das Stück, das gespielt wird? Die Tauromaquia gibt auf Fragen solcher Art keine Antwort. Sie hält sich ans Faktische: Ein Stier ist ein Stier, und ein Mann ist ein Mann, was sonst? Als Kampf und Kräftemessen definiert sie, was im Volk Fiesta genannt wird. Wenn es um die Interpretation des Dramas geht, hüllt sich die Tauromaquia in Schweigen: Jeder darf auf seine Weise verstehen, wovon die Corrida erzählt.

Der Kampf mit dem Stier läßt vielerlei Lesarten zu; er ist eine Hymne auf die Herrschaft des Menschen über die Natur und erbringt, allgemeiner noch, den Beweis für die Überlegenheit von Vernunft und Ordnung über Chaos und Leidenschaft. Und wer in der Corrida insbesondere die Tugenden kriegerischer Männlichkeit glorifiziert sieht, hat sicher nicht weniger recht: *fiesta brava*.

Doch die Corrida ist nicht nur Glanz und Gloria, nicht nur männliches Heldentum im Siegestaumel. Immer ist sie zugleich Tragödie, denn das Herz des Zuschauers schlägt auch mit dem Toro. Eine Lesart, die dem Rechnung trägt, legt der Anthropologe Manuel Delgado Ruiz nahe.[93] Danach, und das mag auf den ersten Blick befremden, wird in der Arena die Niederlage des Mannes als Drama inszeniert. Delgado betrachtet die Corrida als Gleichnis, das von der Vergeblichkeit des Aufbegehrens, der Unmöglichkeit männlicher Freiheit handelt, als Lehrstück in Form einer intimen Tragödie, die von weiblicher Macht, von Verführung, Leidenschaft und Tod erzählt. Stier und Matador – für Delgado ist das die Geschichte von Mann und Frau, die das Schicksal dazu verurteilt hat, sich nicht zu begegnen, erzählt aus der Perspektive des Mannes, der sein Verlangen mit dem Tod bezahlt.

Der Stier ist der Macho par excellence. In ihm sind Geschlecht und Gewalt eine unselige Allianz eingegangen. Bedrohlich, penetrierend, zerstörend – dieser Toro-Macho ist stark, doch er ist anfällig für die Kunst der Verführung. Schwach macht ihn nur sein Begehren. Versteht man ihn dort zu erwischen, treibt ihn das Feuer der Leidenschaft unweigerlich ins Verhängnis. Wunde um Wunde zieht er sich zu bis zum bitteren Ende, das Strafe so gut wie Erlösung bedeutet.

Der Torero ist ein gewiefter Verführer. Herausfordernd und stolz umgarnt er sein Opfer, er lockt und reizt mit dem Tuch, das gleichsam sein Kleid ist, er zeigt seinen Leib, um ihn sogleich zu verbergen, nähert sich nur, um sich im rechten Moment zu entziehen.

Der androgyne Verführer verspricht alles und gewährt die Begegnung doch nur um den Preis des Todes, in jenem letzten Augenblick, wenn Gewalt und Intimität in der *suerte suprema* zur Deckung gelangen.

Delgado geht es nicht um die – offenkundigen – Parallelen, die sich zwischen Corrida und Sexualakt herstellen lassen. Verführung, Erfüllung, Kastration und Tod – er erblickt im Stierkampf vielmehr eine soziale Parabel, die die ‹Domestizierung› des spanischen Mannes thematisiert, den Prozeß seiner Unterwerfung unter das matriarchale Gesetz. In einem einzigen, drastischen Bild faßt die Corrida sein Los in einer Gesellschaft zusammen, die im Macho nur Gewalt und Bedrohung erkennt, die es abzuwenden gilt: das Sterben des Stiers als Illustration des Endes männlicher Freiheit.

Wenn die Stiere vorzugsweise aus Anlaß von Hochzeiten getötet oder an Stricken durch die Straßen gezerrt und erniedrigt wurden, hat das seinen Grund darin, daß an diesem Tage das soziale und sexuelle Schicksal des Mannes besiegelt wird: Man gibt ihm, wonach er sich sehnte, doch nur unter der Bedingung, daß er Kraft und Trieb hinfort in den Dienst der Gemeinschaft stellt. «Schon haben sie dir das Joch umgelegt», beginnt ein spanisches Hochzeitslied. Die gängige Identifizierung von Stier und Mann, Ochse und Ehemann unterstreicht die Ambivalenz gegenüber der Eheschließung.

Von der Tradition her bedeutet die Hochzeit einen Bruch im Leben des Mannes, denn mit diesem Tag wird er unwiderruflich auf die Gesetze der Gesellschaft verpflichtet. Ein Spiel von Verlangen und Verbot, Reiz und Tabu geht zu Ende, dessen Sinn es ist, den Heranwachsenden mit Hilfe der Braut vollständig in die Gemeinschaft einzugliedern.

Bevor er sich bindet, glaubt er sich frei, doch er spürt sehr genau, daß diese Freiheit einen Haken hat: Die Erfüllung seiner sexuellen Wünsche bleibt ihm verwehrt. Folgt er aber seinem Begehren, setzt er ein Spiel von Regeln und Konventionen in Gang, in dem sein Part im voraus bestimmt ist: der geduldig Werbende.

Man reizt ihn, indem man ihm eine Frau präsentiert, die sich ihm zeigt und doch standhaft verweigert: *la novia*, die Braut, die Verlobte. Er darf sie ansehen, mit ihr sprechen und ihr den Hof machen, unter Aufsicht darf er sich ihr nach und nach nähern, nur nahekommen darf er ihr nicht. Gerade so viel läßt man ihn kosten, daß sein Verlangen, einmal entbrannt, nicht wieder erlischt und er einen Vorgeschmack bekommt auf spätere Freuden. Die Reize und Mühen des *cortejar*, des Liebeswerbens, hat Gerald Brenan eindrucksvoll geschildert.[94]

Man fängt den jungen Mann in einem Dilemma. Indem man sein Verlangen schürt und fixiert, versucht man, ihn zu einem Versprechen zu bewegen, mit dem er sich zum Opfer dieser Strategie der Verführung macht: Wenn du das alles willst, mußt du das Joch auf dich nehmen, dich binden für immer und mit deiner Freiheit bezahlen.

Und wie der Toro wird er die Flucht nach vorn antreten, sich fügen gleich all den anderen Männern, die vor ihm diesen Weg gingen. Er wird ein *toro manso* werden, ein Gefangener seines eigenen Sicherheitsstrebens, wird arbeiten und Kinder zeugen. Für den, der die Vorzüge des heimischen Herdes nicht missen will, mag die Ehe ein glückliches Gefängnis sein. Das ändert nichts daran, daß der *toro manso* ein ewig Betrogener ist, ein halber Mann nur, weil er sich seine Leidenschaft hat abkaufen lassen. Freiheit und Abenteuer bleiben für immer ein ferner Traum, preisgegeben für die Rückkehr ins Reich der Mütter.

«Selbst nach der Hochzeit», schreibt Gerald Brenan noch in den zwanziger Jahren, «sind viele Frauen frigide, weil sie unter dem Einfluß des Katholizismus den Sexualakt als etwas Unanständiges betrachten, dem man sich geduldig zu unterziehen hat, um den Mann zu halten und Kinder zu bekommen. Die sind bald da. Fast im selben Moment beginnt die Frau, sich dunkel zu kleiden wie eine ältere Person. Immer seltener verläßt sie das Haus und wird, zur tiefen Befriedigung ihres Gatten, zu einer mütterlichen Figur. Das ist, was er sich immer wünschte. Deshalb hat er geheiratet. Das glückliche Haus seiner Kindheit ist wiedererstanden, und er ist darin sein eigener Vater und zugleich der älteste Sohn, gebunden durch ein Gesetz, das die Scheidung von der Mutter-Frau nicht zuläßt... Innerhalb des großen matriarchalischen Systems des Landes wachsen seine Kinder auf, um dieselbe Tradition fortzusetzen.»[95]

Das Bekleidungsritual von Braut und Torero, durch das sie auf ihre Rolle verpflichtet werden; die Zuschauer bzw. Gäste in ihrer Funktion als Zeugen, die über den Verlauf der Zeremonie und die Einhaltung der Etikette wachen; die unumstößliche Ordnung, der die Feier gehorcht – liest man die Corrida als Hochzeitsritual, sind die Übereinstimmungen unschwer zu erkennen. Und wird die Heirat als Verlust von Männlichkeit erlebt und gewertet, ist die Rolle des Bräutigams mit dem Stier perfekt besetzt. Sein zorniges Sträuben, bis er endlich vor der unausweichlichen Vollstreckung des Urteils kapituliert, bringt auf den Punkt, was demnach der Mann gegenüber dem Akt seiner Verpflichtung als ordentliches Glied der Gesellschaft tief in seinem Innern empfindet.

Nun wird die Niederlage des Mannes in der Corrida nicht unvermittelt und unmißverständlich thematisiert. Als Spektakel für Männer taugt die zeremonielle Unterwerfung des Stiers erst dadurch, daß man die Rolle der Verführerin männlich besetzt hat. Damit sind weder Stier noch Torero eindeutig gut oder böse. Sie dramatisieren den inneren Konflikt des Mannes als heldischen Kampf, der mit der Wiederherstellung der Ordnung endet. Der Zuschauer ist sowohl der Stier als auch der Torero, der stellvertretend für ihn die Bedrohung aus der Welt schafft. Weil es tragisch und erlösend zugleich ist, bringt das Finale die Gefühle wieder ins Gleichgewicht.

Der Stier wird bewundert für seine ungebrochene männliche Kraft, doch zugleich stellt er den Inbegriff von Lasterhaftigkeit und Sünde dar und muß deshalb unterliegen. Vielleicht läßt sich so auch die Gnadenlosigkeit erklären, mit der bisweilen auf den ländlichen Festen gegen ihn vorgegangen wird: Weil er das Symbol all dessen ist, was jeder Mann aufzugeben gezwungen ist, wird er beneidet und zugleich gehaßt, gehaßt auch für seine Schwäche, die ihn unterlegen macht, ein Sündenbock, geprügelt, erniedrigt, bestraft mit der Wut derer, die hier ihr Ebenbild entdecken und den Prozeß der Unterwerfung nun auf seiten der Sieger noch einmal erleben.

In der Welt der Stiere enthält man sich solcher Interpretationen. Man begnügt sich mit dem Offensichtlichen, alles andere verweist man ins Reich von Phantasie und Spekulation. Um zu verstehen und zu beurteilen, was in der Arena geschieht, verständigt man sich in einer Sprache, die das Ausmaß der symbolischen Aufladung vergessen macht.

Als ob der Bedeutungsgehalt der Corrida zu intim, zu kompromittierend sei, um ausgesprochen zu werden, überlagert die Tauromaquia dieses Unaussprechliche mit einem Sinn, der frei von Verfänglichkeit ist. Als Kampf betrachtet, wird das Drama plausibel und annehmbar. Was darüber hinausgeht, gehört nicht zur Sache und versinkt in die Intimität des nur dunkel Gespürten.

So läßt sich die klare Sprache der Tauromaquia als eine Weise verstehen, dem Zuschauer den tieferen Schrecken zu nehmen. Ihre Regeln setzen an seine Stelle die Spannung: Während der Ausgang des Dramas von vornherein feststeht – der Stier verläßt die Arena nur tot –, mengt sie dem Unterwerfungsprozeß ein Stück Ungewißheit bei.

So gesehen, ist die Tauromaquia die Dramaturgie eines abgekarteten Spiels. Sie wahrt und unterstützt den Wettkampf miteinander streitenden Kräfte und Symbole und steigert ihn bis zur Katharsis, auf die alles hinausläuft. Während sich die Tragödie in der immergleichen Weise abspielt, hält sie den Affekt bei der Stange und sichert so den Effekt der ganzen Geschichte, ihre Wirkung auf das Gemüt.

# Señoritas toreras: drei Kapitel einer heiklen Geschichte

## Am Rande der Fiesta

1894. Eine Gruppe junger Mädchen zwischen 13 und 16 Jahren baut sich in der Plaza von Barcelona vor Mariano Armengol mit der Bitte auf, sie zu Toreras zu machen. Armengol, ein Stierkampfkritiker, der, was geschäftliche Dinge in der Welt der Toros angeht, ebenso erfahren ist wie in der Ausbildung von Nachwuchs, staunt nicht schlecht. Er winkt zunächst ab, doch die Mädchen lassen sich so leicht nicht abspeisen. Und irgendwie gefällt ihm die Idee. Er erklärt sich zu einem Versuch bereit.

Seine Zweifel sind bald zerstreut, denn diese Chicas erweisen sich als begabte

Las Señoritas Toreras Catalanas

Schülerinnen. Die nächsten Monate verbringt Armengol damit, sie in den Techniken der virilen Kunst zu unterweisen.

Als die *Señoritas Toreras Catalanas* am 10. März 1895 in Barcelona mit Becerros, zweijährigen Jungtieren, debütieren, ist die Arena restlos ausverkauft. Und weil die Mädchen Kompetenz zeigen, wird das Spektakel vor jedesmal ausverkauften Rängen mehrmals wiederholt. Die Feuerprobe ist bestanden.

Von da an ist kein Halten mehr. Armengol will anfangs noch bremsen, doch der Zug ist schon abgefahren, es hagelt Angebote aus dem ganzen Land. Die Noyas, wie sie genannt werden, erringen in allen wichtigen Plazas Riesenerfolge. Selbst in Madrid treten sie dreimal hintereinander vor ausverkaufter Arena auf. Schon in ihrer ersten Saison bestreiten sie 45 Kämpfe, eine Zahl, die sie zwei Jahre später sogar auf 68 steigern können.

Die Noyas sind ein Kassenschlager. Sie profitieren von der Neugier der Massen, doch selbst von strengen Aficionados wird insbesondere den beiden Espadas, Angelita und Lolita, Talent und solides Können bescheinigt. Und am Mut der Mädchen wagt niemand zu zweifeln: Als in Logroño ein Becerro sein Horn zentimeterweit in Angelitas Oberschenkel bohrt, verweigert sie jede ärztliche Hilfe, tötet ihre beiden Becerros wie vorgesehen und verarztet sich später in der Herberge selbst.

Zum erstenmal in der Geschichte des Toreo werden die *señoritas toreras*, wie man die kämpfenden Frauen leicht despektierlich nannte, als Toreras ernst genommen, so ernst sogar, daß sich Guerrita, führender Espada jener Jahre, fortan weigert, eine Plaza zu betreten, wo innerhalb der vorhergehenden vier Wochen die Noyas gekämpft haben.

Gut achtzig Jahre zuvor waren die Weichen für die Noyas gestellt worden.

Für den 13. August 1811 veranlaßt Joseph Bonaparte die Stadt Madrid, eine Corrida aus Anlaß des Geburtstages seines Bruders Napoleon zu veranstalten. Als jedoch auf den Ankündigungen für das glänzende Fest der Name Teresa Alonso auftaucht, die als Rejoneadora vom Pferd aus einen Stier bekämpfen soll, sieht sich der Innenminister zum Einschreiten genötigt:

«Aus denselben Gründen, deretwegen man auch Kindern und Alten das Toreo nicht gestattet, muß man es auch den Frauen untersagen. Vor allem aber sind Gründe des öffentlichen Anstands und der Schicklichkeit anzuführen, die bei dergleichen Schauspielen, deren Einfluß auf die Moral offenkundig ist, verletzt werden…»[96]

Doch dann kommt jener 13. August, und Curro Guillén feiert vor den Augen des französischen Monarchen einen glanzvollen Erfolg. Als er daraufhin, wie damals üblich, zur Loge Seiner Hoheit gebeten wird, bringt Curro den Monarchen in Verlegenheit, als er ihn darum bittet, den Auftritt Teresas zu gestatten. Dieser, in den Bräuchen und Sitten der Fiesta nicht bewandert, hält zunächst Rücksprache mit seinem Hofmarschall, der ihm versichert, es geschehe nicht zum erstenmal, daß eine Amazone ihre Künste in der Öffentlichkeit zeige. Woraufhin der Monarch der Bitte in dem Glauben stattgibt, sich auf diese Weise beim spanischen Volk beliebt machen zu können.

In den über 80 Jahren, die zwischen Teresa Alonso und den Noyas liegen, gab es viele Frauen, die in den Arenen ihr Glück versuchten. Sie hatten es schwer. Die Toros – das war immer eine Welt der Männer, aus der sich Frauen tunlichst herauszuhalten hatten. Man gestand zwar den Damen, insbesondere der *nobleza*, zu, die reservierten Balkone mit ihrer Erscheinung zu schmücken und die Helden der Arena anzuhimmeln, und auch auf den Rängen waren Frauen willkommen. Mitzureden allerdings hatten sie nicht. Aficionadas waren nicht gefragt.

Ließ die männliche Afición notfalls noch eine Rejoneadora gelten, machten seit den dreißiger Jahren des 19. Jahrhunderts dennoch immer wieder Frauen von sich reden, die sich im *toreo a pie* zu profilieren suchten. Mit unterschiedlichem Erfolg setzten sie Banderillas und töteten Jungstiere, deren Hörner, wie damals bei den kleineren Festen üblich, gekürzt oder mit Lederkappen versehen waren.

Wenn sie Aufsehen erregten, dann zunächst aufgrund ihres Geschlechts, als Kuriosa in einer Welt der Machos, in der sie von den Empresarios mit dem Hinweis auf ihre virilen Qualitäten angepriesen wurden. Unvorstellbar war, daß eine zarte Natur gegen einen *toro bravo* bestehen könne. Wenn man ihnen also überhaupt einen Platz zugestand, dann in den *mojigangas*, szenischen Spielen, die im letzten Jahrhundert eine beliebte Unterhaltungseinlage bei den Novilladas darstellten.

Eine Ankündigung für die Mojiganga «Der Arzt und die Kranke» aus dem Jahre 1848:

«Vor dem Toril wird man ein Bett aufstellen und anschließend auf einer Bahre die Kranke, dargestellt von der verwegenen Magdalena García, hereintragen, die sich mit Hilfe dreier Krankenschwestern – Rosa Inard, Manuela González und Martina García – in das Bett legen wird. Sobald sie gebettet ist, erscheint der

Doktor in Begleitung von zwei Praktikanten. Während er den Puls der Kranken fühlt und die weitere Behandlung anordnet, wird man einen Jungstier von drei Jahren freilassen, der sich auf die Kranke, den Doktor und die übrigen Anwesenden stürzen wird… Die Kranke, durch den Schrecken im Nu gesund, und einer der Praktikanten werden von Eseln aus dem Stier die Lanze spüren lassen, Rosa und Manuela werden Banderillas setzen, und zu guter Letzt wird ihn die verwegene Martina García töten.»[97]

Banditen, Mauren und Zigeuner, aber auch Episoden aus dem «Don Quijote» oder dem Leben des sagenhaften Cid Campeador sorgten neben allerlei Sketchen aus dem Alltagsleben für ein unerschöpfliches Reservoir exotischer und volkstümlicher Themen, die ein heiteres Intermezzo versprachen. Und wenn obendrein die weiblichen Rollen mit echten Toreras besetzt waren, war der Spaß schon garantiert, selbst wenn nichts gelang. Nichts Komischeres als diese Señoritas, wenn sie sich Schrammen holten und unsanft im Sand landeten, so daß man womöglich noch ihre Unterkleider oder gar ihre Beine zu sehen bekam…

Die Mojigangas waren ein Abstellgleis für die Toreras, und niemand schien ein Interesse daran zu haben, sie davon herunterzuholen. Und selbst da wurden sie nur widerwillig geduldet. Der Stierkampfkritiker «Tío Capa» jedenfalls sprach wohl einem großen Teil der Afición aus der Seele, wenn er in «La Lidia» Front gegen die mutigen Damen und die Mojigangas machte:

«Die Frau hat in der Welt eine andere Aufgabe, als Stiere zu bekämpfen… Sie soll sich um die moralische Ordnung im Hause, die ihrem Geschlecht zustehenden Arbeiten, die gottesfürchtige Erziehung der Kinder kümmern…,

statt sich den Schmähungen der Massen auszusetzen, die auf nichts anderes aus sind, als ihre Wünsche zu befriedigen, was auch immer es koste… Niemals darf den Frauen erlaubt werden, das Toreo, für sie selbst erniedrigend und für den Zuschauer herabsetzend, zu ihrem Beruf zu machen… Es ist höchste Zeit, daß diese Spektakel aus den Arenen verschwinden…»[98]

Bei solchen Tönen selbst aus den Reihen der Taurinos ist das Ende abzusehen: María Salomé «La Reverte», eine der wenigen Matadoras, die mit ihren Auftritten Teilen der Kritikerzunft immerhin Worte der Anerkennung entlocken kann, soll am 25. Juni 1908 in Madrid kämpfen. Die Novillada ist restlos ausverkauft, wird jedoch am selben Morgen ohne Angabe von Gründen plötzlich suspendiert. Erst einige Tage später ist es offiziell. Ein Erlaß des Zivilgouverneurs verfügt:

«Die öffentliche Meinung hat wiederholt dagegen protestiert, daß Frauen am Stierkampf teilnehmen… Und obwohl das Gesetz es nicht ausdrücklich untersagt, stellt die Tatsache an sich schon ein unschickliches Spektakel dar, das der Kultur und jedem Gefühl von Anstand widerspricht… Dies berücksichtigend, verfügt Seine Majestät, der König, daß… künftig kein Fest und keine Corrida genehmigt werden, wenn Frauen daran teilnehmen…»[99]

Das ist das Aus für die Toreras. Nur La Reverte, von diesem Erlaß um den Broterwerb gebracht, versteht sich der neuen Situation anzupassen. Sie bekennt sich zu ihrem – angeblich wahren – männlichen Geschlecht, ohne jedoch, nun unter dem Namen Agustín Rodríguez, an frühere Erfolge anknüpfen zu können. Die Frage, ob Mann oder Frau, bewegt die Gemüter allemal mehr als seine/ihre Künste vor dem Stier.

Als er/sie im Alter von 56 Jahren in Madrid noch einmal ein Comeback als La

**187**

Reverte versucht, spricht die Presse anschließend von einem *espectáculo lamentable*. Das Rätselraten um das wirkliche Geschlecht von La Reverte hört damit nicht auf...

## Juanita Cruz

Ihren Anfang nimmt die Geschichte am Nachmittag des 24.Juni 1932 in León. Juanita ist damals kaum 16 Jahre alt, doch wer sie erlebt, so heißt es übereinstimmend, ist von der Feinheit ihrer Gesten und ihrem vorzüglichen Können hingerissen.

Weil auf den Toreras noch immer die Prohibition lastet, hat man Juanitas Auftritt innerhalb der Novillada nicht als reguläre Lidia, sondern als «Demonstration weiblichen Toreos» angekündigt. In der Präsidentenloge sitzt der Zivilgouverneur persönlich, ein guter Aficionado und zu seiner Zeit sogar selbst Torero.

Das Publikum hat die ersten beiden Espadas gnadenlos ausgebuht. Als Juanita an die Reihe kommt und keinen Zweifel daran läßt, daß sie sich auf die Kunst des Toreo versteht, ist der Jubel der Zuschauer um so größer. Völlig aus dem Häuschen, bestehen sie darauf, daß man dieses erstaunliche Mädchen den Becerro töten lasse. Schließlich gibt der Gourverneur dem Drängen nach, und so tötet Juanita ihren ersten Jungstier vor den Augen der begeisterten Zuschauer.

Dahin konnte es überhaupt kommen, weil Juanitas Elternhaus direkt neben der damaligen Madrider Plaza gelegen war. Vom Balkon aus konnte sie sehen, wer da alles ein und aus ging. Schon als kleines Mädchen freundete sie sich mit den Kindern des Arenaschreiners an und war bei allen Kämpfen zugegen. Später verkehrte sie tagtäglich in einer *bar taurino*. Hier, wo über nichts anderes als die Toros gesprochen wurde, fühlte sie sich wohl. Und abends schaute sie zu, wenn die Jungen ihres Alters auf einem Grundstück in der Nähe fiktive Stiere bekämpften.

Der Mann, den sie später heiraten sollte, erzählt:

«Dieses Mädchen, das sich so gut in den Dingen des Toreo auskannte und mit Sachverstand von all dem sprach, was es in der Plaza gesehen hatte, war mir schon lange aufgefallen. Eines Tages fragte ich sie: ‹Und möchtest du gern Stierkämpferin sein?› – ‹Klar würde ich gern!› Und so begann ich, ihr die Geheimnisse und Techniken des Toreo zu zeigen.»[100]

Juanitas größtes Problem ist das «Reglamento taurino», im republikanischen Spanien nach wie vor in Kraft: «Die Teilnahme am Kampf mit Stieren oder Jungstieren bleibt Heranwachsenden unter 16 Jahren sowie Frauen grundsätzlich untersagt...»[101]

Juanita macht Eingaben, stellt Anträge mit der Begründung, daß besagter Artikel des Reglements «eine Beleidigung der Frau und eine Mißachtung der Verfassung»[102] bedeute, es nützt alles nichts. Immerhin erreicht sie, daß die Regierung die Zivilgouverneure auffordert, hinsichtlich der Toreras ein Auge zuzudrücken.

Juanitas offizielles Debüt, 1933 in Cabra, wird ein voller Erfolg, den sie kurz darauf in derselben Plaza wiederholt. Neben ihr präsentiert sich diesmal ein ganz junger, spindeldürrer Bursche zum erstenmal dem Publikum. Sein Name ist Manolete. Die Trophäen jedoch holt sich allein Juanita. Soweit sie ihr nicht übelnehmen, daß sie es rundheraus ablehnt, sich auf die Schiene des *toreo cómico* abschieben zu lassen, sind die Kritiker voll des Lobes für die junge Frau.

Bereits in ihrer ersten Saison bestreitet Juanita 32 Kämpfe, im Jahr darauf sind es schon über 60, und das alles, obwohl sie, wie alle anderen Toreras vor ihr, den größeren Teil der Presse gegen sich hat. Erst nach und nach überzeugt sie auch die Gegner des *toreo feminino* davon: Juanita ist anders, die kann es wirklich... Selbst vor den kritischen Blicken der Madrider Aficionados bestätigt sie den Ruf einer soliden Stierkämpferin, der ihr aus der Provinz vorauseilt.

Juanita wird zur ersten Frau, die in regelrechten Novilladas mit Picadores kämpft und den Männern ernsthaft Konkurrenz macht.

Als die Karriere unaufhaltsam scheint, kommt der Bürgerkrieg. Juantia weicht nach Südamerika aus, kämpft in Caracas, Bogotá, Lima, Quito und Mexiko, in allen großen Arenen, doch als sie zum Ende des Krieges zurückkehren will, erwartet sie als böse Überraschung ein erneutes Verbot des *toreo feminino*, durchgesetzt mit Hilfe ihrer männlichen Kollegen.

Sie bleibt bis 1948 in Südamerika, wird dort zur vollwertigen Matadora und kehrt erst zurück, als sie ihre Laufbahn für beendet erklärt. In Madrid heiratet sie den, der sie ‹entdeckt› hat und in all den Jahren ihr Vertrauter und Begleiter war.

## Promoción erótico-taurina

Ob sie wollten oder nicht, bestand die Attraktivität der Toreras für die Masse der Zuschauer von jeher mehr in den weiblichen Reizen, die man an ihnen entdeckte, als in den Künsten des Toreo, die sie mehr oder weniger gut beherrschten. Selbst Juanita Cruz, die sich nach Kräften um eine Anerkennung als professionelle Stierkämpferin bemüht hatte, war diesem Dilemma nicht wirklich entkommen. Sie hatte alles getan, um mit dem Vorurteil von der attraktiven, im Grunde aber lächerlichen Verführerin aufzuräumen, doch im wesentlichen hatte sich nichts geändert: Sobald eine Frau in der Arena stand, sahen die Zuschauer mehr als nur Toreo. Schon die Bedeutung, die man von jeher der Frage beimaß, in welcher Kleidung sich eine Torera präsentieren werde, ob in Rock oder Hose, wirft ein Licht darauf: letztlich ging es immer um die Formen. Noch in den siebziger Jahren scheint die Diskriminierung unüberwindlich. Nur genieren sich jetzt einige Toreras nicht mehr, daraus Kapital zu schlagen. Rosarito de Colombia z. B. läßt sich für das Stierkampf-Magazin «El Ruedo» ablichten, nur mit einer langen weißen Bluse bekleidet, die den Blick auf ihre entblößten Beine freigibt, in den Händen eine Schmuck-Capa, Gesten und Augenaufschlag eindeutigzweideutig – die Verführerin: *promoción erótico taurina*.

Dabei sieht es in diesen Jahren zum erstenmal für einige Zeit so aus, als ob endlich normalere Verhältnisse einkehren könnten. Es gibt Hoffnung, denn nach zähen Bemühungen hat die Torera Angela einen großen Sieg errungen. 1974

**189**

To-re-ras – pikante
Partyspießchen
in der Dose

wird der Paragraph gestrichen, der den Frauen die Teilnahme am Stierkampf bis dahin verbot.

Jahrelang hat sie dafür gekämpft, ganz legal als Stierkämpferin auftreten zu können, hat Ministerien, Behörden und Gewerkschaften mit einer Flut von Eingaben und Anträgen bombardiert. Blond, selbstsicher, darüber hinaus ein Schützling von El Cordobés, ist es ihr nicht schwergefallen, die nötige Publizität für ihr Anliegen zu erlangen und wenigstens einen Teil der Presse für ihren Feldzug gegen den diskriminierenden Paragraphen zu gewinnen.

Doch die vollen Arenen, vor denen sie nun ihre Novillos bekämpft, besagen nicht, daß es nun auch mit der Diskriminierung vorbei sei. Nach wie vor scheint kaum jemand dazu in der Lage oder bereit zu sein, in den Toreras etwas anderes als die – erotische – Sensation zu sehen. Die Fähigkeiten vor dem Stier bleiben zweitrangig. Angeheizt von einer sensationslüsternen Presse, diktiert ein sexistisches Ambiente weiter seine Regeln. Und mag die Kasse auch zunächst klingeln, ist die Gleichbehandlung der kämpfenden Frau doch weiterhin Zukunftsmusik. Daß es mit den technischen Fähigkeiten vieler Stierkämpferinnen nicht so weit her ist, trägt nicht gerade zu einer Veränderung der verfahrenen Lage bei.

Da liegt es nahe, das Beste daraus zu machen. Angesichts des Rummels in der Öffentlichkeit, den der Streit um den diskriminierenden Paragraphen hervorgerufen hat, sehen nicht alle Frauen ein, warum sie die Situation nicht nutzen sollen, mögen damit auch die hergebrachten Vorurteile einmal mehr bestätigt werden.

Als am 28. November im Nobelhotel Meliá Castilla in Madrid die Zeitschrift «Ser Padres» («Eltern») in einem feierlichen Akt aus der Taufe gehoben werden soll, läßt man sich als Höhepunkt des Festes etwas Besonderes einfallen: Zwei Toreras, Alicia Tomás und Rosarito de Colombia, werden für die Lidia zweier Jungstiere engagiert, die um Mitternacht vor rund tausend geladenen Gästen in den weiträumigen Salons des Hotels stattfinden soll. Um zu vermeiden, daß die schweren Teppiche vom Blut der Stiere in Mitleidenschaft gezogen werden, wird man eine kleine, den reglementarischen Mindestmaßen entsprechende Plaza aufbauen. Und während des Spektakels werden den Damen und Herren der feinen Madrider Gesellschaft von livrierten Kellnern Cocktails gereicht...

In Anbetracht der ausgezeichneten Gagen finden auch Alicia und Rosarito die Idee ausgezeichnet, «denn schließlich», so Alicia, «können wir alle dabei nur gewinnen.» Und, um möglichen Einwänden zuvorzukommen: «Ich glaube, daß Stierkampf immer etwas Ernsthaftes ist, egal, wo er stattfindet.» Und Rosarito: «Na klar, warum keinen Stierkampf im Hotel, unter einem Dach und vor Leuten, die in Gala gekleidet sind...»[103]

Nicht überall denkt man so unkompliziert. «Wir freuen uns sehr», versichert ein J. L. D. im «Hoja de Lunes», «daß Alicia und Rosarito so viel verdienen. Man bedenke, daß ein Matador... für den Kampf gegen ausgewachsene Stiere und mit vielerlei Ausgaben – Cuadrilla, Reisen, Hotels – nie diese 600 000 Pesetas verdient, die jede dieser Señoritas dafür erhält, ein einjähriges Stierchen zu töten.»[104]

Bei bösen Kommentaren allein soll es nicht bleiben. Die «Federación Centro de Associaciones Taurinas», der Regionalverband der Peñas, sieht in dem Event nichts als eine Beleidigung der *fiesta brava* und fordert die zuständigen Behörden auf, die Genehmigung für die Show zu verweigern.

Und tatsächlich ziehen es die Behörden vor, die Erlaubnis zu versagen. Alicia Tomás zu dieser Entscheidung: «Was sollen wir machen? ...Ich finde es sehr bedauerlich... Es war eine private Feier, die in einer kleinen Plaza nicht anders hätte stattfinden können als in einem Hotel, wo genügend Platz dafür ist. Ich hatte mich sehr darauf gefreut... Ich hatte vor, einen prächtigen ‹traje› anzuziehen...»[105]

Cossío hat den *señoritas toreras* einige Seiten gewidmet, mehr nicht, ein Kapitel der Sektion *Al margen de la lidia* – Am Rande der Lidia.

Als Phänomen waren die Toreras – die Gründe dafür liegen auf der Hand – innerhalb der Fiesta immer eine Randerscheinung. Sieht man einmal von den Ausnahmen ab, verkaufte man sie als Attraktion, die für gewisse Zeit die Umsätze der Empresarios steigern konnte, letztlich aber empfand man sie als störend. Bis heute sieht es nicht so aus, als ob sich daran etwas ändern solle.

# Der Augenblick der Wahrheit und der alltägliche Betrug

## Die Fiesta als Farce

### Müde Helden, verletzte Regeln

Stiere mit ‹rasierten› Hörnern, die aus mysteriösen Gründen schon nach wenigen Minuten am Ende ihrer Kräfte sind; Peones, die im Auftrag des Espada einen Stier, der ihm zu gefährlich scheint, dazu bringen, seine Hörner mit aller Kraft ins Holz eines Burladero zu donnern, obwohl oder weil bekannt ist, daß der Stier sich dabei erhebliche Verletzungen am Schädel oder der Halswirbelsäule zuziehen kann; die – eine andere Variante – den Stier mit dem Tuch zu so starken Kehrtwendungen veranlassen, daß er sich dabei die Wirbelsäule verrenkt; Picadores, die die Panzerung ihrer Pferde dazu nutzen, den Stier mit der Lanze nicht nur zu schwächen, sondern ihm lebensgefährliche Verletzungen beizubringen, indem sie die Vara mit voller Absicht weit hinter dem Muskelhöcker einstechen, tiefe Fleischwunden reißen, ein einziges Stochern und Stoßen, ohne daß dem Espada auch nur der Gedanke zu kommen scheint, sie davon abzuhalten; Banderilleros, die ihre Stäbe irgendwie ins Fleisch stecken, denen noch jeder Teil dieses großen Leibes zwischen Kopf und Lende dafür recht scheint, solange er sich unter Umgehung jeglicher Gefahr und Mißachtung sämtlicher Regeln der Kunst erreichen läßt; Matadores, die mit ein paar halbherzigen, hastigen Pases dem Publikum klarzumachen versuchen, daß mit diesem störrischen Stier sowieso nichts anzufangen sei, ohne auch nur den Ansatz eines ernsthaften Bemühens; wieder andere, die den Erfolg erzwingen wollen, in dem sie bar jeder Einfühlung oder Hingabe ein Manöver ans andere hängen, so daß man hofft, daß sie nur bald zur Besinnung kommen möchten, was sie aber nur anspornt, um so eifriger in der gleichen Weise fortzufahren; Matadores vor allem, die sich nicht darauf verstehen, nach den Regeln der Kunst zu töten.

Doch während die meisten dieser Matadores ein erstaunliches Geschick darin entwickeln, ihr Unvermögen mit Hilfe von Tricks, die wenigstens den gewünschten Effekt sicherstellen, zu verbergen, passiert es immer wieder, daß sie drei-, vier-, fünfmal profilieren und den Degen im entscheidenden Moment dann doch an der falschen Stelle plazieren. Ein ums andere Mal stoßen sie auf Knochen, zunehmend nervöser, in Angst und Schweiß gebadet, weil nicht nur der Stier, sondern auch das Publikum allmählich böse wird. Und dann greifen sie, weil der

Stier noch immer steht, zum *descabello*, um ihrem Gegner mit einem gezielten Genickstoß das Rückenmark zu durchtrennen. Wenn aber auch die schnelle und weniger gefährliche Art des Tötens diesmal nicht schnell zum gewünschten Resultat führt, wird das Publikum zu einer wütenden Menge, ab dem dritten Versuch wird mitgezählt, drei, vier, fünf, ein zynischer, bedrohlicher Chor hebt an, der nicht mehr zu besänftigen ist, sechs, sieben, acht, feindselig, verachtend angesichts eines Gemetzels, das jeden, der Stierkampf für schändlich und grausam hält, in seinem Glauben bestärkt, bis es dann endlich vollbracht ist: Der gepeinigte Leib bricht zusammen, ein Aufatmen geht durch die Menge, der böse Spuk hat ein Ende.

Das ist Alltag in der Arena, Alltag der Fiesta. Nichts stimmt mehr, das Ritual ist geschändet, alle Kunst in weiter Ferne, von der Tauromaquia sind gerade mal die vorgeschriebenen Werkzeuge und die Abfolge der Tercios geblieben, bloße Reminiszenzen an das, was die Gelehrten der Tauromachie Lidia genannt haben.

Wirklich gute Corridas sind heute die Ausnahme von der Regel. Tatsächlich ist es so, daß man sich oft mit einem einzigen wirklichen gelungenen Manöver bescheiden muß, und manchmal muß man selbst darauf noch viel länger warten, weil ein gutes Manöver, ein bewegender Pase eben nur möglich ist, wenn ein richtiger Stier in der Arena ist, ein Stier, der Gefährlichkeit ausstrahlt, über die nötigen Kräfte verfügt – Qualitäten also, die heute sowenig selbstver-

**Schimpf und Schande treffen den Versager schwer**

ständlich sind wie Matadores, die bereit sind, es mit solchen Stieren aufzunehmen und obendrein eine Ahnung von dem zu vermitteln, was eine Lidia sein sollte: eine geordnete, sorgfältig auf den Stier abgestimmte Strategie, die nicht primär auf den Beifall der Zuschauer schielt, sondern dem Stier gerecht zu werden sucht. Vom Publikum wird viel verlangt, doch Engelsgeduld ist nicht jedermanns Sache.

## Betrügereien

Die Zuschauer protestieren lauthals. Jedenfalls in Madrid. Jedenfalls die Aficionados vom Tendido 7. In der Welt der Stiere sind sie ein Begriff. Sie sind berüchtigt, weil sie nichts, aber auch gar nichts hinnehmen, was nicht den Regeln der Kunst, den Bestimmungen des Reglements entspricht. Und weil so vieles schiefläuft in der Welt der Stiere, sind sie kaum einmal zu beruhigen. Pausenlos reklamieren sie Stümperei, Verrat und Betrug.

Die Toreros haben richtiggehend Angst vor dem Teil der Afición, der sich in diesem Sektor von Las Ventas versammelt. Nirgends sonst sind die Zuschauer so anspruchsvoll, nirgends sonst vor allem so gnadenlos in ihrer Kritik. Nie kann man es ihnen recht machen. Geben Aussehen oder Kräfte des Stiers nicht her, was man von einem richtigen Toro erwartet, zählt noch die beste Arbeit des Espada nicht. Ist der Espada nicht auf der Höhe des Stiers, hat er erst recht verspielt, denn schließlich beleidigt er mit seiner Stümperei ja den Zuschauer. Und wer versucht, mit hübschen, aber substanzlosen Posen Eindruck zu schinden, erntet nichts als zynische Kommentare, die ihm klarmachen sollen, daß er es hier nicht mit Bauern zu tun hat.

Selbst dem größten Espada kann es passieren, daß ihm plötzlich, mitten in der Faena, eine anonyme Stimme unüberhörbar dazwischenfunkt: *Baja la manooo!* Die Hand soll er tiefer halten, versucht ihm da einer ganz zu Recht klarzumachen, und wenn er nicht dumm ist, folgt er diesem Rat, und auf einmal haben die Pases jene besondere Qualität, die ihnen zuvor fehlte: Souveränität, Tiefe, Aroma.

Die Aficionados vom Tendido 7 sind knallhart bis zur Ungerechtigkeit. Fortwährend klagen sie ihren Anspruch auf ein würdiges Schauspiel ein, und fortwährend fühlen sie sich genau darum betrogen. Sie sind mißtrauisch, sie stören und säen Zwietracht in der Plaza, ewig Unzufriedene. Die raren Augenblicke, wenn einmal alles stimmt zwischen Mann und Stier, wissen sie allerdings zu schätzen wie kaum ein anderes Publikum. Dann sind Schimpf und Schande im Nu vergessen. Nachtragend sind sie nicht.

Gibt man etwas auf die Meinung der gekauften Presse, handelt es sich beim Tendido 7 um eine Ansammlung von Querulanten und Spinnern, die vom Toreo keine Ahnung haben, sich aber im Besitz der Wahrheit glauben. Tatsächlich jedoch ist es so, daß sie viel zu oft recht haben, wenn sie sich um die vielbeschworene Wahrheit der Fiesta betrogen sehen. Und ohne ein Tendido 7 wäre vielleicht alles noch viel ärger, als es ist.

Herr Vidal sitzt nicht im Tendido 7. Herr Vidal sitzt in einem Tendido der Schattenseite, unauffällig, in einer der oberen Reihen. Er ist ein stiller, aufmerksamer Zuschauer, doch macht er keinen Hehl daraus, daß er mit denen vom Tendido 7 insgeheim sympathisiert. Auch wenn er ihnen längst nicht immer zustimmt, ist er sich in der Sache doch meist mit diesen Querulanten einig.

Hauptberuflich ist Herr Vidal Pressesprecher des «Instituto Nacional de Marine». Nebenberuflich ist er Stierkampfkritiker der Tageszeitung «El País». Ich weiß nicht, welche seiner Tätigkeiten ihm mehr am Herzen liegt. Doch daß er seit der Gründung der Zeitung vor 15 Jahren nicht mehr im Urlaub war, weil er alle Urlaubstage auf den großen Ferias Spaniens verbringt, spricht dafür, daß er seiner nebenberuflichen Tätigkeit mit Leidenschaft nachgeht.

Herr Vidal mag um die 50 sein. Er ist nicht groß, nicht klein, nicht dick und nicht dünn, er trägt eine Brille – er fällt nicht auf, außer durch die Art, wie er über die Toros schreibt: immer kompetent, oft brillant. Ich frage ihn, ob es bestimmt, was er in einem Buch vom Zustandekommen seiner Kritiken erzählt. Den Tod des letzten Stiers der Corrida schon im Ausgang des Tendidos stehend verfolgen, dann im Laufschritt die 500 Meter zur Tiefgarage, wo er, wie sich das für einen richtigen Raucher gehört, völlig aus der Puste ankommt. Im Häuschen des Wächters, das eigens zu diesem Zweck, in der Regel also für ein paar Stunden pro Woche, angemietet wurde, hat er schon vor der Corrida sein Computer-Terminal installiert. Nun ist keine Zeit zu verlieren: die Leitung zur Redaktion herstellen, prüfen, ob der Text auch ankommt, und los geht's. Um 21 Uhr 45 ist absoluter Redaktionsschluß, und bis dahin muß er seinen Bericht durchgegeben haben. Wenn die Corrida um 19 Uhr beginnt und, je nach Laune der Stiere, der Toreros und des Präsidenten, zwischen 20 Uhr 30 und 21 Uhr 30 zu Ende ist, kann es schon mal ein Rennen gegen die Uhr werden. Doch nur so kann die Kritik am nächsten Tag erscheinen. Journalistenalltag, kommentiert Vidal bescheiden.

Neuerdings jedoch muß sich der Leser oft einen Tag länger gedulden, will er erfahren, was Herr Vidal über Stiere und Toreros denkt. Offenbar ist dann irgend etwas schiefgelaufen. Oder er hat seinem Tiefgaragen-Terminal den Schreibtisch vorgezogen.

Seinen Feinden ist das egal. Und in der Welt der Stiere hat Herr Vidal viele Feinde. Die schrecken selbst vor Drohungen nicht zurück und sind erst zufrieden, wenn er gar nicht mehr schreibt. Daß einer nicht zurückhält mit dem, was er denkt, nicht schönt und nicht schont, sondern sich herausnimmt anzugreifen, bissig, manchmal sarkastisch, daß er offen von Betrug spricht, wo er Betrug erkennt, und sogar systematischen, organisierten Schwindel denunziert – so einer kann denen nicht passen, die weiterhin ungestört ihren Geschäften nachgehen wollen.

Kein Zweifel: Herr Vidal nimmt den *sobre* nicht an, den berüchtigten Umschlag, den der Torero bzw. sein Apoderado vor jeder Corrida mit Geldscheinen füllt und den Vertretern der schreibenden Zunft zukommen läßt. Wer eine ihm gewogene Presse braucht, darf den *sobre* nicht vergessen. Und geizig sein darf er auch nicht, sonst kann es ihm passieren, daß der *sobre* wieder zurückkommt. Eine unmißverständliche Geste. Doch wer legt es schon darauf an, totgeschwiegen oder verrissen zu werden?

Herr Vidal scheint sich dieser Tradition zu verweigern. 90 Prozent aller Stiere, die in der Arena zu sehen sind, schätzt er, sind in irgendeiner Weise manipuliert, mit dem Ziel, ihre Kampffähigkeit herabzusetzen. Das läßt sich auf vielerlei Weise bewerkstelligen, jeder weiß das, doch Beweise sind entweder schwierig zu erbringen oder werden einfach geleugnet. Auf jeden Fall sind alle, die ein Interesse an geschwächten Stieren haben könnten, immer unschuldig wie die Lämmer.

Daß der Barbier umgeht, der große Unbekannte, der sich auf den Umgang mit Säge und Feile versteht, bestreitet kein Mensch. Was aber andere Spezialisten angeht, gibt es nur Gerüchte, Andeutungen, Meinungen. Man munkelt von Drogen und Medikamenten, von Entwässerungskuren und Wasserentzug, von Sandsäcken, die bisweilen den Stieren vor dem Kampf auf den Rücken geschmettert werden, von einem ganzen Arsenal von Torturen also, die nach Bedarf zur Anwendung gelangen. Außer hinter vorgehaltener Hand spricht von denen, die darüber mehr wissen könnten, niemand davon. Namen werden nicht genannt, und wer es dennoch tut, sticht in ein Wespennest. Da sich jeder über die Folgen unliebsamer Äußerungen im klaren ist, ziehen es alle, von ganz wenigen Ausnahmen abgesehen, vor zu schweigen. So bleibt es bei hartnäckigen Gerüchten. Nur an der Existenz des Barbiers zweifelt niemand. Was ihn betrifft, geht der Streit allein darum, ob er, wie die professionellen Taurinos meinen, gelegentlich zur Tat schreitet oder, wie die Aficionados glauben, ständig im Dienst ist.

## Der Stier von Ciempozuelos

In Ciempozuelos in der Provinz Madrid gibt es kein Tendido 7 wie das in Las Ventas. Die anspruchsvollen Aficionados kann man hier an ein paar Fingern abzählen. Tonangebend ist wie überall, wo nicht regelmäßig Corridas stattfinden, das Fiesta-Publikum, Familien mit Kind und Kegel in Festtagskleidung, bepackt mit Körben und Tüten und Taschen, damit sie auf keinen Fall verhungern oder verdursten müssen, dazu jede Menge junger Leute in Festtagsstimmung – auch sie werden nicht verdursten –, kaum jemand also, der sich von dem einen oder anderen Mißgeschick oder gewissen Ungereimtheiten so schnell um sein Vergnügen bringen ließe. Und außerdem: Ein bißchen Schimpfen und Schreien gehört zum Vergnügen schließlich dazu. Journalisten, deren Feder man fürchten müßte, haben sich jedenfalls noch nie in die Plaza von Ciempozuelos verirrt.

Doch alles hat seine Grenzen. Während einer Corrida der örtlichen Fiesta, genauer gesagt am 12. September 1988, verliert ein Stier, als er in die Bretter eines Burladero stößt, eines seiner Hörner. Das kann vorkommen. Richtig in Rage, schont sich der Toro nicht. Auch bei den Machtkämpfen, die die Stiere untereinander auf der Weide austragen, geht zum Leidwesen der Züchter schon mal ein Horn in die Brüche. Und ebenso vorstellbar ist, daß es schon angebrochen war, ohne daß es vorher jemand bemerkt hätte. Nichts Ungewöhnliches also.

Doch dem kommandierenden Sergeanten der Guardia Civil kommt die Sache irgendwie spanisch vor. Er veranlaßt die unverzügliche Sicherstellung des Horns, das da plötzlich so verloren im Sand liegt; veranlaßt auch, daß später, im Schlachtraum der Plaza, das andere Horn mitsamt der Knochenbasis, aus der die Hörner hervorwachsen, in Obhut genommen wird.

Für Hörner, die der Manipulation verdächtig sind, steht normalerweise eine von innen verzinkte Kiste bereit. Zumindest schreibt es das Reglement so vor, über dessen Einhaltung der Präsident der Corrida zu wachen hat. Die verdächtigen Waffen werden beschriftet, in die Kiste gepackt, die unter den Augen der staatlichen Ordnungshüter versiegelt wird und später dem nationalen Veterinärinstitut zugeht.

In Ciempozuelos allerdings ist am 12. September keine solche Kiste aufzutreiben. Wahrscheinlich hatte bis dahin nie jemand daran gedacht, verdächtige Hörner nach Madrid zu schicken, und so war keinem auch nur der Gedanke gekommen, eine solche Kiste anzuschaffen.

Von all dem aber läßt sich der Sergeant nicht beirren. Während er das sichergestellte Gut in eine Arrestzelle der örtlichen *Casa Cuartel* der Guardia Civil schaffen und dort peinlich genau bewachen läßt, ordnet er die Anfertigung einer entsprechenden Kiste an, die dann, wiederum unter Aufsicht, der *Escuela Nacional de Sanidad* zugeht, deren Veterinäre für die Analyse der Hörner zuständig sind.

Bis zur Begutachtung verstreichen einige Wochen, das Ergebnis jedoch ist eindeutig: Bei dem Horn handelt es sich um eine Prothese von mehr als zwanzig Zentimeter Länge. Dem Stier, der irgendwann zuvor ein Horn verloren hatte, wurde, nachdem man es sorgfältig dem Aussehen des verbliebenen, intakten Horns angeglichen hatte, das Horn eines anderen Stiers aufgeklebt.

Wann und wo diese Operation stattfand, läßt sich nicht feststellen. Die Hornchirurgen ziehen es vor, ihre Anonymität zu wahren. Klar ist nur, daß eine Manipulation der Hörner auf zwei Arten möglich ist. Auf jeder *ganadería* gibt es ebenso wie in jedes Plaza den sogenannten *cajón de curas*, einen eisernen Kasten, in dem ein Stier zum Zweck einer veterinärärztlichen Behandlung fixiert werden kann. Damit ist auch eine Fixierung des Kopfes, Voraussetzung jeder Manipulation am Gehörn, möglich. Nur: der *cajón de curas* ist immer verplombt und darf nur unter Aufsicht eines staatlichen Ordnungshüters geöffnet und benutzt werden.

Einfacher und deshalb heute gebräuchlicher ist eine andere Methode: das Anästhesieren des Stiers. Damit ist jederzeit und überall machbar, was sonst nur auf der Finca des Ganadero und mit dessen Einwilligung möglich wäre. Daß der Stier infolge der Narkose noch während der Lidia benommen sein kann, muß kein unerwünschter Nebeneffekt sein.

Besagter Stier von Ciempozuelos stammte aus einer renommierten Zucht, und angesichts der offenkundigen Beweislage bezweifelt der Züchter nicht die Tatsache der Manipulation. Zur Aufklärung des Sachverhalts allerdings kann er nur begrenzt beitragen. Er gibt an, daß der Veranstalter der Corrida von ihm einen einhörnigen Stier gekauft habe. Darüber hinaus weiß er nur mitzuteilen, daß sein Vertrauensmann, der Mayoral, der bei der Corrida anwesend war, ihn abends davon unterrichtet habe, wie die Stiere sich in der Corrida geschlagen hätten, ohne dabei besagten Vorfall zu erwähnen, der diesem Mayoral offenbar entgangen sei.

Weil der Ganadero aber vom Reglement für die Integrität seiner Tiere über den Zeitpunkt des Verkaufs hinaus, nämlich bis zum Beginn des Kampfes verantwortlich gemacht wird, muß er seine Schuld in dieser Hinsicht zwangsläufig eingestehen. Er habe seine Tiere nicht rigoros genug beaufsichtigen lassen, so daß irgendein ihm unbekannter Dritter die Manipulation habe vornehmen können. «Es ist ein ganz schwerer Betrug», fährt er fort, «der gegen unsere Prinzipien verstößt. Die Integrität des Stiers und die Reinheit der Fiesta sind in den drei Generationen, während derer wir die Zucht führen, unsere Norm gewesen, und so werden wir es auch in Zukunft halten.» Nachzulesen in «El País» vom 12.12.1988.

Auf zumindest zwei Fragen erhält der Leser keine Antwort: Wie kann es sein, daß ein Ganadero, der auf seinen guten Ruf bedacht ist, sich in keiner Weise dafür interessiert, zu welchem Zweck ein Empresario einen einhörnigen Stier bei ihm kauft? Und wie ist es möglich, daß ein Mayoral, der üblicherweise die Stiere besser als jeder andere auf der Finca kennt, das urplötzliche Nachwachsen eines Horns nicht bemerkt?

## Beweislasten

Immer wieder kommt es vor, daß sich Stiere in der Arena auf mysteriöse Weise und manchmal beim geringfügigsten Anlaß eines Horns entledigen. Was dem Stier von Ciempozuelos geschah, dürfte demnach so einmalig nicht sein. Doch selbst wenn die Attrappe, wie der Züchter selbst meint, so perfekt angebracht wurde, daß es sich hier wohl um das Werk professioneller Prothetiker handeln muß, sind künstliche Hörner wohl eher selten. Üblicherweise jedenfalls verfolgen derlei Eingriffe den – umgekehrten – Zweck, die Hörner zu verkürzen.

Ebenso selten allerdings ist, daß der Züchter, ist die Begebenheit einmal aktenkundig geworden, den Sachverhalt der Manipulation und damit zugleich sein Verschulden unumwunden anerkennt. Normal ist das Gegenteil: Die Züchter bzw. ihre Vereinigung, die *Unión de Criadores de Toros de Lidia*, setzen alles daran, die gegen sie verhängten Geldstrafen abzuwenden.

Dabei stehen ihnen verschiedene Wege offen. Einmal versuchen sie nachzuweisen, daß nicht mit hundertprozentiger Sicherheit feststeht, ob die in Madrid untersuchten Hörner wirklich von dem Stier aus ihrer Zucht stammen, dessen Gehörn den Verdacht auf Manipulation hervorrief. Jede Vernachlässigung der Aufsicht während der Lagerung und des Transports der Kiste dient dazu, das Verfahren zu kippen, was in besagtem Fall durch das bedachte Vorgehen des Sergeanten vereitelt woden war.

Kann er keine solchen Verfahrensfehler der Administration geltend machen, steht dem Züchter noch der Klageweg offen. Sein Verband beharrt auf der Verfassungswidrigkeit eines Reglements, das allein dem Ganadero die Haftung für die Integrität des Stiers anlastet, obwohl andererseits der Stier rechtlich als verkauft gilt, sobald er die Finca verlassen hat. So gewinnt die «Unión» zur Zeit noch jeden Prozeß gegen die amtlichen Anwälte.

Die härtesten Attacken allerdings reiten die Ganaderos auf einem anderen Feld. Sie betreiben die systematische Diskreditierung der staatlichen Veterinäre. Der Veterinär, der im Auftrag der Ganaderos während der Untersuchung des Gehörns anwesend ist, macht entweder technische Fehler bei der Analyse geltend, oder er bestreitet schlichtweg die Beweiskraft der angewandten analytischen Methoden. Sein Fazit: Er leugnet den Befund.

Es kommt zu der absurden Situation, daß die staatlichen Veterinäre mit wissenschaftlich einwandfreien Methoden einen Befund erstellen, der von einem ihrer Kollegen nicht anerkannt wird. Was viele Aficionados schon von weitem mit bloßem Auge erkennen, bleibt damit als reiner Verdacht bestehen, der nicht mit absoluter Sicherheit objektivierbar scheint. Meinung steht gegen Meinung, und daß der Staat eine der beiden zur Grundlage eines Schuldspruchs nimmt, läßt sich so als Akt der Willkür darstellen.

Der Zweifel an den Untersuchungsmethoden ist natürlich Unsinn. Das weiche und empfindliche Mark des Horns steht in einem ganz bestimmten Verhältnis zu seiner Gesamtlänge. Abzüglich eines gewissen individuellen Spielraums läßt sich spätestens anhand einer histologischen Analyse feststellen, ob das Horn gekürzt wurde. Der Aficionado dagegen gibt sich mit dem Augenschein zufrieden. An der Spitze gesplitterte Hörner sind ein einigermaßen verläßliches Indiz dafür, daß das äußere, sehr harte Material verletzt wurde. Die Art der Krümmung sowie das Verhältnis der Horndicke am Ansatz zu seiner Gesamtlänge lassen ebenso Rückschlüsse auf eventuelle gewaltsame Manipulationen zu. Hinzu kommt die charakteristische Färbung, die künstlich nie perfekt imitiert werden kann.

Zur Zeit ist es so, daß das Publikum allein in Madrid und Pamplona einigermaßen sicher sein kann, in der Regel Stiere mit intakten Hörnern zu sehen. Fast überall sonst drücken Veterinäre und Präsidenten beide Augen vor all den Machenschaften zu, die die Fiesta in Mißkredit bringen. Je kleiner die Arena, desto größer die Wahrscheinlichkeit, daß die Stiere ‹rasiert› sind. Allerdings besteht der Unterschied zu Corridas in bedeutenden Plazas oft nur darin, daß dort die Spuren des Eingriffs deutlicher verwischt werden. Mit den Ansprüchen des Publikums steigen auch die Fertigkeiten der Barbiere.

Der Veterinär von Las Ventas jedenfalls hält es für ausgemacht, daß über 90 Prozent der Stiere *afeitados* sind, und fügt völlig zu Recht hinzu: «Es ist lächerlich, daß von einer verdächtigen Corrida nur die Hörner von zwei Stieren zur Untersuchung eingesandt werden, wie es selbst in Plazas der ersten Kategorie geschieht.»[106]

Von den Hörnern aller Stiere, die im Jahr 1988 in den Kampf gingen, wurden ganze 233 nach Madrid eingeschickt. Untersucht wird also nur, soweit die Veteri-

**Eklatantes Mißverhältnis
von Leib und Hornlänge**

näre oder der Vertreter der Obrigkeit die die Hörner nach der Corrida gemeinsam begutachten, auf einer Untersuchung bestehen, und das tun sie offenbar eher selten. So lassen jedes Jahr einige tausend Stiere ihr Leben bei Veranstaltungen, in denen das Reglement zwar theoretisch ohne Einschränkung Gültigkeit hat, praktisch jedoch Makulatur ist. Die allgemein übliche Praxis der Nichtanwendung des Reglements läßt sich nur mit immenser Gleichgültigkeit oder aber Klüngel und Bestechlichkeit erklären.

Der Staat hat bis heute nichts unternommen, um die betrügerischen Praktiken wirksam zu unterbinden. Was die Toros betrifft, hat sich die Demokratie bisher in keiner Weise vom Erbe der francistischen Diktatur frei gemacht. Nach wie vor schreitet man nur so weit ein, wie es unbedingt nötig scheint, damit die Empörung des Publikums nicht überhand nimmt. Man verurteilt den *fraude*, hütet sich jedoch vor Konsequenzen.

So wird die Öffentlichkeit nach wie vor mit Placebos beruhigt, die die Geschäfte nicht stören. Bis vor kurzem noch konnte ein Ganadero, dessen Stiere von den Veterinären einer Plaza beim *reconocimiento* zurückgewiesen wurden, seine Tiere jederzeit und so oft er wollte zu jeder anderen Plaza schicken, von der er annahm, daß sie dort akzeptiert werden würden. Noch der dreisteste Versuch eines *fraude* hatte weder finanzielle noch strafrechtliche Folgen.

Mit einem Rundschreiben schlägt das Innenministerium 1989 erstmals eine härtere Gangart ein. Die Veterinäre aller Plazas werden darin aufgefordert, ihre Aufgabe beim *reconocimiento* ernst zu nehmen und jeden Stier zurückzuweisen, bei dem der Verdacht auf Manipulation besteht. Darüber hinaus werden sie verpflichtet, diese Stiere nach Madrid zu melden, um zu unterbinden, daß sie einfach woanders eingesetzt werden. Die Ganaderos protestieren. Sie fürchten um ihren Profit, droht ihnen doch durch ein solches Register, auf ‹behandelten› Stieren sitzenzubleiben, ohne daß der Nachweis einer solchen Manipulation erbracht worden wäre. Sie allein sollen nun die Folgen eines Betrugs ausbaden, der letztlich nicht ihnen zugute kommt.

Daß es um Geld, viel Geld, und um Macht geht, bekamen die Veterinäre der Plaza von Córdoba im Mai 1989 gründlich zu spüren. Ein Stierkampf war angesetzt. Das exklusive *cartel* von *toreros de arte*, künstlerischen Toreros also, weckte große Erwartungen. Doch die Veterinäre wiesen die Stiere wegen Verdachts auf *afeitado* zurück. Andere Stiere derselben Ganadería wurden angefahren und aus demselben Grund zurückgewiesen. Als schließlich 18 Stiere beim *reconocimiento* durchgefallen waren, ließ der Empresario in einem letzten Versuch Stiere einer anderen Ganadería heranschaffen, die nun seitens der Veterinäre für einwandfrei befunden wurden. Nur: Die Toreros bzw. deren Apoderados lehnten einen Kampf mit diesen Stieren rundweg ab. So wurde das Fest abgeblasen, die Aficionados gingen leer aus, und die Veterinäre gerieten unter scharfen Beschuß von interessierter Seite, weil sie es gewagt hatten, mit den üblichen Gepflogenheiten zu brechen.[107] Wer ein Star ist, bestimmt schließlich selbst, gegen welche Stiere er antritt.

Wenn das *afeitado* eine solche Bedeutung für die Toreros hat, daß damit ganze Corridas stehen oder fallen, hat das nur zum Teil mit der objektiven Länge der gefürchteten Hörner zu tun. Erst beim Todesstoß hängt davon alles ab, denn will der Espada sauber und effektiv den Degen versenken, kommt er nicht umhin, sich sehr nah am Kopf des Stiers vorbeizubewegen. Da zählen schon einige Zentimeter mehr oder weniger.

Doch es ist nicht so, daß alle Hörner auf ein Normmaß zurechtgestutzt würden. Der Betrug geschieht meist weniger offensichtlich, denn Stierhörner haben von Natur aus ein sehr unterschiedliches Aussehen, variieren je nach Rasse in Form und Farbe, und bei einer gekonnt ausgeführten Manipulation bleiben diese

Unterschiede auch erhalten. So sind z. B. kurze, dicke Hörner keineswegs unbedingt ein Zeichen für eine Behandlung, sondern können bisweilen auch ein typisches Rassenmerkmal darstellen.

Etwas anderes aber wird mit dem *afeitado* erreicht: Ein Stier, der erst kurz vor der Corrida ‹rasiert› wurde, stößt so zu, als ob seine Waffen noch die ursprüngliche Länge hätten, und damit fehlt seinem Stoß jede Treffsicherheit. Und weil der Eingriff zugleich sicherstellt, daß die Hörner anschließend weniger spitz und daher weniger gefährlich sind, falls sie den Gegner dennoch erreichen, ist der Sicherheit des Torero damit auf doppelte Weise gedient. Daß die Hornspitzen nach der Behandlung hochsensibel sind und dem Stier daher jeder Stoß gegen den *peto* des Pferdes oder die Bretter eines Burladero rasende Schmerzen bereitet; daß er sich womöglich noch gar nicht ganz von der Betäubung erholt hat – all das mag noch hinzukommen.

## Große Geschäfte

Die Manipulation des Gehörns wird allgemein als der große Skandal der Fiesta betrachtet, und das liegt sicher daran, daß sie den Nerv der Veranstaltung trifft und darüber hinaus in der Regel relativ leicht erkennbar ist. Über andere Formen der Behandlung ist viel weniger bekannt, obwohl deren Folgen viel schwerwiegender sein mögen, weil z. B. physisch geschwächte Stiere nicht einmal mehr für ein scheinbar gutes Spektakel taugen.

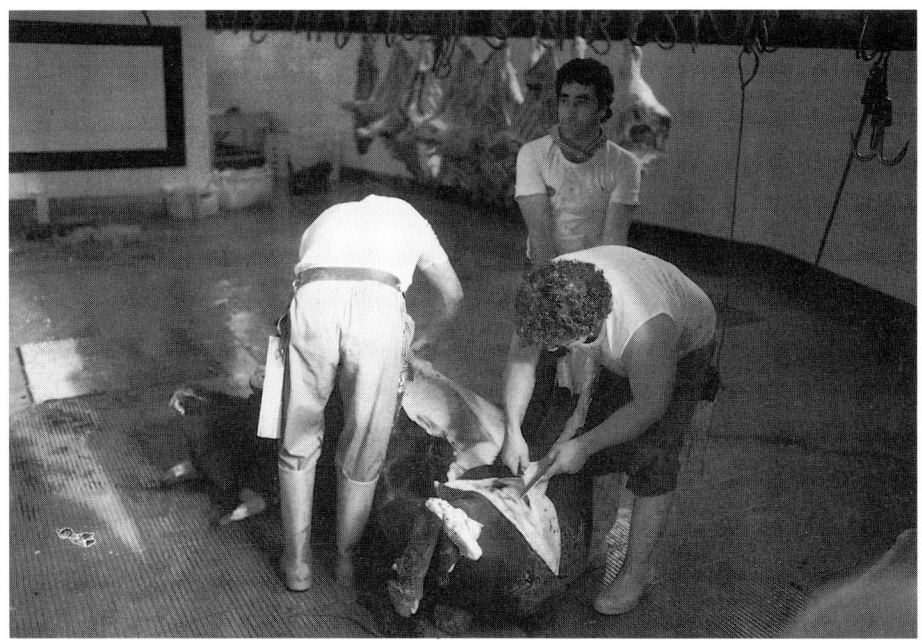

Die Beschneidung der Hörner aber hat symbolischen Charakter und sagt vor allem etwas über die Strukturen der Fiesta aus. Die Machtlosigkeit des Publikums wird dabei ebenso offenkundig wie die Untätigkeit des Staates, der sich um die Verantwortung drückt, die er übernahm, als er die Fiesta mit Hilfe des Reglements unter seine Kontrolle zu bringen versuchte. Während dieser Staat in den sechziger Jahren dem Betrug um Alter und Gewicht der Stiere ein Ende machte, unterblieben entsprechend wirksame Maßnahmen gegen das *afeitado*, das damit um so mehr Bedeutung erlangen mußte.

Die Toreros profitieren direkt von der derzeitigen Situation, doch das Sagen haben sie dabei nicht. Vielleicht werden sie nicht einmal um ihre Meinung befragt. Schweigen jedenfalls ist allemal besser, denn wer das Spiel nicht mitspielt, wird kaum eine Chance haben, nach oben zu kommen. Und wer nicht nach oben kommt, wird sich mit drei oder vier oder auch gar keiner Corrida pro Jahr bescheiden müssen. Mangels Erfahrung wird er sich nicht verbessern können, denn wo, wenn nicht in der Arena, soll einer lernen, vor Stieren und Zuschauern zu bestehen?

Auch die Ganaderos haben kein eigenes Interesse an manipulierten Stieren, die für die Toreros bequem sind. Doch ihr Verkaufsinteresse scheint sie dazu zu bringen, noch jeden Betrug zu dulden, zu unterstützen und darüber Stillschweigen zu bewahren.

So kann man sich fragen, wer denn nun ein Interesse an dieser Sorte von Stieren hat, die für ein dauernd unzufriedenes Publikum sorgen, dieses Publikum, von dem, wie überall im Showgeschäft, letztlich alles abhängt, und das, indem es Toreros sehen will, die tagtäglich vorbehaltlos den Tod herausfordern, selbst nicht ganz unbeteiligt an dieser Situation ist?

Die unmittelbar Verantwortlichen sind die professionellen Taurinos, die Toreros selbst und alle, die an ihnen verdienen. Doch angesichts der Selbstverständlichkeit, mit der die betrügerischen Praktiken angewandt werden, scheint es müßig, hier einzelnen die Schuld zu geben. Alles erweckt den Eindruck, daß die Strukturen der Macht sich verselbständigt haben und sich jeder mit einer Wirklichkeit arrangiert, in der er seinen Platz hat oder jedenfalls hofft, ihn irgendwann zu ergattern, eine Wirklichkeit, in der das Mauscheln genauso zum guten Ton gehört wie das Schweigen darüber, wer den Ton angibt. Jeder kennt seinen Part in diesem Netz von Interessensverflechtungen, Beziehungen, Gepflogenheiten. Und läßt es sich auch kein Torero nehmen, die ungerechten und gnadenlosen Strukturen der Fiesta zu beklagen, solange er sich als ihr Opfer sieht – es bleibt bei allgemeinen Äußerungen, die letztlich keinem weh tun. Keiner will es sich endgültig verderben, keiner tanzt aus der Reihe, auch wenn er das System im Herzen haßt.

Das ist das Erstaunliche: Obwohl sie streng hierarchisch organisiert ist und das große Geld in die Taschen einiger weniger fließt, wird diese Ordnung von allen getragen, weil fast alle ihre größeren oder kleineren Vorteile davon haben – symbiotische Korruption.

Ob ein Torero Opfer dieses Systems bleibt oder zu seinem Nutznießer wird, entscheidet sich hauptsächlich außerhalb der Arena. Erfolg ist gleichbedeutend damit, Zugang zu den Zentren der Macht zu haben. *Si no vas con casa fuerte*, zitiert Bill Lyon einen Matador, der den Weg nach oben nicht schaffte, *todo está cerrado*. Etwa: Wenn du mit keinem der dicken Häuser fährst, ist alles dicht.[108]

Für einen Manager stellt der Torero in aller Regel zunächst ein Investitionsobjekt dar, und der Torero ist von diesem Förderer ebenso abhängig wie dieser wiederum von den Veranstaltern. Die Veranstalter ihrerseits beugen sich den mächtigeren Apoderados, die es sich leisten können, für ihre zugkräftigen Luxustoreros Bedingungen zu diktieren, die den Erfolg schon im Vorweg garantieren sollen.

Daher wird ein Apoderado wenig Mühe haben, seinem sechzehn- oder zwanzigjährigen Schützling klarzumachen, daß es vernünftiger ist, sich in die Regeln des Spiels zu fügen, obwohl eigentlich kaum eine reale Aussicht besteht, auf diese Weise zu Reichtum zu gelangen. Viel wahrscheinlicher ist es, irgendwann zu stranden, ökonomisch, seelisch, vielleicht auch körperlich am Ende.

Der Vergleich mit dem Boxgeschäft drängt sich auf. Wirklich viel Geld verdienen nur die allerwenigsten Espadas, fünf oder zehn mögen es in jeder Saison sein, und das auch nur, solange sie nicht verletzungshalber für Wochen und Monate ausfallen. Nach vagen Schätzungen können etwa 30 weitere von ihrem Beruf leben. Der große Rest gibt irgendwann auf oder ruiniert sich auf die eine oder andere Weise auf dem langen Weg zum Erfolg.

Geld und Macht konzentrieren sich in der Welt der Stiere in ganz wenigen Händen, zu denen sicher die von Manuel Martínez gehören. «Chopera», wie Herr Martínez genannt wird, ist von 1982 bis 1989 Empresario der Madrider Plaza Las Ventas gewesen, der Plaza also, die letztlich ausschlaggebend für den Erfolg eines Espada in Spanien ist. Wer hier während der Feria de San Isidro auf Schultern zur Puerta Grande, der großen Pforte, hinausgetragen wird, hat in der Regel um die 50 Verträge für die laufende Saison in der Tasche. Deshalb wollen alle Espadas in Madrid auftreten, obwohl sie gleichzeitig einen höllischen Resepkt vor diesem Publikum haben, dem man eine nur mittelmäßige Vorstellung nicht als Erfolg verkaufen kann.

Ohne das Plazet Choperas aber läuft in Las Ventas gar nichts. Die Stadt Madrid, Eigentümerin der Plaza, hat ihm deren Bewirtschaftung übertragen und teilt sich mit ihm theoretisch Verlust und Gewinn, praktisch jedoch den beträchtlichen Profit.

Chopera ist ein alter Hase in diesem Geschäft. Seine Aktivitäten sind weit gestreut. Außer in Madrid sind er und seine beiden Söhne während der Ferias von Albacete, Almería, Badajóz, Bilbao, Logroño, Salamanca, Valladolid und Vitoria als Empresarios oder Koempresarios tätig, immer dann also, wenn gut verdient wird.

Gleichzeitig hat Chopera drei Matadores unter Vertrag, die bei keiner dieser Ferias fehlen werden und womöglich sogar mehrmals auftreten. Um sein Imperium zu vervollständigen, züchtet Chopera überdies Stiere. In seiner Doppelfunktion als Ganadero und Empresario

**205**

muß er sich um den Verkauf dieser Stiere nicht die geringsten Sorgen machen.

Einem Torero kann eigentlich nur daran gelegen sein, von einem Magnaten der Kragenweite Choperas unter Vertrag genommen zu werden, denn damit ist er schon fast ein gemachter Mann. Und obwohl er weiß, wie gering seine Chance ist, einmal selbst zu den *figuras del toreo* zu gehören, und auch weiß, daß selbst diese beneideten *figuras* nur Marionetten im großen Spiel um Geld und Macht sind, wird er sich hüten, sich das Leben durch unliebsame Äußerungen schwerer zu machen, als es sowieso schon ist. Vielleicht hat er Glück, und man gibt ihm die Gelegenheit, in Las Ventas zu kämpfen, wenn auch nicht gerade im Rahmen der Feria. Nur kann es ihm dann passieren, daß man ihm Stiere vor die Nase setzt, große, kräftige, störrische Stiere, die keine der *figuras* auch nur von weitem sehen will, und damit ist jede Aussicht auf einen großen Erfolg schon zunichte gemacht, bevor sie überhaupt wirklich bestand. Alltag der Fiesta.

## «Etwas ist immerhin etwas» – eine Kritik

Joaquín Vidal schreibt über die Corrida vom 13. Juli 1988 in Pamplona, die achte im Rahmen der Sanfermines:

«Nach acht Corridas hat man noch nicht ein einziges, wenigstens mittelmäßiges Manöver mit der Capa, keine einzige vollständige Arbeit mit der Muleta zu sehen bekommen. Stars und Sternchen machen weiter, ohne sich wirklich auf den Stier einzulassen... Es ist ganz egal, ob ein Toro erscheint, der schon einmal bekämpft wurde oder so ein geringfügiges Stierchen wie gestern und an so vielen anderen Tagen: Er wird einen Torero vorfinden, der nichtssagende Manöver irgendwie aneinanderreiht, soweit das launische Glück es zuläßt, und weiter führt auch nicht, was man heutzutage Toreo nennt.

Das wirkliche Toreo, das *parar-templar-mandar*, ist schon Geschichte. Davon bleibt kaum mehr als eine vage Erinnerung. Julio Robles rief es gestern bei seinem ersten Stier mit einer Reihe von *redondos* und *naturales* wach... Doch ebenso gewiß ist, daß er sich die Sache leichtmachte, indem er sich die Angriffe des Stiers mit dem Zipfel seiner über die Maßen aufgespreizten Muleta weit vom Leibe hielt. Aber etwas ist immerhin etwas.

Denn dann hatte Espartaco seinen Auftritt mit einem weiteren dieser Zukerstierchen, und es lohnt nicht darauf einzugehen, wie er ihn wieder und wieder hinter dem Tuch herlaufen ließ. Der Trick mit dem aufgespreizten Tuch hieß in der Version des Espartaco, die Muleta wie einen dicken Vorhang dreist vor das andere Auge des Stiers zu hängen. An einfühlendes, temperiertes Führen des Stiers war gar nicht zu denken.

Leichtfüßig wirbelte Espartaco herum, schwenkte die Muleta so wild wie seine Tolle, und als erschöpft war, was das bunte Repertoire des *toreo a pie* alles hergibt, warf er sich auf die Knie, ließ den Stier auf Teufel komm raus mit den Hörnern in die Luft stoßen und drehte ihm dann ganz langsam den Rücken zu, was immer wieder großen Eindruck macht. Vor allem in Pamplona.

Als ihn die Burschen mit dem Rücken zum Stier da knien sahen, dachten sie, er wolle sich das Leben nehmen und riefen, begleitet von rhythmischem Klatschen, inbrünstig seinen Namen: «*Es-par-taco, plas, plas, plas! Es-par-taco, plas, plas, plas!*» Eine irre Aufregung!

Der fünfte Stier, ein guter Junge, war invalide, und die Präsidentschaft schickte ihn zurück in den Stall, als die Banderillas gesetzt werden sollten. Der sechste kriegte gleich bei den ersten Capa-Schwüngen Krämpfe, der Arme hob das wehe Füßchen und ging ebenfalls zurück in den Stall.

Der erste Ersatzstier hatte Rasse, und Espartaco bestätigte das, indem er sich noch hastiger bewegte als bei seinem ersten Stier. Wieder klebte er belanglose Manöver aneinander, viele natürlich, doch niemand beachtete ihn. Mehr Aufmerksamkeit schien derweil die kleine Vesper zu verdienen. Zu guter Letzt packte er den Stier ans Horn, doch der war mit solcher Art von Vertrauensbruch in keiner Weise einverstanden. Das ist klar. Niemand findet es gut, wenn sie ihm die Hörner befummeln.

Die Fiesta befindet sich auf dem Holzweg, wenn selbst die *figuras* nichts vom Toreo verstehen oder sich nicht trauen und ihre Aufstellung mit billiger Eindruckschinderei rechtfertigen. Beim derzeitigen Stand der Dinge jedenfalls täte es nichts zur Sache, wenn man die Rangliste der Matadores mal tüchtig durcheinanderschütteln würde, so daß die Oberen unten und die Unteren zuoberst stünden. Womöglich gäbe es sogar Überraschungen. Womöglich verstünden die von unten etwas vom Toreo und würden etwas wagen.

Das einzig sachte Toreo, mit tief geführter Hand nah am Stier in der richtigen Weise ausgeführt, die Schühchen fest am Boden, zeigte ein Zuschauer im Rund. Das war, bevor die Corrida anfing, und Leute ohne jede künstlerische Sensibilität schafften ihn eiligst raus. Klar, daß dieser Zuschauer sternhagelvoll war, aber er zeigte, was Toreo bedeutet, während die *figuras* nicht einmal mit ein paar Gläschen intus dazu in der Lage zu sein scheinen.» ▬

# Streit im Tendido: das Lanzenmanöver

Neben dem *afeitado* und dem Hinfallen der Stiere, den sogenannten *caídas*, hat sich die *suerte de varas* zum permanenten Ärgernis in der Arena entwickelt. Was die *caídas* angeht, sind sich die Zuschauer noch völlig einig. Keiner mag mit ansehen, wie Toreros ihre Übungen vor Invaliden absolvieren. Und auch das *afeitado* wird von allen, soweit es sie überhaupt interessiert, einmütig verdammt. Bei der *suerte de varas* hingegen lassen sich im Publikum zwei Fraktionen ausmachen, die von den professionellen Taurinos letztlich gegeneinander ausgespielt werden: die Aficionados auf der einen Seite und auf der anderen diejenigen, die eher sporadisch und zum Vergnügen zu den Toros gehen.

Die Aficionados beharren auf dem, was im Sinne der Tauromaquia einen guten würdigen Stierkampf ausmacht: ein kräftiger Stier, der mittels einer zu jedem Zeitpunkt sorgfältig vollzogenen Lidia – *como mandan los cánones* – auf den Todesstoß vorbereitet wird. Die große Masse der Zuschauer hingegen nimmt es mit diesen *cánones* nicht so genau. Ihr Blick ist weniger streng, weniger examinierend. Während die Aficionados die Lupe nicht aus der Hand legen, sind viele Zuschauer eher bereit, sich eine rosarote Brille auf die Nase zu setzen, wenn so das Vergnügen garantiert ist. Ohne es eigentlich zu wissen oder zu wollen, arbeiten sie durch ihre Großzügigkeit oder Unkenntnis denjenigen in die Hände, die den *toro de verdad*, den gesunden, integren Kampfstier, am liebsten ganz aus der Arena verbannen möchten, um ihn ge-

**Die Inspektion der Waffen: der Picador**

gen ein anderes Tier zu ersetzen: den *toro light*, etwas kleiner, etwas schwächer, mit etwas kürzeren Hörnern, insgesamt also womöglich zeitgemäßer, auf jeden Fall etwas bequemer für die Toreros. Und sobald der Picador an die Arbeit geht, prallen die unterschiedlichen Auffassungen davon, was Stierkampf ist und sein soll, aufeinander.

Das Lanzenmanöver ist für die Lidia fundamental, doch immer mehr Zuschauer, allen voran die Ausländer, empfinden die Konfrontation zwischen dem geschützten Reiter und dem Stier als brutal, häßlich und vor allem ungerecht. Eine überflüssige Quälerei. Hals über Kopf identifizieren sie sich mit dem vermeintlichen Verlierer, und der böse Picador erntet Pfiffe oft schon, wenn er in der Arena auftaucht. Jede Anwendung der Lanze löst einen Sturm der Entrüstung aus: der arme Stier!

Die Pfiffe kommen meist auch von den Aficionados, doch aus einem anderen Grund. Sie gelten dem Mißbrauch der Lanze. Im Gegensatz zu all denen, die sich von moralischen Vorbehalten leiten lassen, zweifeln sie, soweit ein gesunder Stier in der Arena ist, nicht an der Notwendigkeit der Lanze, wissen aber auch, daß alles weitere davon abhängt, ob sie in der richtigen Weise eingesetzt wird.

Die *suerte de varas* ist im Stierkampf aus mehreren Gründen unverzichtbar. Zunächst ist die Art, wie der Stier ans Pferd geht, für die Toreros, die Zuschauer, vor allem aber auch für den Züchter die einzige Möglichkeit, sich einen Eindruck von der Bravura des Stiers zu verschaffen. Abgesehen davon erfüllt die Vara ihre genau bestimmte Funktion innerhalb der Lidia, weil nur mit ihrer Hilfe ein adäquates Angriffsverhalten des Stiers erreicht werden kann: Er verliert Kräfte, seine Angriffe sind anschließend gezielter, doch auch berechenbarer. Die Wunde im Morillo hat zur Folge, daß der Stier – im wahrsten Sinne des Wortes – den Kopf weniger hoch trägt. Anders gesagt: Erst die Schwächung der Nackenmuskulatur erlaubt dem Espada überhaupt, den Stier mit reduzierter Geschwindigkeit das Tuch passieren zu lassen. Nur so kann er einigermaßen sicher sein, daß der Stier den Kopf nicht mitten im Manöver hebt, was fast zwangsläufig eine Cornada zur Folge hätte. Die Vara ist Voraussetzung der Bändigung durch das Tuch und unverzichtbar für eine saubere Ausführung des Todesstoßes.

Früher lebten die Picadores gefährlich, gefährlicher als alle ihre unberittenen Kollegen. Es war ihre Aufgabe, den hereinstürmenden Stier in der Arena zu erwarten, und er warf seine ungebrochene Kraft gegen den bloßen Leib des Pferdes, das regelmäßig mitsamt dem Reiter niederging. Die Qualität eines Stiers wurde daran gemessen, wie viele Varas er nahm, die besten kamen auf 20, 30 und hinterließen ein richtiges Schlachtfeld. Für die Zuschauer, mit dem Herzen auf der Seite des unermüdlichen Kriegers, war das der wichtigste Part der Corrida, bis sich das Spektakel in der zweiten Hälfte des 19. Jahrhunderts immer mehr um den Espada zu drehen begann.

Seit die Pferde mit dem Peto geschützt sind und der Picador erst einreitet, wenn der Stier schon Kräfte an der Capa verausgabt hat, sitzt der Reiter ziemlich sicher im Sattel. Vor allem aber steht heute einem Mißbrauch der Lanze nichts mehr im Wege. Bestand früher die Kunst darin, den Stier mit Hilfe der Lanze womöglich aufzuhalten und seinen Angriff durch eine Drehung des Pferdes ins Leere zu lenken, um Pferd und Reiter unversehrt zu lassen, ist dieser Selbstschutz durch den Peto überflüssig geworden.

Im Lauf der Jahre haben die Picadores ihre Pferde zu uneinnehmbaren Festungen ausgebaut. Heute thronen sie nicht mehr auf Reitpferden, sondern auf gewaltigen Zugtieren, denen jede Beweglichkeit schon von Natur aus fehlt. Obendrein aber sediert man diese Kolosse, verstopft ihre Ohren fest mit Zeitungspapier und verbindet ihnen in aller Regel beide Augen, obwohl die Bestimmungen ausdrücklich vorsehen, daß wenigstens das linke, dem Stier abgewandte Auge frei zu bleiben hat. Die Petos, in die man diese dämmernden Wesen einzwängt, haben unter der Hand Dimensionen erreicht, gegen die jeder vorschriftsmäßige Schutz – zugelassen ist ein Gewicht von maximal 25 Kilo – wie ein zierliches Kleidchen wirken würde.

Auf ihren Panzern leben die Picadores heute sicherer als ihre unberittenen Kollegen, und diese Sicherheit nutzen sie weidlich aus – auf Kosten des Stiers. Entgegen allen Regeln der Kunst stechen sie die Lanze oft erst dann ein, wenn der Toro seine Hörner längst in die Baumwollmatten versenkt hat. Und weil sie, sobald der erste Aufprall überstanden ist, keinerlei Gefahr mehr befürchten müssen, können sie die Lanze jederzeit korrigieren, im Leib des Stiers nach Belieben drehen und wenden, nachstoßen und das Fleisch aufreißen, während sie das Pferd so führen, daß dem Gegner sein natürlicher Ausweg versperrt bleibt.

Als Folge davon muß man immer wieder zusehen, wie der Stier im Peto buch-

**Am Boden**

211

stäblich verendet, nicht zuletzt auch deshalb, weil die Lanze mit größter Regelmäßigkeit hinter der vorgeschriebenen Stelle im Morillo plaziert wird und dabei die Wirbelsäule des Stiers beschädigt. Der Zuschauer, der hinter all dem Unfähigkeit oder Fahrlässigkeit vermutet, ist im allgemeinen besser beraten, wenn er Vorsätzlichkeit unterstellt.

Außer Schimpf und Schande aber hat noch der schamloseste Picador nicht das geringste zu befürchten. Falls die Strafen, die das Reglement im Fall des Mißbrauchs der Vara für den Picador vorsieht, wider Erwarten doch einmal ausgesprochen werden sollten, übernimmt der Espada die Bezahlung, denn in seinem Auftrag geht der Reiter ja vor.

Die *suerte de varas* determiniert den weiteren Verlauf der Lidia mehr als jedes andere Manöver. Falsch gehandhabt, kann die Vara den Stier zerstören, doch ohne die Wunde im Morillo taugt der Stier für keine Faena. Bei der Vara kommt also alles auf die Dosierung an, und es ist für den Zuschauer schwer einzuschätzen, was notwendig und was zuviel ist. Daß ihm die drei vorgeschriebenen Varas – eine Vorschrift, die in der Praxis nur noch in Madrid eingehalten wird – absurd erscheinen müssen, wenn sich der Stier schon nach der ersten kaum noch auf den Beinen halten kann, muß nicht verwundern.

Die Verwirrung ist perfekt, wenn die Stiere derart kraftlos in den Kampf geschickt werden, daß jede zusätzliche Schwächung während der Lidia ein gutes Schauspiel nur zu verderben scheint. Während sich die Toreros in der Anti-Lidia üben, weil die wahre Kunst nun darin besteht, den Stier um jeden Preis auf den Beinen zu halten, setzt sich auch in Plazas der ersten Kategorie neuerdings durch, was alles bisher Dagewesene auf den Kopf stellt: die Simulation der *suerte de varas*. Die unbedarfteren Zuschauer applaudieren, weil man ihnen erspart, was für sie nichts als ein verabscheuungswürdiger Anblick wäre. Die Aficionados jedoch sind indigniert, weil damit der Beweis erbracht ist, daß man sie einmal mehr um den *toro de verdad* betrügt.

Bei solch verworrenen Verhältnissen muß es nicht erstaunen, daß der Ruf nach einer Reduzierung der Lanzenspitze, wie er neuerdings aus dem Mund mancher Ganaderos und Toreros zu hören ist, nicht nur bei den Feinden der Fiesta auf offene Ohren trifft. Für den allerdings, der es mit Toreo im herkömmlichen Sinn hält, liegt die Lösung in genau der anderen Richtung. Vor irgendeiner Änderung des Reglements fordert er die rigorose Anwendung des jetzt geltenden, das den Mißbrauch der Lanze in all seinen Formen ausdrücklich verbietet. Er fordert Stiere, die die konstitutionellen Voraussetzungen für den Kampf mitbringen, und fordert beweglichere Picadores auf anderen Pferden, Reitpferden eben, die mit kleineren Petos geschützt sind, damit das Lanzenmanöver, sauber ausgeführt, seinen ursprünglichen Sinn im Rahmen der Lidia ebenso wiedergewinnt wie seine ästhetische Qualität.

Hemingway sah mit der Einführung des Petos am Ende der zwanziger Jahre den Anfang vom Ende des Stierkampfs gekommen. Er hielt diesen Schritt für eine falsche Konzession an eine ebenso falsche bürgerliche Welt, die Blut, Tod und Gewalt aus ihrem Gesichtsfeld zu verbannen sucht.

Puristen vom Schlage Hemingways gibt es heute in der Welt der Toros nicht mehr. Niemand will die Petos wieder abschaffen, wenngleich sie, was die *suerte de varas* angeht, tatsächlich die Wurzel allen Übels sind. Man hat es bis heute nicht verstanden, die Picadores daran zu hindern, von ihrer neuen Macht gegenüber dem Toro bis über die Grenzen des Erträglichen hinaus Gebrauch zu machen.

Heute ist es soweit, daß die Angriffe der *suerte de varas* als solche gelten, da die Art, wie sie fast ausnahmslos praktiziert wird, jeden Zuschauer, auch die Aficionados, dazu bringt, sich mit Grauen abzuwenden. Doch es steht zu befürchten, daß mit einer verkleinerten Lanzenspitze ein Anfang zur Abschaffung der *suerte de varas* gemacht wird, denn mit dieser Forderung soll zugleich ein Typus von Toro zur Norm erklärt werden, der von interessierter Seite als Toro der Zukunft propagiert wird, ein Stier, der die vorgeschriebenen drei Varas auch dann nicht übersteht, wenn sie nach den Regeln der Kunst plaziert werden, und dem vor allem die Ausstrahlung eines *toro de lidia* fehlt.

Picadores und Espadas leben mit der derzeitigen Situation zu sicher und bequem, als daß sie ein Interesse daran haben könnten, sie im Sinn der Aficionados zu verändern. Und die Tierschützer mögen sich freuen, daß der ständige Abusus die Gegner der *suerte de varas* mehrt, kommt man damit doch der anvisierten Zivilisierung des Stierkampfs schon wieder ein Stück näher.

# Das Publikum

Wenn das Ereignis Stierkampf für die Spanier einmal ein ganz gewöhnliches Spektakel sein wird, werden sich die Fundamente Spaniens als Volk und Nation gewandelt haben. Wenn der Spanier eines Tages genauso zu den Toros geht oder nicht geht, wie er heute ins Kino geht oder nicht geht, wird man in den Pyrenäen, der Schwelle zur Halbinsel, diese einfache Grabschrift aufstellen müssen: «Hier ruht Tauridia, will sagen: Spanien.»

*Enrique Tierno Galvan*

## La turistada

Die Japaner, so wird erzählt, gehen immer nach dem zweiten Stier. Der Führer hat alles erklärt, die Herde in seinem Schlepptau alles gesehen und fotografiert, genug. Noch vier Stiere? Und immer das gleiche? Unnötige Zeitverschwendung! So bleibt alles beim alten: Einmal mehr ist das Klischee vom Land der Stiere und Toreros – *todo bajo el sol* – bestätigt, einmal mehr auch das Bild, das man sich in Spanien von den etwas seltsamen Gästen aus dem Land der aufgehenden Sonne macht. Für Völkerverständigung scheint die Arena nicht zu taugen.

So ganz anders verhält es sich mit dem Gros der europäischen und amerikanischen Touristen nicht. Weil die meisten von ihnen die Preise heutzutage enorm finden, sitzen sie auf der Sonnenseite und vorsichtshalber nicht zu weit unten. Und da schwitzen sie dann.

Die *turistada* erkennt man von weitem. Kurze Hosen, bunte T-Shirts, knappe Kleidchen und ähnliche Acces-

**213**

soires, die nicht zum Outfit der einheimischen Besucher gehören, dazu Sonnenbrillen, Sonnenhüte, Sonnenbrände, um die Hälse der Männer die schweren Kameras – sie fallen auf wie exotische Vögel.

Auch von ihnen gehen manche nach dem zweiten Stier. Andere halten bis zum Ende durch, versuchen zu verstehen, was vor sich geht. Warum wird jetzt gepfiffen, jetzt geklatscht? Lexika werden gezückt, aus den mühsam erlernten spanischen Brocken Fragen zusammengebastelt, der Nächstbeste um Erklärungen ersucht, die nicht unbedingt – die Mienen zeigen es deutlich – den erhofften Durchblick zur Folge haben. Wieder andere sind nicht zum erstenmal da und nicht zum letztenmal, doch die laufen gewöhnlich nicht in Mannschaftsstärke ein.

Ob Barcelona, Madrid oder Sevilla, im Juli und August bietet sich in den Plazas jeden Sonntag das gleiche Bild. Die Einheimischen sind vor der Hitze der Städte in die Ferien geflüchtet, nur die Touristenscharen beleben auf ihre Weise die ausgestorbenen Straßen und Plätze der historischen Viertel. Und wenn dann sonntags die Plaza ihre Pforten öffnet, kommen sie in Paaren und Gruppen oder werden gleich busweise zum obligatorischen *Tod am Nachmittag* gekarrt.

Die Ausländer sind heute nicht mehr aus den Arenen wegzudenken. Mancherorts stellen sie grundsätzlich die absolute

Mehrheit, wie z. B. in Palma de Mallorca, wo in den fünfziger Jahren die Zahl der Corridas innerhalb eines Jahres von fünf auf 16 und 1967 sogar auf 33 anstieg, mehr also als sonst irgendwo in Spanien, und zwar einzig und allein aufgrund der touristischen Invasion, von der die Insel heimgesucht wurde.

Doch selbst fern der Hochburgen des Pauschaltourismus finden sich heute immer ein paar Ausländer ein. Die Taurinos nehmen das gelassen, bisweilen amüsiert hin. Sie respektieren das Interesse der Fremden und sind sich vor allem darüber im klaren, daß viele Stierkämpfe nur wegen der Ausländer nicht vor leeren Rängen und daher überhaupt stattfinden. Sie wissen aber auch, daß diese Fremden in der Regel keine Ahnung vom Toreo haben, dafür aber um so mehr Vorurteile mitbringen. Ein Ausländer als Aficionado ist auch sechzig Jahre nach Don Ernesto für die meisten noch ein Kuriosum, sofern es sich nicht um einen Franzosen handelt, von denen sich mittlerweile herumgesprochen hat, daß sie eine eigene *tradición taurina* besitzen.

Wer die Dekadenz der Fiesta beklagt, wie das viele Aficionados tun, kann sich über die Ausländer nicht recht freuen. Zu leicht lassen sie sich blenden. Sie lieben die hübschen Posen, die Gewandtheit der Banderilleros, alles Heitere, Bunte am Stierkampf, nur nicht, daß er so blutig sein muß. Ob ihnen gefällt, was sie sehen, mag mit allem möglichen zu tun haben, sicher aber am wenigsten mit der Tauromaquia. Protest oder Beifall äußern sie zwar meist verhalten, doch oft im ‹falschen› Moment oder aus den ‹falschen› Gründen, und das kann auch gar nicht anders sein.

Für den Teil des Publikums, der seine Aufgabe darin sieht, auf der Wahrheit der Fiesta zu beharren, sind die Ausländer schlechte Verbündete. Der allgemeinen Unkenntnis des Toreo, die die Taurinos auch bei ihren eigenen Landsleuten beklagen, setzen sie die Krone auf. Und je verbreiteter diese Ahnungslosigkeit, desto leichteres Spiel haben die Geschäftemacher, die alles, auch noch das letzte Fünkchen Wahrheit opfern, solange nur die Kasse stimmt.

## Ein Aficionado der alten Schule

Juan hat mir eine kleine Fotografie geschenkt. Bevor er sie mir überreichte, hat er sie auf der Rückseite mit einer Widmung versehen. Zu meinem Erstaunen verriet die Art, wie er das tat, eine gewisse Unbeholfenheit. Die Widmung hat mich gerührt: *al buen aficionado, con simpatía*.

Der Fotografie sieht man an, daß sie aus einer anderen Zeit stammt. Sie muß in den vierziger Jahren entstanden sein, in den schwierigen Zeiten nach dem Bürgerkrieg. Der linke der beiden jungen Männer ist Juan. 18 mag er damals gewesen sein, ein schmucker Bursche, ein Torero, abgelichtet im Patio irgendeiner Plaza, kurz vor dem Kampf. Daß der *traje de luz* ihm gut steht, scheint auch ihm selbst nicht entgangen zu sein.

Damals war Juan ein Novillero und auf dem Weg, Matador zu werden. Heute ist er 63 und meint, daß es nicht Mut war, was ihm fehlte. Doch die Zeiten waren hart, und der Erfolg ließ auf sich warten. Juan besann sich eines anderen. Er hängte den Lichteranzug in den Schrank und wurde, was man einen guten Aficionado nennt: einer, der weiß, wovon er spricht, wenn es um die Toros geht, der seine Prinzipien und seine Vorlieben pflegt, ohne sich davon blenden zu lassen, leidenschaftlich, manchmal hart im Urteil, und doch dabei um Gerechtigkeit bemüht.

«Es gibt keinen Respekt mehr unter den Menschen», beschließt er seinen Monolog über den Zustand der Fiesta, der in eine etwas bittere Klage über den Zustand der Welt gemündet ist. Daß eins mit dem anderen zusammenhängt, ist für ihn keine Frage.

Wie jeden Tag treffen wir uns in einer Bar bei der Plaza, bevor die Corrida beginnt. Es ist sein Stammlokal, wenn in Sevilla Feria ist. Hier kennt man ihn und seine Frau, die jedesmal mit dabei ist, seit Jahrzehnten, hier trifft er Freunde wieder und alte Bekannte und allerlei Leute, die mit den Toros auf die eine oder andere Weise zu tun haben.

Doch das Ambiente hat sich gewandelt in den letzten Jahren. Sicher, auch er selbst ist älter geworden, das macht es beschwerlicher. Die Welt der Toros aber ist einfach nicht mehr, was sie war. Heute kennt nicht mehr jeder jeden, alles ist anonymer geworden. Was früher nie vorgekommen wäre: Juan sitzt mit seiner Frau allein am Tisch.

Für ihn ist das nur eines von vielen Zeichen des Niedergangs der *cultura taurina*. Es kränkt ihn natürlich auch, doch viel schlimmer ist, wie die Corridas selbst sich gewandelt haben. Fünf hat er diesmal bisher gesehen, die Eintrittskarten bezahlt, die Reise, das Hotel, die ganze Anstrengung – es hat sich nicht gelohnt. Nichts hat er gesehen, was den Aufwand wert gewesen wäre, und morgen muß er wieder zurück.

*Es un desastre*, es ist eine Katastrophe, kommentiert er, was bisher geboten wurde, schämt sich förmlich für das, was aus der Fiesta geworden ist. Nicht, daß er mit überzogenen Erwartungen gekommen wäre. Als alter Aficionado hat er gelernt, mit der Enttäuschung zu leben. Die ist normal, gehört zur Fiesta dazu. Zuviel muß zusammenkommen für einen guten

**Juan als Novillero**

Lieber eine einzige
Verónica...

Kampf: ein Stier, der angreift und auf das Tuch anspricht, ein Torero, der sich auf sein Handwerk versteht und obendrein an diesem Tag inspiriert ist, kein Regen, wenig Wind – klar, daß das nicht alle Tage passiert. Doch wenn die Stiere allesamt nichts mehr taugen, nützt auch der beste Torero nichts. Die *casta* ist dahin, sagen die Aficionados, wenn die stolzen Tiere ein ums andere Mal bei der ersten Belastung in die Knie gehen und einen nur noch jämmerlichen Anblick bieten. Für sie sind das Symptome einer verfehlten Zuchtpolitik, die den Toro zur Ware degradiert hat – auf Kosten des Publikums.

An all dem kann Juan nichts ändern. Doch daß die Ganaderos, auf die er immer große Stücke hielt, keine Skrupel haben, selbst zur Feria von Sevilla solch traurige Invaliden zu präsentieren, geht ihm nicht in den Kopf. Schließlich ist man dem Publikum bei Preisen zwischen 35 und 180 Mark etwas schuldig, einem Publikum, das in der Sprache der Fiesta immerhin *el respectable* heißt. Mit dem Respekt aber ist es bei den *sinverguenzas*, den Schamlosen, die die Fiesta kontrollieren, nicht weit her.

**217**

Im Getümmel der Feria ist Juan einer unter vielen Tausenden. Zu Hause ist er ein angesehener Mann. Im Zentrum seiner südspanischen Heimatstadt besitzt er eine Bar. *El Quinto Toro*, der fünfte Stier, hat er sie in Erinnerung an jenen fünften Stier genannt, der 1947 Manolete tötete. Eine typische *bar taurino*: Stierkampfplakate, Fotos, Widmungen – die Wände sind über und über mit Erinnerungen bestückt.

Jeden Tag steht Juan hinterm Tresen, wie aus dem Ei gepellt, in Nadelstreifenhose, weißem Hemd, grauer Weste, ein andalusischer *dueño*, wie er im Buche steht. Fehlen nur noch die Gamaschen...

Der *Quinto Toro* ist eine Institution in der Stadt. Mittags, wenn Geschäfte und Büros zur Siesta schließen, findet man nur mit Mühe gerade mal einen Stehplatz. Angestellte, Arbeiter, Geschäftsleute und Nichtstuer stehen dichtgedrängt, dazwischen ein paar Touristen – es ist ein buntes Gemisch, und jeder ist recht. Was er ist und wie er aussieht, tut dabei nichts zur Sache. Bier, Wein und Fino werden getrunken, kaum jemand läßt die Tapa dazu aus.

Diese Tapas, von Juans Frau im oberen Stockwerk vorbereitet, gelten als vorzüglich, sind aber eben nur die Beigabe. Wichtiger für die Bar ist der *dueño* selbst. Keiner macht ihm was vor, schon gar nicht, wenn es um die Toros geht. Und die Toros sind unter den Stammgästen noch immer das bevorzugte Thema.

Mit seinen Vorlieben hält Juan dabei nicht zurück. Bei allem grundsätzlichen Respekt interessieren ihn die meisten der heutigen Espadas nicht einen Deut. Für ihn sind das Produkte einer Propagandamaschinerie, Eintagsfliegen, die so schnell von der Bildfläche verschwinden, wie sie aufgetaucht sind. Allenfalls beherrschen sie die Technik, doch was soll das nützen, wenn einer damit nichts zu sagen hat?

So richtig zählt für Juan seit Jahren und Jahrzehnten schon nur ein einziger Torero, und um den zu erleben, scheut er weder Kosten noch Mühen. 600 Kilometer nach Madrid, Valencia oder Sevilla und womöglich in derselben Nacht noch zurück, um den Auftritt seines Favoriten am nächsten Tag in der heimischen Plaza nicht zu verpassen – derlei Eskapaden sind für ihn mit seinen 63 Jahren immer noch ganz normal, obwohl er weiß, daß dieser Espada fast immer enttäuscht. Aber eben nur fast immer... Nichts wäre schlimmer, als aus reiner Bequemlichkeit einen dieser seltenen, großen Momente zu verpassen, wenn die Inspiration von diesem Torero Besitz ergreift und er mit einer Faena Geschichte schreibt, bei der den Zuschauern vor Entzücken schwindelig wird...

Die Leidenschaft ist grenzenlos, blind ist sie nicht. Was schlecht ist, ist schlecht und wird nicht beschönigt. Parteilichkeit aber ist selbstverständlich und begründet: Lieber eine einzige *verónica*, die man nicht mehr vergißt, als 20 andere, die keine Spur im Herzen hinterlassen. Erst wenn der *duende* aufblitzt, ist das Verlangen gestillt.

Als Aficionado und als Person vermittelt Juan etwas von dem, was nicht nur in der Welt der Stiere heute rar geworden ist: daß zur Leidenschaft der Anstand gehört, zum Stolz der Respekt vor dem anderen, Werte also, die nicht gerade modern sind. Der Aficionado Juan ist im Herzen noch immer Torero, ein Ehren-

José Luis Calderón
«El Manteca», Matador
im Ruhestand und
Kneipier in Cádiz

mann der alten Schule. Er hält auf Qualität, auf Tradition, und dazu gehört für ihn auch, die Afición für die Toros als Aufgabe und Verantwortung zu betrachten.

## Vom Ereignis zum Spektakel

Für Aficionados vom Schlage Juans ist die Fiesta mehr als nur ein Spektakel. Sie bringt eine Lebenshaltung zum Ausdruck, eine bestimmte – heroische, tragische, männliche – Konzeption der Welt, die der Torero mit dem Stier gemeinsam und beispielhaft realisieren soll. Zu den Toros zu gehen ist, wie Enrique Tierno Galvan in einem Essay zur sozialen Bedeutung der Toros noch 1950 formuliert, «ein zugleich bescheidenes wie herausforderndes Bekenntnis zu unserer Seinsweise.»[109]

Was die antike Tragödie für die Griechen, ist die Corrida für Spanien gewesen: Ein soziales Ereignis, an dem jeder teilhat und das ihn mit den Grundlagen seiner Existenz in Berührung bringt. Das Spiel um Leben und Tod ergreift und konfrontiert alle unterschiedslos und vereint sie in ihrer Unterlegenheit dem gegenüber, der an ihrer Statt Kopf und Kragen riskiert.

«Die Plaza», meint Tierno, «ist der physische, soziale und psychologische Ort, an dem die Gesamtheit des Volkes gemeinsam und auf intensive Weise dieselbe psychologische Situation durchlebt.»[110]

Auf exemplarische Weise bringt die Corrida Werte zum Ausdruck, die lange Zeit von der Allgemeinheit als gültig und verbindlich anerkannt waren. Doch zugleich muß sich jeder der Anwesenden auch individuell demgegenüber definieren, was der Torero angesichts des Todes zustande bringt. Permanent muß er Stellung nehmen, das Gute vom Schlechten, das Wahre vom Unwahren, das Schöne vom Häßlichen unterscheiden. Im anschließenden Gespräch wird er seine Auffassung verdeutlichen, klären, vielleicht auch korrigieren oder gegen andere verteidigen müssen.

«Die Toros sind die einzige Bildung, die wir haben...»[111], erklärte Ramón del Valle-Inclán zu Anfang dieses Jahrhunderts provozierend und erhob damit die Plaza zum Ort sozialen Lernens, die Corrida zum spanischen Lehrstück, zur Schule einer Nation, die sich in diesem Drama mehr als irgendwo sonst wiedererkennt und unentwegt mit der Entzifferung einer Wahrheit beschäftigt ist, die ihre Gültigkeit noch behält, wenn die Tore der Plaza längst geschlossen sind.

Die Bedingungen der Fiesta haben sich gewandelt, das ist unbestreitbar. Sieht man einmal von den Dörfern ab, zieht es heute nicht mehr die Mehrheit des Volkes in die Arena. In den Städten ist eine Corrida nur noch in den *peñas taurinas* das große Thema.

Für die Aficionados haben diese Peñas eine wichtige Funktion. Hier kommen sie zusammen, um voneinander zu lernen, Erfahrungen auszutauschen und ihr Wissen um die Toros zu vertiefen. Manche Peñas sind reine Fanklubs von Lokalmatadoren, andere organisieren Stierkämpfe zur Förderung der örtlichen Novilleros oder zu Benefiz-Zwecken, besuchen Ganaderías, fahren gemeinsam zu wichtigen Kämpfen, laden Fachleute zu Vorträgen ein, überreichen Pokale, feiern, reden.

Peñas gibt es für jeden Geschmack, von der anspruchsvollen Fachsimpelei bis zur Vereinsmeierei, wo blindwütig die ewig gleichen Meinungen zum besten gegeben werden. Da trifft man plötzlich die wahren Toreros, die, würde man sie nur mal lassen, noch jede der *figuras* dazu brächten, vor Neid zu erblassen, die Bescheid wissen in der großen Kunst des Toreo, ja, würde man sie nur mal lassen... Manchmal glaubt man, es mit einer Schar diskriminierter Glaubensbrüder zu tun zu haben, letzte Getreue der Fiesta, die aufrecht, aber verzweifelt dem Geist der neuen Zeit trotzen, der sich schon längst von den Toros verabschiedet hat. Hier, in ihrer kleinen Welt, leben sie auf, hier sind sie wer, und jedermann glaubt, noch einmal die ewigen Werte der ruhmreichen Fiesta nacional beschwören zu müssen. ‹Damals war alles besser›, heißt es dann weiter. Wenn es um die Vergangenheit geht, neigen die Taurinos zur Sentimentalität.

Schwer zu sagen, was wahr ist am Mythos von der guten alten Zeit. Was vorbei ist, wird schon seit hundert Jahren von der jeweils älteren Generation zur glorreichen Zeit erklärt, von der die Jungen nur noch einen Abklatsch erleben. Doch was die Moral der Fiesta angeht, haben die Alten sicherlich recht: Langweilige Routiniers und präparierte Stiere, die hinfallen, waren früher undenkbar und wären auch nicht geduldet worden. Da kam es schon mal vor, daß 50 oder 100 Leute das Rund stürmten, um kurzerhand eine Corrida zu verhindern, für die der Empresario Stiere mit ungenügender Präsenz aufzutischen gewagt hatte.

Doch natürlich war früher auch nicht alles gut. Der Stierkampf war rauher, härter, seine Ästhetik noch rudimentär. Es gab schlechte Corridas genau wie heute, schlechte Stiere, schlechte Toreros, Proteste wie heute, immer wieder Proteste. Die Enttäuschung gehörte zur Fiesta schon immer dazu.

Die Bilder werden in der Erinnerung geschönt, und die gute alte Zeit wird mit der Zeit immer besser. Letztlich plaziert sie jeder in die glücklichen Jahre seiner Jugend. Was Ordoñez und die fünfziger Jahre für die einen, ist Manolete für die anderen, und alle verstummen, wenn einer der ganz Alten erzählt, wie es damals, in der goldenen Ära von Joselito und Belmonte, zuging.

Mythen. Indem sie das Vergangene erhöhen, bewahren sie es vor dem Vergessen. Doch wer sich von Sentimentalität frei macht, kommt nicht umhin einzusehen, daß bereits bei der Entstehung der modernen kommerziellen Corrida angelegt ist, was als Dekadenz der Fiesta bezeichnet wird. Seit Ende des 19. Jahrhunderts zeigt sich immer deutlicher, daß der Kult um dem Torero als Star auf Kosten des Toro geht. Doch gegen die Unterordnung des Stiers unter die Interessen der Toreros und derer, die mit der Fiesta Reichtümer anhäufen wollen, ist kein Kraut gewachsen. Alle Proteste sind umsonst.

Ein qualitativer Sprung jedoch findet erst während des Bürgerkriegs statt, genau in dem Moment also, als alles andere wichtiger ist als die Toros. Nach 1939 ist die Fiesta nicht mehr das, was sie war. Und das gilt nicht nur für die Corridas selbst, denn als die Toros wieder dazugehören sollen, hat sich auch das Publikum verändert. Die Kultur um die Toros hat Schaden genommen. Plötzlich sind die Corridas ein Spektakel unter anderen. Nach und nach kommt abhanden, was sie zum sozialen Ereignis machte.

Das große Publikum hat man daran gewöhnt, keine zu hohen Ansprüche zu stellen. Das Ambiente der Plaza, gewürzt mit ein bißchen Aufregung und Kribbeln ob der Gefahr – viel mehr braucht es nicht für einen vergnüglichen Nachmittag. Die Aficionados der alten Schule aber erleben wie eine Enteignung, was die professionellen Taurinos aus der Fiesta machen.

*Voy a retirarme de la fiesta* – ich werde mich von der Fiesta zurückziehen. Resigniert kündigt der ältere Herr, mit dem wir vor der Plaza ins Gespräch gekommen sind, seinen Abschied von den Toros an. Er tut das ganz selbstverständlich mit eben den Worten, die auch ein Torero benutzt, wenn er sich zur Ruhe setzen will. Obwohl sein Platz auf dem Rang ist, versteht er sich als aktiver Teilnehmer der Fiesta. Für ihn ist das Zuschauen eine Kunst, das Urteilen eine Aufgabe. Seiner Leidenschaft geht er mit Würde nach. Wie ein Torero blickt er auf eine lange Laufbahn zurück, er hat Höhen und Tiefen erlebt, Entbehrungen in Kauf genommen und viele Enttäuschungen.

Zu viele Enttäuschungen. Denn was man diesem Herrn in den Corridas der vergangenen Tage geboten hat, macht das Maß voll. In seiner Ehre, seinem Stolz als Aficionado und Spanier verletzt, sieht er sich genötigt, schweren Herzens mit der Welt der Stiere zu brechen. Für die Taurinos der alten Schule sind die Zeiten nicht leicht.

## Der Stand der Dinge

Natürlich ist die Sache nicht hoffnungslos. Und natürlich muß auch die Fiesta sich mit der Geschichte verändern und entwickeln. Daß dies nicht nur zum Schlechten ist und sein muß, wird gern unterschlagen. Auch und gerade heute sieht man immer wieder Kämpfe, von deren atemberaubender Schönheit und Intensität ein Belmonte nur träumen konnte. Die können und dürfen gar nicht alltäglich sein. Nur wird der Preis für diese ersehnten Augenblicke noch künstlich in die Höhe getrieben, wenn die Voraussetzungen für einen guten Kampf systematisch zerstört werden. In dem Maße, wie man den Toro manipuliert und zerstört, nehmen Frustration und Langeweile in den Plazas überhand.

Etwas, da sind sich alle Beteiligten einig, muß sich ändern, sonst bleiben nicht nur viele der alten, sondern auch die jungen Aficionados, die ihre Leidenschaft für die Fiesta erst entdeckt haben und anspruchsvolle Zuschauer sind, den Arenen bald wieder fern. Nur: Wem gehört die Fiesta? Wer bestimmt, wie es weitergeht?

Tatsächlich ist es ja so, daß der Staat, ob er will oder nicht, als Gesetzgeber und Aufsichtsorgan die Verantwortung für jedwede Entwicklung der Fiesta trägt. Und das gilt nicht erst für die Zukunft. Es sind staatliche Veterinäre, die invalide Stiere für tauglich befinden, es sind staatliche Ordnungshüter, die als Präsidenten der Corridas beide Augen fest zudrücken und wie Marionetten des organisierten Schwindels funktionieren, ein Verhalten, das die Rede von der Unabhängigkeit der staatlichen Organe tagtäglich Lügen straft.

Dem spanischen Staat kann an einem Makel dieser Art eigentlich nicht gelegen sein. Das Innenministerium, verantwortlich für die *Espectáculos Taurinos*, wird früher oder später nicht umhinkönnen, sich zu dieser Verantwortung zu bekennen. Man wird politische Entscheidungen treffen, und es wird interessant sein zu erfahren, ob man sich dabei für den Stierkampf entscheidet oder für seine Konversion in eine folkloristische Show, eine circensische Farce, die ihren Gehalt eingebüßt hat.

# Glossar

Dieses Glossar erhebt keinerlei Anspruch auf Vollständigkeit. Eher soll es als – erweiterte – Gedächtnishilfe für im Buch auftauchende Begriffe dienen. In der Regel sind die Ausdrücke so wiedergegeben oder übersetzt, wie sie speziell im Zusammenhang mit dem Stierkampf gebräuchlich sind.

*abolición:* Abschaffung (des Stierkampfs)

*abono:* Abonnement, das für einen bestimmten Zuschauerplatz für die Dauer einer Feria gilt. In Madrid z. B. sind während der Feria de San Isidro und der Feria de Ontoño per *abono* ca. 18 000 Plätze in festen Händen. Nur die restlichen ca. 6000 gehen in den freien Verkauf.

*afeitado:* von *afeitar*, rasieren. *Afeitado* nennt man das betrügerische Kürzen der Hörner des Stiers. Siehe S. 197 ff.

*afición:* Liebe zum Stierkampf. Auch: der verständige Teil des Publikums, die *aficionados*.

*aguardiente:* Schnaps. Der *toro de aguardiente* hat eine lange Tradition: Nach dem morgendlichen Encierro der Stiere überließ man einen davon den Aficionados zum Kampf. In manchen kleineren Orten existiert diese Tradition bis heute.

*albero* oder *arbero:* der Sand bzw. die Sandfläche der Arena

*alguacil(illo):* Gerichtsdiener. So nennt man bis heute die beiden geschmückten Reiter, die den Einmarsch der Toreros anführen und danach – symbolisch – vom Präsidenten den Schlüssel für das Toril erhalten.

*almohadilla:* wörtlich: Kissen. Die ledernen Sitzkissen kann man in allen größeren Plazas gegen eine Gebühr für die Dauer des Stierkampfs mieten. Nach einer schlechten Vorstellung machen die Zuschauer gern ihrem Unmut Luft, indem sie die Kissen auf den Sand schleudern oder sogar gezielt den ‹Versager› bewerfen.

*alternativa:* Zeremonie, bei der der Nachwuchsstierkämpfer durch seinen *padrino*, Paten, im Beisein eines *testigo*, Zeugen, feierlich zum Matador erklärt wird. Als rangältester Matador auf dem Platz überläßt der *padrino* dem Novizen seinen ersten Stier und überreicht ihm dafür Muleta und Degen. Findet die *alternativa* nicht in Madrid statt, muß sie dort irgendwann bestätigt werden. Erst damit ist die Reife vollends anerkannt. Wenn ein Matador keinen Vertrag für eine Corrida in Madrid bekommt, kann es ihm passieren, daß seine *alternativa* nie bestätigt wird.

*antitaurinismo:* Gegnerschaft zum Stierkampf

*apartado:* Mit Hilfe der Ochsen und eines ausgetüftelten Systems von Gängen und Türen werden die Stiere am Mittag vor der Corrida in ihre jeweilige Box geschleust, in der sie die Zeit bis zum Kampf allein verbringen.

*apoderado:* Manager oder Bevollmächtigter eines Matadors

*apuntillar:* mit dem Messer das Rückenmark des Stiers hinter der Schädeldecke durchtrennen *arena:* wörtlich: Sand. Die Beschaffenheit der Sandfläche ist für den Torero von großer Bedeutung. Auf unebenem Boden kann er stolpern, auf nassem Boden ausrutschen. Die Maestranza von Sevilla ist die Plaza mit der gepflegtesten Sandfläche in Spanien.

*arrastre:* das Hinausschleifen des Stiers mit Hilfe einer Kette und – normalerweise – drei Maultieren

*asta:* das Horn

*aviso:* Verweis. Siehe S. 168.

*banderilla:* Die gewöhnliche *banderilla* besteht aus einem mit Papier geschmückten, 70 cm langen Holzstab, der eine eiserne Spitze mit einem Widerhaken besitzt, so daß die *banderilla* in der Haut stecken- bzw. hängenbleibt. Sogenannte *banderillas negras*, schwarze Banderillas, die eine etwas dickere Spitze besitzen, haben die *banderillas de fuego*, Feuer-Banderillas, ersetzt, zu denen früher ein Stier verurteilt wurde, der keine Anstalten machte, den Lanzenreiter anzugreifen.

*bajonazo:* unsaubere, heute aber gebräuchlichste Art des Tötens. Siehe *estocada*.

*barrera:* hölzerne Trennwand zwischen Kampffläche und Zuschauern. Auch die erste Sitzreihe wird *barrera* genannt.

*becerrada:* Kampf mit zweijährigen Jungstieren durch Amateure bzw. Nachwuchstoreros. Nennt man heute meist *novilladas sin picadores*, weil keine Lanzenreiter dabei sind.

*bondad:* Güte, Gutmütigkeit des Stiers. Ohne zu zögern und ohne auch nur einen Blick auf den Mann zu werfen, folgt er dem Tuch.

*bravura:* wichtigste Qualität des Kampfstiers, offenes, unermüdliches Angreifen. Siehe S. 177 ff.

*brindis:* Toast bzw. Gruß, mit dem ein Espada den Stier einer Person widmet. Den ersten Stier muß er laut Reglement dem Präsidenten widmen.

*bulto:* Körper des Torero, auf den es der Stier abgesehen hat

*bueyes:* Ochsen. Siehe *cabestros*.

*burladero:* bretterne Schutzwand, in regelmäßigen Abständen an der Barrera installiert. Zufluchtsort der Toreros.

*cabestros:* Ochsen. Wichtigste Helfer des Menschen, wenn es darum geht, Stiere abzusondern, zu transportieren, einzusperren. In Begleitung der Ochsen fühlt sich ein Stier geschützt, doch sie sind seine Verräter: aufs Wort gehorchen sie dem *cabestrero*, dem Ochsentreiber.

*caída:* wörtlich: Fall. Eines der großen Probleme der Stierzucht heute ist das Einknicken und Hinfallen der Stiere während des Kampfes. Die Ursachen der *caídas* sind offiziell nicht eindeutig geklärt. Überfütterung und Bewegungsmangel der Tiere dürften aber ausschlaggebend sein. Nicht auszuschließen sind *caídas* infolge von Prozeduren, mit deren Hilfe man die Stiere vor der Corrida zu schwächen versucht. Siehe S. 197. Auch der Mißbrauch der Lanze sorgt für *caídas*, vgl. S. 211 f.

*cajón de curas:* eiserner, früher hölzerner Kasten, in dem der Stier zwecks ärztlicher Behandlung fixiert werden kann. Wurde und wird mit Vorliebe für die verbotene ‹Rasur› der Hörner benutzt. Daher ist der *cajón de curas*, der zur Plaza gehört, verplombt und darf nur auf Antrag und unter Aufsicht benutzt werden.

*callejón:* Gang zwischen der Kampffläche und der ersten Zuschauerreihe

*cambio de tercio:* Ende eines Teils der Lidia und Beginn des folgenden. Wird vom Präsidenten mit dem weißen Tuch angezeigt und daraufhin mit den Trompeten signalisiert. Will der Espada einen vorzeitigen *cambio de tercio*, gibt er das durch das Lüften seiner Kappe dem Präsidenten zu verstehen. Die Entscheidung liegt aber beim Präsidenten.

*cánones:* das Gesamt der Regeln und Normen des Toreo

*capa:* traditioneller spanischer Umhang. Ist im Toreo zum wichtigsten Mittel geworden, um den Stier zu täuschen, und, wenn Gefahr droht, abzulenken.

*capea:* übliche Bezeichnung für alle Amateurstierkämpfe und -feste, bei denen das Reglement nicht angewandt wird. Siehe S. 45 ff.

*cargar la suerte:* siehe S. 171 f.

*carrito:* einrädriger Karren, auf dessen vorderer Seite ein Paar Stierhörner montiert sind. Dient vor allem dazu, das Setzen der Banderillas und den Degenstoß zu üben.

*cartel:* Ankündigungsplakat für einen Stierkampf, auf dem alle wichtigen Daten zu finden sind. Gleichzeitig das Programm: *Es un buen cartel* – es ist ein vielversprechendes Programm. Man sagt auch, daß ein Espada in einem Ort viel *cartel* habe, wenn er dort viele Anhänger hat.

*casta:* die organische Konstitution des Stiers, seine Struktur und Funktionalität, soweit sie auf Vererbung beruhen

*castigar:* strafen, züchtigen. *Pases de castigo* sind Manöver mit der Muleta, die insbesondere den Nackenmuskel des Stiers anstrengen und damit schwächen sollen. Bei der *suerte de varas* geht es allein darum, den Stier zu züchtigen.

*chiquero:* die Box, in der der Stier allein vor der Corrida eingesperrt wird

*citar:* den Stier zum Angriff veranlassen. Dafür begibt sich der Torero so weit in die Nähe des Stiers, wie es nötig bzw. möglich ist, um ihn dann mit ruckartigen Bewegungen des Tuchs, meist begleitet von Rufen, herauszufordern.

*cobarde:* feige. Weder der Stier noch der Torero sollten es sein.

*cogida:* von *coger*, nehmen, greifen. Das Auf-die-Hörner-genommen-werden.

*cojo:* lahm. *Está cojo!* hört man oft jemanden im Publikum rufen, der gesehen hat, daß der hereinstürmende Stier auf einem Bein lahmt. Wenn der Stier von vornherein irgendeinen körperlichen Defekt aufweist, müßte der Präsident sein grünes Tüchlein zükken, damit der Stier gegen einen anderen ausgewechselt wird. Doch die Präsidenten stellen sich gern taub und blind, um dem Veranstalter zusätzliche Kosten zu ersparen.

*cornada:* Hornverletzung, Hornwunde

*corral:* Stall. Hier befinden sich die Stiere, bevor sie einzeln in die *chiqueros* gesperrt werden.

*correr los toros:* Stier-‹Hatz›. Siehe S. 111.

*corrida:* die ernsthafteste Stierkampfveranstaltung, bei der das Reglement ohne Abstriche zur Geltung kommen sollte. Das Mindestalter der Stiere (vier Jahre vollendet) ist ebenso vorge-

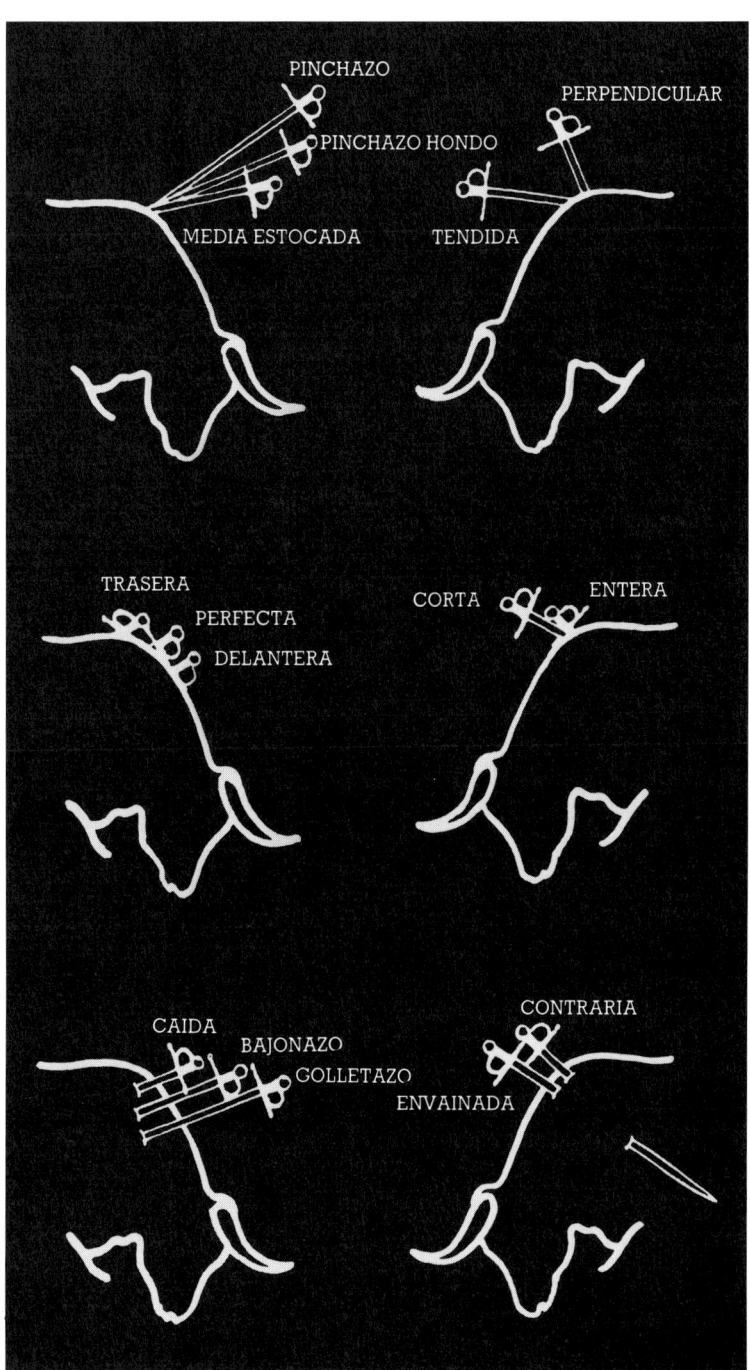

schrieben wie das Mindestgewicht (in Plazas der ersten Kategorie z. Zt. 460 Kilo Lebendgewicht). Üblicherweise treten in einer Corrida drei Matadores auf, die jeder gegen jeweils zwei Stiere kämpfen.

*cuadrilla:* die Gruppe der Toreros, die im Sold des Matadors steht und bei einer üblichen Corrida aus zwei Picadores und drei Banderilleros besteht. Jeder der Matadores bringt zum Kampf seine eigene *cuadrilla* mit, die nach seinen Anweisungen vorgeht.

*descabello:* wird angewandt, wenn der Espada bereits ein oder mehrere Male den Stier auf die vorgeschriebene Weise mit dem Degen zu töten versucht hat, der Stier jedoch noch immer auf den Beinen steht. Für das *descabello* benutzt der Matador einen anderen, geraden Degen, der an der Spitze in ein Kreuz mündet. Wenn der Nakken des Stiers ganz gebeugt ist, kann man an dieser Stelle mit einem gezielten Stich sein Rückenmark durchtrennen. Richtig ausgeführt, tötet dieser Stich sofort.

*despacho de billetes:* Kartenverkaufsstelle

*diestro:* andere Bezeichnung für den Espada

*duende:* in der Kunst des Toreo wie im Flamenco gebräuchlicher Begriff, um einen Moment unbeschreiblicher Intensität oder Ekstase zu bezeichnen. Die Fähigkeit zu solchen Höhenflügen wird allgemein insbesondere den Zigeunern unter den Toreros und Musikern zugeschrieben. Insofern besteht eine gewisse Verwandtschaft zum Begriff *soul* in der schwarzen amerikanischen Musik.

*embolado:* ein Stier oder Jungstier, dessen Hörner mit Kappen versehen sind

*empresa:* das veranstaltende Unternehmen, in dessen Händen die Bewirtschaftung einer Plaza liegt

*empresario:* Veranstalter

*engaño:* wörtlich: Täuschung, Betrug. Im Toreo wird damit das Tuch bezeichnet.

*enmaromado: toros enmaromados* oder *toros de cuerda* sind Stiere, denen man, bevor sie im Rahmen eines Encierros o. ä. in den Straßen losgelassen werden, ein Tau ums Gehörn knüpft, um damit Schäden und Risiken in Grenzen zu halten.

*encierro:* Eintreiben der Stiere vor der Corrida. Siehe S. 111.

*escalofón:* Rangliste der Matadores bzw. Novilleros, die sich nach der Anzahl der während einer Saison bestrittenen Corridas richtet. Außerdem wird die Zahl der Ohren, die ein Matador als Trophäen erhalten hat, aufgeführt.

*espada:* Degen. Auch der Töter selbst wird *espada* genannt.

*espontáneo:* Zuschauer, der spontan und unvermutet auf die Kampffläche springt, um sich dem Stier zu stellen. Siehe S. 76 ff.

*estocada:* Degenstoß. Nach den Regeln der Kunst soll der Degen hoch oben zwischen den Schulterblättern und vor allem gerade versenkt werden, um die Aorta des Stiers zu treffen. Um ihr Risiko zu mindern, ziehen es heute die meisten Espadas vor, sich mit dem *bajonazo*, der ebenfalls töten kann, aus der Affäre zu ziehen: Der Degen wird unterhalb des Rists etwas schräg eingestoßen, wobei der Matador viel weniger konfrontiert ist als bei einer richtig ausgeführten *estocada*. Das Schaubild zeigt alle Varianten.

*faena:* die Arbeit mit der Muleta

*feria:* Kirmes, Jahrmarkt, Markt. Im Stierkampf ist damit eine Serie von Kämpfen an aufeinanderfolgenden Tagen gemeint. Die Kirmes gehört nicht mehr unbedingt dazu.

*festival:* Benefiz-Stierkampf, meist mit dreijährigen Jungstieren, die geringe körperliche Defekte aufweisen. Die Toreros treten nicht im *traje de luz*, sondern im andalusischen *traje campero* auf: Stiefel, Hose mit Schlag, Weste, kurze Jacke, breitkrempiger Hut.

*figura:* ein Star, eine Größe im Toreo

*finca:* Hof eines Grundbesitzers

*fraude:* Betrug. Im Toreo geht es dabei in der Regel um das betrügerische Kürzen der Stierhörner.

*fuego (toros de):* Stiere, denen man bei nächtlichen Festen brennende Fackeln oder Kronen auf das Haupt setzt

*ganadería:* Viehzuchtfarm, hier: Stierzuchtfarm

*ganadero:* der Stierzüchter

*ganado bravo:* Kampfvieh

*gitano:* Zigeuner

*gusanillo:* wörtlich: Würmchen. Gemeint ist das Würmchen, von dem jeder befallen ist, der den Stierkampf unwiderstehlich liebt, ohne daß dieses Verfallensein hinreichend oder vernünftig erklärbar wäre.

*humillar:* wörtlich: beugen, erniedrigen. Im Toreo spricht man von *humillar*, wenn der Stier beim Angriff den Kopf tief senkt.

*incondicionales:* bedingungslose Anhänger eines Matador

*indultar:* begnadigen. Dem Stier das Leben schenken.

*inválido:* invalide und untauglich

*lance:* wörtlich: das (Aus-)Werfen. Jedes Manöver mit der Capa ist ein *lance*.

*lidia:* Kampf, Gefecht. Alles, was zwischen dem Moment, wenn der Stier in der Arena erscheint, und seinem Tod geschieht.

*macho:* männlich. Männliche Tiere werden im Spanischen einfach als *machos* bezeichnet. Auch die Troddeln, die unterm Knie von der Hose des Torero herabbaumeln, nennt man *machos*.

*maestranza de caballería:* (königliche) Reiterzunft, christlich-militärische Bruderschaft

*maestría:* Meisterschaft, Können

*maestro:* Meister. Jeder Matador wird auch als *maestro* bezeichnet.

*majo:* Siehe S. 41.

*maletilla:* Köfferchen, Bündel. Der, der sein Bündel geschnürt hat und von hier nach dort zieht, um Torero zu werden.

*mandar:* wörtlich: befehlen, schicken. Den Verlauf des Angriffs des Stiers von Anfang bis Ende durch die Bewegung des Tuches bestimmen und kontrollieren.

*manso:* wörtlich: sanft, zahm. Beim Stier das Gegenteil von *bravo*. Kastrierte Stiere nennt man auch *mansos*. Ferdinand, der Stier, ist der Inbegriff des *toro manso*.

*matar:* töten

*mayoral:* Vorarbeiter einer Kampfstierfarm

*media luna:* halbmondförmige Sichel, auf die Spitze einer Holzstange montiert. Damit wurden einem Stier, der sich nicht regelrecht töten ließ, die Fesseln der Hinterläufe durchtrennt, so daß man ihn dann mit einem Messer durch einen Genickstoß töten konnte. Kam gegen Mitte des 19. Jahrhunderts außer Gebrauch.

*medias rosas:* die rosa Strümpfe des Matadors

*medios:* der innere, zentrale Teil der Kampffläche

*monosabio:* Helfer des Picadors

*montera:* die schwarze Kappe der Toreros, die sich – auf letztlich ungeklärte Weise – aus dem Zweispitz entwickelt hat, der wiederum nichts anderes als ein Sombrero mit aufgeklappten Krempen ist. Drei- und Zweispitz kamen auf, als es im 18. Jahrhundert aus ordnungspolitischen Gründen verboten wurde, das Gesicht unter der breiten Krempe des Sombreros zu verbergen.

*mozo de espada:* Degenträger. Vertrauter des Matador, der ihm beim Anlegen des *traje de luz* hilft.

*muleta:* das rote Tuch, das ursprünglich als Rechteck vom Stock herabhing, bis Rafael «El Gallo» den sogenannten *pico* hinzufügte, jenen Zipfel an der Außenseite, mit dessen Hilfe nun der Espada den Stier in einem etwas weiteren Bogen um sich herumführen konnte. Das Beispiel machte Schule.

*musica:* In jeder Plaza gibt es eine Kapelle, die beim Einmarsch der Toreros und in der Pause zwischen jedem Kampf spielt. Ob sie auch während der Faena spielt, hängt davon ab, ob es eine gute Faena ist bzw. wie anspruchsvoll das Publikum ist. So wird die Kapelle bei kleineren Stierkämpfen auf dem Land fast pausenlos spielen, während es in Madrid z. B. sehr selten geschieht, daß eine Faena von Musik begleitet wird. Am genauesten ist man in Sevilla: Sobald die Arbeit des Toreros eine bestimmte Intensität erreicht, erklingt ein Paso doble, um augenblicklich zu verstummen, wenn die Darbietung an Qualität verliert.

*noble:* adlig, edel. *Noble* ist ein Stier, der gut der Muleta folgt.

*novillada:* Nachwuchsstierkampf mit dreijährigen Jungstieren

*novillero:* Nachwuchsstierkämpfer, der noch nicht Matador ist

*novillo:* dreijähriger Jungstier, der aufgrund kleiner körperlicher Defekte nicht für eine Corrida in Frage kommt

*oreja:* das Ohr des Stiers, das dem Espada für eine gute Arbeit zugestanden wird. Das erste Ohr erhält er, wenn es die Mehrheit des Publikums verlangt, indem sie mit Taschentüchern winkt. Die Vergabe des zweiten Ohres liegt im Ermessen des Präsidenten und soll nur gegeben werden, wenn die gesamte Lidia hervorragend war. Ein verständiges Publikum und ein gewissenhafter Präsident zeichnen sich dadurch aus, daß sie im Umgang mit diesen Trophäen sparsam sind.

*palco:* Loge, Balkon. *Palco real*: königliche Loge. *Palco presidencial*: Präsidentenloge. Außerdem gibt es in allen größeren Arenen freiverkäufliche *palcos*.

*pañuelo:* Taschentuch, Tüchlein. Damit gibt der Präsident seine Entscheidungen bekannt. Ein weißes für das Öffnen des Torils, den *cambio de tercio* und die Zuerkennung von Trophäen für den Espada. Ein grünes, wenn der Stier ausgetauscht wird. Ein blaues für die Ehrenrunde des Stiers. Ein rotes, wenn der Stier zu *banderillas negras* verurteilt wird.

*parar:* das Stillhalten der Füße, bevor der Torero ein Manöver einleitet, ohne daß damit Erstarrung gemeint wäre

*pase:* Manöver mit der Muleta. Während bei *pases* mit der linken Hand die Muleta vom Stock herabhängt, wird sie bei *pases* mit der rechten Hand mit Hilfe des Degens weiter aufgespreizt. Am Ende einer Folge von *pases* steht meistens der *pase de pecho*, bei der die Muleta über den Rücken des Stiers gleitet.

*paseillo:* Einmarsch der Toreros in die Arena

*paso atrás:* der Schritt nach hinten, das – unschöne, nicht korrekte – Ausweichen vor dem Stier

*pata:* Bein bzw. Lauf eines Tiers

*peña taurina:* Fanklub oder Kreis von Stierkampffreunden

*peón:* wörtlich: Fußgänger, Gehilfe des Matadors

*peto:* gesteppte Baumwollmatten zum Schutz des Pferdes. Siehe S. 108.

*picador:* Lanzenreiter

*pica:* Lanze

*pipas:* Sonnenblumenkerne, die ein großer Teil des Publikums während der Corrida unentwegt knackt und kaut

*plaza de toros:* Stierkampfarena

14  MATADERO
15  CHIQUEROS
16  CORRALES
17  PATIO DE CABALLOS
18  ENFERMERIA
19  CAPILLA
20  SALA DE TOREROS

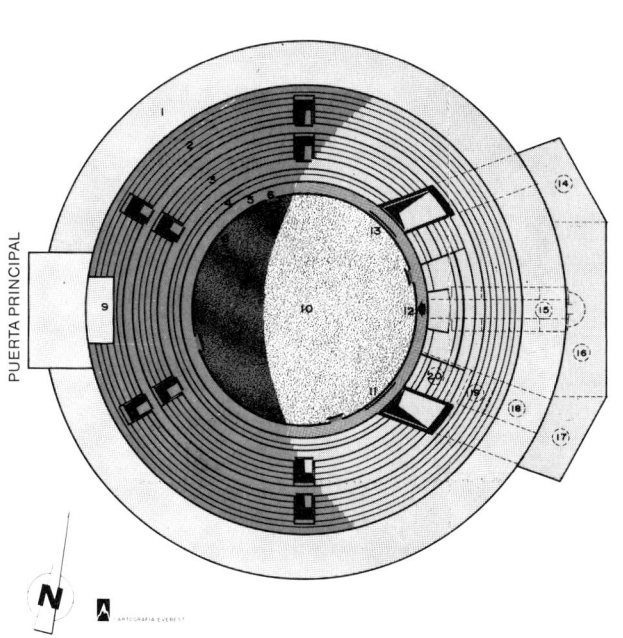

1   ANDANADAS, PALCOS GRADAS
2   TENDIDO ALTO
3   TENDIDO BAJO
4   CONTRABARRERA
5   BARRERA
6   CALLEJON
7   BURLADERO
8   BARRERA
9   PALCO PRESIDENCIA
10  RUEDO
11  PUERTA ENTRADA CUADRILLAS
12  TORILES
13  PUERTA ARRASTRE TOROS

*pregonado:* wörtlich: ausgerufen. *Pregonado* ist ein Stier, der nicht zum erstenmal im Kampf steht.

*pregonero:* gab bis gegen Ende des 18. Jahrhunderts, als die ersten Plakate aufkamen, nicht nur das Programm, sondern auch die Strafen bekannt, die den Zuschauern bei Ordnungswidrigkeiten drohten.

*presidente:* Der Präsident der Corrida, der Leiter des Spiels und Hüter der Ordnung ist. Siehe S. 72 f.

*puerta:* Pforte, Ausgang, Tür. Durch die *puerta grande*, das große Tor der Plaza, wird ein Torero auf den Schultern aus der Arena getragen, wenn er zwei Ohren als Trophäen erhalten hat. Nur in Sevilla braucht er drei, um durch die *puerta del príncipe*, das Prinzentor, getragen zu werden.

*puya:* Lanzenspitze. *Puyazo* nennt man auch das Setzen der Lanze.

*querencia:* Stelle im Rund, an der der Stier sich gerne aufhält, z. B. in der Nähe des Torils. Ein Stier, der in seiner *querencia* ist, verteidigt sich, um dort zu bleiben, und macht einen guten Kampf unmöglich. Daher muß ein Torero darauf achten, daß er den Stier beizeiten auf andere Gedanken bringt.

*quite:* Aktion eines Toreros, der den Stier mit Hilfe der Capa weglockt, wenn ein Mann oder ein Pferd in Gefahr ist. Ihre lebensrettende Funktion haben die *quites* weitgehend eingebüßt, seit die Pferde geschützt sind.

*rabo:* Schwanzquaste des Stiers. Kann in seltenen Fällen dem Espada als Trophäe zugestanden werden, was heute in wichtigen Plazas kaum noch üblich ist.

*raza:* Rasse des Stiers im Sinn einer Qualität, durch die er seine Herkunft vom wilden Ur in Erinnerung ruft. Wird auch synonym für *casta* gebraucht.

*recibiendo:* empfangend. Art des Tötens, bei der der Espada den Stier angreifen läßt und den Degen einstößt, ohne sich von der Stelle zu bewegen. Pedro Romero tötete alle Stiere *recibiendo*. Wegen des ungleich größeren Risikos heute selten zu sehen.

*reglamento:* vom Innenministerium erlassene Ordnung, die den Kampf in all seinen Aspekten regelt. Ausführendes Organ des *reglamento* ist der Präsident des jeweiligen Stierkampfs. Dient der Aufrechterhaltung der Ordnung in der Plaza und dem Schutz der Zuschauer vor betrügerischen Praktiken. Das derzeit geltende Reglement ist von 1962. Ein neues Reglement ist in Vorbereitung.

*rejoneo:* Stierkampf zu Pferd, traditionell aristokratischer Sport. Zur Zeit wieder en vogue.

*rematar:* wörtlich: vollends töten. Ein Manöver bis zum Ende durchführen, etwas vollenden, abrunden.

*reventa:* Wiederverkauf von Eintrittskarten, illegaler Handel damit.

*ruedo:* wörtlich: Rad, Rund. Kampffläche der Plaza de toros.

*semental:* Zuchtbulle.

*sentido:* Ein Stier hat *sentido*, Sinn, Verstand, wenn er sich nicht oder kaum vom Tuch täuschen läßt.

*sobre:* Umschlag. Mit dem *sobre*, den er mit Geldscheinen in angemessener Zahl füllt, will/muß der Espada vor dem Kampf die Stierkampfkritiker gnädig stimmen.

*sobrero:* Ersatzstier. Kommt zum Einsatz, wenn der eigentlich für den

Kampf bestimmte Stier auf Grund körperlicher Defekte ausgetauscht wird, was der Präsident mit seinem grünen Tüchlein kundtut. Der Ersatzstier bedeutet natürlich Mehrkosten für den Veranstalter und wird gern gespart.

*sobresaliente:* Ersatzmatador. Wird eine ganze Corrida von einem Espada allein oder, in einem sogenannten *mano a mano* (Hand in Hand), von zwei Espadas bestritten, muß ein *sobresaliente* zur Verfügung stehen, um im Falle einer Verletzung einzuspringen.

*sol:* Sonne. Die Seite der Plaza, die während des Stierkampfs in der Sonne liegt. Auch: die billigen Ränge für den ärmeren Teil des Publikums.

*sombra:* Schatten. Die Seite der Plaza, die während des ganzen Stierkampfs im Schatten liegt. Ein *sombra*-Platz kostet etwa doppelt so viel wie ein Platz in *sol*. Entsprechend unterschiedlich ist das Publikum.

*suavidad:* Weichheit. Der Züchter meint damit die Geschmeidigkeit und Eleganz, die der Stier beim Angriff zeigt.

*suerte:* wörtlich: Schicksal, Los, Manöver. Die drei Phasen der Lidia werden als *suerte de varas, suerte de banderillas* und *suerte de matar* bezeichnet.

*suspensión:* die Aussetzung, die Suspendierung der Corrida, meist auf Grund widriger klimatischer Bedingungen. Das Reglement erlaubt aber auch eine Suspendierung aus Gründen der öffentlichen Sicherheit und Ordnung.

*taleguilla:* die am Knie gebundene Hose des *traje de luz*, die bis fast unter die Arme reicht und von Trägern gehalten wird

*taurino:* Adjektiv: auf den Stierkampf bezogen. Z. B. «critico taurino», Stierkampfkritiker. *Taurinos* werden auch die Leute genannt, die mit Stierkampf zu tun haben.

*tauromaquia:* die Lehre vom Stierkampf, seine (künstlerischen) Regeln

*templar:* das Angriffstempo des Stiers mäßigen.

*temporada:* die Stierkampfsaison, die in Spanien von etwa Mitte März bis Anfang Oktober dauert. Im Winter ist in Lateinamerika Saison.

*tendido:* Zuschauerrang in der Arena, die rundherum in numerierte Sektoren aufgeteilt ist

*tentadero:* Tauglichkeitsprüfung insbesondere der Zuchtkühe. Siehe S. 123f. Auch der Ort dieser Prüfung wird *tentadero* genannt.

*tercio:* anderer Begriff für die Phasen des Stierkampfs. Man unterscheidet den *primer tercio* (Lanze), den *segundo tercio* (Banderillas) und den *tercer* oder *último tercio* (Muleta und Degen).

*terreno:* Gebiet. Man kann die Arena in zwei *terrenos* unterteilen: das des Stiers und das des Toreros. Das *terreno* des Toreros reicht von dem Punkt, wo er ein Manöver ausführt, bis zur Barrera, und heißt *adentro*. Das *terreno* des Stiers erstreckt sich von dort, wo er sich bei Beginn eines Manövers befindet, bis zur Mitte der Arena und heißt «afuera». Eine andere Unterteilung in *terrenos* drittelt die Kampffläche als solche: die *tablas*, die Bretter, ganz außen, dann die *tercios*, und der mittlere, zentrale Teil, die *medios*.

*tertulia:* Kränzchen, Stammtisch, Runde, Plauderei. Auch: regelmäßiges Treffen Gleichgesinnter zum Meinungsaustausch. Der ideale Ort für eine *tertulia* ist das Kaffeehaus.

*tienta:* Stierprüfung auf freiem Feld
*toreador:* veraltete Bezeichnung für Stierkämpfer
*toreo a pie:* Stierkampf zu Fuß im Gegensatz zum Stierkampf zu Pferd (*toreo a caballo* oder *rejoneo*)
*torero:* Jeder Stierkämpfer ist, unabhängig von seinem Status oder seiner spezifischen Aufgabe während des Kampfes, ein *torero*.
*toro de lidia:* der ausgewachsene, mindestens vierjährige Kampfstier, der speziell dafür gezüchtet wurde
*traje de luz:* Lichteranzug. Entwickelte sich aus der Tracht der *majos*. Siehe S. 178f.
*vaca:* Kuh. *Vaquilla* ist eine Jungkuh, ein Kühchen.
*vaquero:* Viehtreiber, Cowboy
*vara:* Lanze des Picadors, genauer: *vara de detener*. Besteht aus einem langen Holzstab, der in einer pyramidenförmigen Metallspitze endet. Hinter dieser Spitze, der *puya*, folgt ein mit Kordel umwickeltes Stück bis zu einem Metallkreuz, das verhindern soll, daß die *vara* weiter ins Fleisch eindringen kann.
*verónica:* elementarstes Capa-Manöver – die Capa wird mit beiden Händen seitlich am Körper vorbeigeführt –, mit dem der Matador sich zu Beginn der Lidia dem Stier erstmals stellt. Eine ideale Serie von *verónicas* beginnt am Rand des Runds und endet, indem der Torero dem Stier mit jeder *verónica* etwas mehr Gebiet abtrotzt, in der Mitte der Arena mit einer *media verónica*, die dem Stier das Tuch entzieht, so daß er wendet, dann aber innehält.
*vocación:* Berufung, die ein Torero verspürt, wenn er den Stierkampf zu seinem Broterwerb machen will
*volapié:* von *vuela-piés*, fliegende Füße. Von Costillares in der zweiten Hälfte des 18. Jahrhunderts erfundene Art des Tötens, bei der sich der Matador auf den stehenden Stier zubewegt, um den Degen zu versenken. Ursprünglich nur für Stiere gedacht, die sich nicht *recibiendo* töten ließen, weil ihnen die Kräfte zum Angriff fehlten.
*voltereta:* angehoben werden von den Hörnern des Stiers ohne weitere Folgen
*vuelta al ruedo:* Ehrenrunde. Auf Grund des Beifalls, den er für seine Arbeit erhält, fühlt sich der Matador dazu aufgefordert, mit einer Runde entlang der Barrera die Glückwünsche des Publikums entgegenzunehmen. Auch dem Stier, der einen besonders guten Kampf geliefert hat, kann eine *vuelta al ruedo* zugesprochen werden, wofür der Präsident sein blaues Tüchlein zückt.

# Anmerkungen

1. W. Koeppen, Ein Fetzen von der Stierhaut, in: ders., Nach Rußland und anderswohin, S. 11.
2. El País, 25.11.1988.
3. Zitiert nach: T. R. Fernández, Reglamentación de las corridas de toros, S. 102.
4. Zitiert nach: Report of 34th Session of the Intergroup of Animal Welfare in the European Parliament, Protokoll vom 9.4.1987, S. 13.
5. Zitiert nach M. Tomás (Hg.), Los extranjeros en los toros, S. 54.
6. Zitiert nach: ebd., S. 88.
7. G. M. de Jovellanos, zitiert nach: J. M. de Cossío, Los Toros, Band II, S. 143.
8. El País, 25.11.1988.
9. El País, 4.11.1985.
10. F. Villalón, Taurofilia Racial, S. 15 f.
11. Ebd., S. 30 f.
12. Zitiert nach: W. Kolbe, Studie über den Einfluß der «corridas de toros» auf die spanische Umgangssprache, S. 16.
13. Zitiert nach: H. von Lengerken, Der Ur und seine Beziehungen zum Menschen, S. 54.
14. Zitiert nach: M. Tomás, op. cit., S. 14 ff.
15. A. Alvarez de Miranda, Ritos y juegos del toro, S. 49.
16. Discurso histórico-apologético de las fiestas de toros, in: F. Montes «Paquiro», Tauromaquia, S. 24.
17. Zitiert nach: Fernández, op. cit., S. 19 f.
18. L. Feuchtwanger, Goya, S. 90.
19. C. Martín Gaite, Usos amororos del dieciocho en España, S. 106 ff.
20. L. Nieto Manjón, Diccionario ilustrado de términos taurinos, S. 101.
21. Cossío I, S. 682.
22. Alvarez de Miranda, op. cit., S. 93.
23. Zitiert nach: Cossío I, S. 685 f.
24. D. Gutiérrez Alarcón, Los toros de la guerra civil y del francismo, S. 174.
25. J. Caballero, zitiert nach: R. Cambría (Hg.), Los toros, Tema polémico en el ensayo español del siglo XX, S. 304.
26. G. Brenan, Al sur de Granada, S. 227.
27. D. Ridrel, zitiert nach: M. Delgado Ruiz, De la muerte de un díos, S. 238.
28. Zitiert nach: ebd., S. 239.
29. G. Alonso de Herrera, zitiert nach: Cossío II, S. 88.
30. Santo Tomás de Villanueva, zitiert nach: ebd., S. 90.
31. G. Alonso de Herrera, zitiert nach: ebd., S. 88.
32. Francisco de Alcocer, zitiert nach: ebd., S. 94.
33. Juan de Medina, zitiert nach: ebd., S. 92.
34. Martín de Azpilmeta, zitiert nach: ebd., S. 96.
35. Manuel Rodríguez Lusitano, zitiert nach: ebd., S. 103.
36. Zitiert nach: Delgado, op. cit., S. 34.
37. Francisco de Quevedo, zitiert nach: Cossío II, S. 118.
38. Benedictus Hieronymus Feijoo, zitiert nach: ebd., S. 131.
39. Grimaldi, zitiert nach: ebd., S. 137.
40. Conde de Aranda, zitiert nach: ebd., S. 134.
41. Grimaldi, zitiert nach: ebd., S. 137.
42. Villadarias, zitiert nach: ebd., S. 137.
43. José Vargas Ponce, zitiert nach: ebd., S. 156.
44. Antonio Capmany, zitiert nach: ebd., S. 158.
45. Ebd., S. 158.
46. Jean-Jacques Rousseau, zitiert nach: Hernández, op. cit., S. 115.
47. Théophile Gautier, zitiert nach: Cossío II, S. 165.
48. Fray Gerundio, zitiert nach: ebd., S. 164.
49. Villalón, op. cit., S. 159.
50. Fernández, op. cit., S. 110.
51. Manuel de Godoy, zitiert nach: ebd., S. 111.
52. Zitiert nach: ebd., S. 47.
53. Ebd., S. 47.
54. Zitiert nach: ebd., S. 58.
55. Carmena y Millán, zitiert nach: Cossío II, S. 172.
56. Padre Pereda, zitiert nach: Delgado, op. cit., S. 54.
57. Hernández, op. cit., S. 45 f.
58. Zitiert nach: Manjón, op. cit., S. 144.
59. Montes, op. cit., S. 159.
60. Reglamento de Espectáculos Taurinos, Capítulo V, Art. 66, zitiert nach: Hernández, op. cit., S. 261.
61. Zitiert nach: ebd., S. 35.
62. Zitiert nach: Cossío I, S. 804.
63. Siehe dazu: Fernández, op. cit., S. 109.
64. Gutiérrez Alarcón, op. cit., S. 113 u. 120.
65. Felix Borrell Vidal (F. Bleu), Antes y después del Guerra, S. 211.
66. Ebd., S. 212.
67. Ebd., S. 213.
68. Ebd., S. 214.
69. Zitiert nach: Cossío III, S. 619.
70. Cossío III, S. 109.
71. Gutiérrez Alarcón, op. cit., S. 55.
72. Ebd., S. 103 f.
73. Ebd., S. 81.
74. A. Posada, De Paquiro a Paula, S. 207 f.
75. Ebd., S. 242 f.
76. Zitiert nach: Cambría (Hg.), op. cit., S. 97.
77. Zitiert nach: ebd., S. 65.
78. Zitiert nach: ebd., S. 62.
79. Zitiert nach: ebd., S. 65.
80. Zitiert nach: ebd., S. 69.
81. Zitiert nach: ebd., S. 197.
82. Zitiert nach: ebd., S. 206.
83. Zitiert nach: ebd., S. 194 f.
84. Zitiert nach: Fernández, op. cit., S. 281.
85. Zitiert nach: Cossío II, S. 70.
86. Zitiert nach: M. Tomás (Hg.), op. cit., S. 16.
87. El País, 16.4.1989.
88. Villalón, op. cit., S. 232 f.
89. G. Corrochano, Tauromaquia, S. 117 f.
90. F. M. Alcázar, Tauromaquia moderna, S. 208.
91. Ebd., S. 223.
92. Zitiert nach: Toros '92, Nr. 13, S. 33.
93. Delgado, op. cit., insbesondere Kapitel 2, Teil 5.
94. Siehe dazu: G. Brenan, op. cit., S. 290 ff.

95 Ebd., S. 302.
96 E. Boado, F. Cebolla, Las señoritas toreras, S. 48.
97 Zitiert nach: Cossío I, S. 742.
98 Zitiert nach: E. Boado, F. Cebolla, op. cit., S. 103.
99 Zitiert nach: ebd., S. 137.
100 Zitiert nach: ebd., S. 173.
101 Zitiert nach: ebd., S. 173.
102 Zitiert nach: ebd., S. 173.
103 Zitiert nach: ebd., S. 313.
104 Zitiert nach: ebd., S. 315.
105 Zitiert nach: ebd., S. 315.
106 «El País», 4.3.1989
107 «El País», 22.5. und 9.6.1989
108 W. Lyon, La pierna del Tato, S. 27.
109 E. Tierno Galvan, Los toros, acontecimiento nacional, in: ders., Desde el espectáculo a la trivialización, S. 63.
110 Ebd., S. 50.
111 Zitiert nach: Cambría (Hg.), op. cit., S. 97.

# Bibliographie

Alcázar, Federico M.: Tauromaquia moderna, Madrid 1936
Alvarez de Miranda, Angel: Ritos y juegos del toro, Madrid 1962
Araúz de Robles, Santiago: Sociología del toreo, Madrid o. J.
Azofra, Pedro María: Vueltas al torno, Logroño 1987
Barga Bensusan, Ramón: El «afeitado», un fraude de la fiesta brava, Madrid 1972
Bataille, Georges: Die Geschichte des Auges, in: ders.: Das obszöne Werk, Reinbek bei Hamburg 1972
Bergamín, José: El arte de birlibirloque, Madrid 1985
Bergamín, José: La claridad del toreo, Madrid 1987
Bergamín, José: La musica callada tel toreo, Madrid 1985
Biblioteca Nacional (Hg.): La fiesta nacional. Bibliographía taurina, Madrid 1973
Blasco Ibañez, Vicente: Blutige Arena, Reinbek bei Hamburg 1988
Boado, Emilia, und Cebolla, Fermín: Las señoritas toreras, Madrid 1976
Borrell Vidal, Felix (F. Bleu): Antes y después del Guerra, Madrid 1983
Brenan, Gerald: Al sur de Granada, Madrid 1974
Cambría, Rosario (Hg.): Los toros. Tema polémico en el ensayo español del siglo XX, Madrid 1974
Caro Baroja, Julio: Toros y hombres... sín toreros, in: Revista de Occidente Nr. 36, Madrid 1984
Collins-Lapierre: Oder du wirst Trauer tragen, München 1968
Corrochano, Gregorio: Tauromaquia. Obra completa. Band I, Madrid 1989
Cossío, José María de: Los toros. Tratado técnico e histórico, Bände I–IV, Madrid 1943–1961
Delgado, José (Pepe Hillo): Tauromaquia o arte de torear, Madrid 1988
Dernburg, Friedrich (Hg.): Des deutschen Kronprinzen Reise nach Spanien und Rom, Berlin 1884
Diputación Provincial de Valencia: (Hg.): Cuadernos taurinos. Sechs Hefte, Valencia 1984–1988
Domecq y Díez, Alvaro: El toro bravo, Madrid 1987
Fernández, Tomás-Ramón: Reglamentación de las corridas de toros, Madrid 1987

Feuchtwanger, Lion: Goya, Frankfurt/M. 1977
García Baquero, Antonio, u. a.: Sevilla y la fiesta de toros, Sevilla 1980
Gil Calvo, Enrique: Función de toros, Madrid 1989
Goytisolo, Juan (Hg.): Obra inglesa de Blanco White, Barcelona 1982
Goytisolo, Juan: Spanien und die Spanier, Frankfurt/M. 1982
Gutiérrez Alarcón, Demetrio: Los toros de la guerra y del francismo, Barcelona 1978
Hemingway, Ernest: Tod am Nachmittag, Reinbek bei Hamburg 1967
Hernández, Mercedes, und Rigaud, Esther: Centenario de una plaza sín nombre, ohne Ort, 1988
Joest, Wilhelm: Spanische Stiergefechte. Eine kulturgeschichtliche Skizze, Berlin 1889
Kapitzke, Gerhard: Geschichte der Stierfechterkunst, in: ders.: Südspanien für Pferdefreunde, Köln 1984
Koeppen, Wolfgang: Ein Fetzen von der Stierhaut, in: ders., Nach Rußland und anderswohin, Frankfurt/M. 1958
Kolbe, Wilhelm: Studie über den Einfluß der «corridas de toros» auf die spanische Umgangssprache. Dissertation, Hamburg 1929
Leiris, Michel: Literatur als Stierkampf, in: ders., Mannesalter, Frankfurt/M. 1988
Leiris, Michel: Spiegel der Tauromachie, München 1987
Lengerken, Hanns von: Der Ur und seine Beziehungen zum Menschen, Leipzig 1953
Luján, Nestor: Historia del toreo, Barcelona 1954
Lyon, William: La pierna del Tato. Historias del toreo, Madrid 1987
Martín de Marco, José Antonio: Fiestas de San Juan en Soria, Soria 1985
Martín Gaite, Carmen: Usos amorosos del dieciocho en España, Barcelona 1987
Marvin, Garry: Bullfight, London 1988
Montes, Francisco (Paquiro): Tauromaquia completa o sea el arte de torear en la plaza, Madrid 1983
Navarro y Murillo, Manuel: Memoria sobre los absurdos, males, peligros y otros escesos de las corridas de toros, Cádiz 1876

Nieto Manjón, Luis: Diccionario ilustrado de términos taurinos, Madrid 1987
Ortega y Gasset, José: La caza y los toros, Madrid 1962
Pinto Maeso, Luis: Plazas de toros de España, ohne Angabe
Pitt-Rivers, Julian: El sacrificio del toro, in: Revista de Occidente Nr. 36, Madrid 1984
Pla Ventura, Luis: Las desgarradas entrevistas de Pla Ventura, Alcoy 1982
Posada, Juan: De Paquiro a Paula. En el rincón del sur, Madrid 1987
Quinet, Edgar: Mes vacances en Espagne, deutsch in: Hinterhäuser, H. (Hg.): Spanien und Europa, München 1979
Rio, Jesús del: El romanticismo y el flamenco, Jerez o.J.
Sanz Engaña, Cesáreo: Historia y bravura del toro de lidia, Madrid 1958

Tierno Galvan, Enrique: Los toros, aconticimiento nacional, in: ders.: Desde el espectáculo a la trivialización, Madrid 1987
Tomás, Mariano (Hg.): Los extranjeros en los toros, Barcelona 1947
Universidad Internacional Menendez Pelayo (Hg.): Arte y tauromaquia, Madrid 1983
Vidal, Joaquín: El toreo es grandeza, Madrid 1987
Vidal, Joaquín: 40 años después. Temporada taurina 1987, Madrid 1988
Villalón, Fernando: Taurofilia racial, Madrid 1986

Zeitschriften und Zeitungen:
El País, Tageszeitung
La Revista de Toros. Erscheint monatlich.
Toros '92. Erscheint wöchentlich.
Taurología. Revista Cultural Taurina. Erscheint alle drei Monate.

SOM

BRA